52栋里的故事
Jiafeng Menfeng 52dongli de Gushi

周亚鹰 ○ 著

江西人民出版社
Jiangxi People's Publishing House

52栋是我爹娘居住的地方
52栋是我最最牵挂的地方

目录

- 001 **序一** 飞翔的鹰 / 阿　成
- 005 **序二** 万事皆空孝不空 / 鲍尔吉·原野
- 007 **序三** 我们不是不懂孝，而是没有尽到孝 / 周亚鹰
- 001 **第1章** 给爹娘买套房子
- 004 **第2章** 教爹娘使用电器
- 006 **第3章** 建荣君的疑惑
- 012 **第4章** 乔迁52栋
- 015 **第5章** 52栋的第一个"年"
- 019 **第6章** 母亲八十大庆
- 024 **第7章** 母亲是个追星族
- 026 **第8章** 母亲的催眠曲
- 029 **第9章** 拜木头菩萨不如拜肉身老佛
- 032 **第10章** 清明节我不在家
- 034 **第11章** 博山寻踪
- 037 **第12章** 陪爹娘看《女驸马》
- 040 **第13章** 母亲的担忧
- 043 **第14章** 看望一位老寿星
- 047 **第15章** 端午前的家庭会议
- 049 **第16章** 做个有根器的公家人
- 054 **第17章** 爹娘坐在情人椅上
- 056 **第18章** 母亲也爱本土文化

059	第 19 章	去美国偷手艺
062	第 20 章	母亲给我煮面条,加仨鸭蛋
065	第 21 章	法门寺和华山圣母的故事
070	第 22 章	但愿世间人无病,哪怕架上药蒙尘
073	第 23 章	母亲的话,如针亦如水
077	第 24 章	老爹说:蒸蛋?得奖状了?
079	第 25 章	两项最重要的奖
083	第 26 章	连续三夜睡在 52 栋
086	第 27 章	梦见金锁会遇到贵人
089	第 28 章	帮助别人就是帮助自己
092	第 29 章	在三哥家过年
095	第 30 章	给老爹求寿
097	第 31 章	一定要帮帮"瓷娃娃"
099	第 32 章	修缮将军墓
101	第 33 章	没有做完的善事
104	第 34 章	十月怀胎歌
108	第 35 章	陪爹娘看龙船
114	第 36 章	陪老爹过父亲节
118	第 37 章	跟母亲讲葛源的故事
122	第 38 章	我的生日和母亲的祈愿
126	第 39 章	帮助他人,快乐自己
130	第 40 章	白日梦
134	第 41 章	提拔
136	第 42 章	中秋报到
138	第 43 章	党校是干什么的?
140	第 44 章	你俩要努力活过 100 岁
143	第 45 章	跟母亲讲万年的故事

页码	章节	标题
146	第46章	一江的两首赞美诗
151	第47章	母亲病了
153	第48章	医生跟半仙好有一比
155	第49章	送母亲去上海看病
157	第50章	上海的医生不是半仙
159	第51章	晴天霹雳
163	第52章	母亲病愈回到52栋
165	第53章	不敢告诉家人真相
167	第54章	手术
171	第55章	亲友的关心冲淡了我的忧心与恐惧
174	第56章	母亲说了三件事
176	第57章	出差到吉安
180	第58章	母亲也懂黑色幽默
183	第59章	为什么不买菜
186	第60章	母亲的叮嘱
188	第61章	爹娘哎，得给我多活几年啊
191	第62章	你放心去北京，我保证每天买菜
194	第63章	儿行千里母担忧
196	第64章	在北京的"苦逼"日子
198	第65章	北京归来
200	第66章	聊着聊着就偏题了
203	第67章	赎魂
206	第68章	功德大了度众生，功德小了度自己
209	第69章	看望姚金娜老师
211	第70章	接春
214	第71章	过了正月初三再跟你算账
217	第72章	爱的接力

219	第73章	当跟班的老爹
221	第74章	想起去年今日
225	第75章	我是个"坏人"
229	第76章	我将瘦小的老爹揽进怀里
232	第77章	凡事要往好的方向想
235	第78章	去安吉是因为两个人
238	第79章	把荤肴当成中药吃
240	第80章	我好像得了健忘症
245	第81章	在乡村小庙里排演红色大戏
249	第82章	汪山土库和海昏侯墓
252	第83章	这么早啊！这么晚了！
254	第84章	母亲的自律精神
257	第85章	所有的事都要计较是很不划算的
259	第86章	我决定骗母亲一回
261	第87章	我们没几年了，管不到你一辈子
263	第88章	永远操不完的心
267	第89章	今年不在52栋过年
270	第90章	到二姐家做客
272	第91章	"菜篮公"的故事
274	第92章	我们是按天计算的人了
276	第93章	老爹90岁
281	第94章	老爹不服老
284	第95章	把钱给你，我就没负担了
286	第96章	屋里有钱，你妈让我守着
288	第97章	绕来绕去还是绕到52栋了
291	第98章	扫墓
295	第99章	不能再去南屏菜市场了

299	第 100 章	说着说着就忘记要说什么了
301	第 101 章	唐僧跟他爹长得真像
304	第 102 章	母亲没接我电话
306	第 103 章	母亲的快乐跟母亲节没关系
309	第 104 章	陪老爹理发
313	第 105 章	端午往事
317	第 106 章	陪爹娘去西山寺
320	第 107 章	不让母亲知道外面的水灾
322	第 108 章	高中同学来看望爹娘
325	第 109 章	给老爹洗浴搽药膏
328	第 110 章	未见亲人的遗憾与失去亲人的痛苦
332	第 111 章	梦见老爹生病
336	第 112 章	老爹真的病了
339	第 113 章	七月半的三个"劫"
342	第 114 章	老爹"病危"
345	第 115 章	决定修老宅
347	第 116 章	送佛
349	第 117 章	老爹还记得杨宗保
351	第 118 章	母亲的感慨
355	第 119 章	穿错了裤子
358	第 120 章	52 栋一日
362	第 121 章	凤愿

366	后记

飞翔的鹰
——《家风门风——52栋里的故事》序
阿 成

记得几年前，我曾就青年作家周亚鹰的报告文学作品——《我是城管》写过一篇评论文章。我的感受就是，一个作家敢于直言有爱有恨的亲身感受与经历，是写一篇好文章的基础。这一次在阅读作者即将出版的新书原稿中，看得出来作家依然保持着他直抒胸臆的文风，这让我颇感欣慰。当然，这本新书又展示了一些与以往不尽相同的内容，讲述的是，他作为一个儿子对父亲、母亲的爱和孝敬之心。很显然，比之《我是城管》更柔软、更温情，而且无时无刻不伴有作为儿女的歉疚和自省之心。

如果说《我是城管》表现了作者的阳刚之气和正义之心，而这一次周亚鹰的新书《家风门风——52栋里的故事》则展示了一个男人柔软的一面、感人的一面。前者可谓是暴风骤雨、霹雳闪电，而后者则是一场如酥的春雨，悄然地滋润着读者的心田。记得作者有篇文章叫《母亲的电话》，里面这样写道："其实，我很害怕听到母亲的电话，尤其是晚上，尤其尤其是深夜。只要是母亲来电，我的心从来都是忐忑的——老娘的心脏病不会又犯了吧？老爹不会又摔倒了吧？电话还没接通，脑子里便闪过无数种可怕的念头。"的确，普天下的儿女大多都有这样的感受——如果父母年迈，儿女们又都不和父母住在一起，那深更半夜从父母家打来的电话常常让儿女心惊肉跳，唯恐年迈的父母出现什么不测。这样的描述不仅仅是艺术的力量，它凸显的更是亲情的力量。常有一些青年人问写作有什么秘诀，有什么法宝。设若说有的话，那就是作家的真情实感。在我看来，一篇文章想要获得真正的成功，想要深深地打动读者，就要靠这重要"法宝"和秘诀。纵观我国新时期文学的发展历史，那些脍炙人口的文学作品无一不是真情实感的艺术呈现。

　　写父亲的一篇，作者的笔触则显得更冷静、理性、且同样饱含深情。作为入赘到母亲家的父亲，沧桑岁月，及至年逾90时，高龄的父亲在作者、在儿子的眼里更像一个孩子。作者写道："母亲轻轻地把左手从父亲的颈脖底下抽出，又轻轻地把父亲的手从自己身上搬开，然后像侍弄婴儿一样把父亲整个身躯往床中间轻轻地推移。我被惊醒，母亲说：'还早着呢，我起来煮粥，等会有客人，你再睡会。'"读者从父亲、母亲和儿子的只言片语当中知道，父亲年轻时是一个木匠，当年也曾是一个身体强壮的大汉。但实话实说，在阅读这一篇时，我还是有一种不满足的感觉，我想，是不是关于父亲的个人经历讲的太少了？文章的留白太多了？当然，抑或作者是想在另一篇文章里再详细地讲述他父亲的一生，我想这或是有可能的。静心而论，这样写，似乎作者要的就是让读者有一种不满足的阅读的效果，以增加作品的感染力和想象力也未可知。

　　我又想起作者的另一篇长篇乡土散文《回趟老家》，在开头写道："母亲来电说：'鹰，你有多久没回老家了！'我忽然间就沉默了下来，我自己也不确定这样的沉默到底是在盘算有多久没回老家的时间，还是被老家两个字猛然击中而出现了临时的大脑短路，反正我好一阵子没有回过神来，直到母亲的声音变得急促……"读过这一段文字之后，反倒让我自己反省起来。我从作者老母亲的身上看到了自己的某些影子。我也是一个老人了，同样像作者的母亲一样经常会找理由给自己的女儿打电话，借故说说话。这样幼稚的行为源自内心深处的某种说不清的东西。在读这篇文章的过程当中，我忽然明

阿成老师在北京"周亚鹰散文作品研讨会"上

白了,那定是老人家想听听儿女的声音,并希望他们常能回家看看的心情。这种寻常百姓家的细微小事,却在作者的笔下显得那样的生动,那样的委婉,那样的深情,且又是那样的不动声色。真可谓是可怜天下父母心。还是我的那句话,谁抓住了真情,谁就抓住了读者。这么看来,《家风门风——52栋里的故事》拥有数量众多的读者,也就不足为奇了。

众所周知,现在是传媒多元化的时代。我曾通过多种途径,比如在互联网上,比如在微信中,竟读到了某些公开对父母、对老人不敬的文章。其中有一种言论曾引起了一些青年人的"共鸣",坐公共汽车的青年人之所以不给老人让座的理由是,他们干工作干了一天了,也很累了。还说这些老人没事儿出来坐什么公共汽车呀。让人匪夷所思的是,如此荒诞不经的言论,居然引起了一些青年人的附和。纵观人类的文明史,这样的言论就是在整个人类社会都是极其罕见的。而某些年青年人却能大声地、"理直气壮"地说出来。这就不能不引起我们的担忧了。自然,青年人不给老人让座并不是一件什么了不起的事情,也不是什么惊天动地的大事。但它却是一剂慢性自杀的毒药,会侵蚀一个民族健康的肌体,从自私走向堕落。记得一次,我偶然打开一家地方台的电视,屏幕上的两个年轻主持人在评价一个老人的错误行为时,说"不是坏人越来越少,而是坏人已经变老"。这让我非常吃惊。电视台的主持者居然能如此口无遮拦地讲这样的话,并在电视媒体上公开播出。足见社会风气已经堕落到了怎样严重的程度。更有甚者（我不知道这件事是真是假，是从微信上看到的），一位清华大学的女"学霸"公开撰文说，父母养活自己的孩子不但要养好，还要给他们最好的待遇。而且当父母老了的时候，就不要再来麻烦自己的儿女，他们没有时间和精力赡养自己的父母。对此做父母的不应当有丝毫的怨言。（大意是这样的）如果这真的是出自某清华学子之口，我想按照清华大学的品格、历史、个性、文化立场，这样的学生自然会被逐出校门，赶出清华。而且社会上所有的部门也会将这样的人拒之门外，免得辱没门庭。当然，我深深怀疑，这篇文章是否真的是出自清华学子之手。

就在这种数典忘祖，人心不古的言论、行为、做法似有"泛滥之势"的时候，周亚鹰孝敬父母的文章是不是有点"不合时宜"呢？毫无疑问，作者的作品也是作者的灵魂和人格立场的一面镜子。或者有人会提出不同的见解。然而，无论如何，那种两层皮的作品终究是伪的，可疑的。

在"鸡汤"和"小确幸"文章泛滥的时代，周亚鹰的文章无疑让人感到宽慰并充满信心。这让我想起在威尼斯看到的那座狮子雕像。在圣马可广场的入口处竖立着两根高大圆柱，其中一根柱子上是一只青铜翼狮，狮子的左爪抚着圣书，圣书上写着天主的圣谕"我的使者马可，你在那里安息吧"。据说，圣·马可的尸体，是威尼斯商人藏在猪肉里从埃及偷运回来的。威尼斯城的标志就是那头带翅膀的狮子。在《马可福音》的第一章上有这样一段文字："耶稣的话就像沙漠中飞翔的狮子，它每吼一声会唤起人们的良知。"这让我这个外来者感到一种神圣。而周亚鹰的文章恰恰就像一头雄狮、一只飞翔的鹰，唤醒着人们的良知，这样的文章我当然愿意给他写下自己的感受了。

备聊一格，是为序。

2017年末　哈尔滨

万事皆空孝不空

——《家风门风——52栋里的故事》序

鲍尔吉·原野

鲍尔吉·原野老师在北京
"周亚鹰散文作品研讨会"上

周亚鹰的长篇纪实文学《家风门风——52栋里的故事》可谓是一部出新出奇的好书,搅人心绪,令人感动。

一曰细。这部书细到了无以复加的程度,什么书能写得这么细?周亚鹰写的是孝敬父母的点点滴滴。这些文字如同石壁流下的泉水,每一滴都清晰圆润。天下无论多么豪迈的人,孝敬父母一定要做琐细之事。儿女心越细,父母越滋润。可谓愈细愈见孝心,孝事用不上大刀阔斧,也不应该提纲挈领,要点点滴滴做起来。

二曰趣。本书虽名为《家风门风——52栋里的故事》,但不是胡子眉毛一把抓,更不是流水账。周亚鹰很会写,他选取生动有趣的故事烘托出浓浓的亲情。在他笔下,老父老母亲切可爱,性格鲜明。

作品写到这个水准，就要称赞作者的观察力和刻画能力。写人，自古以来是写作者以毕生之力攀爬的高山。作家能力在人物刻画上可以立判高下。周亚鹰把父母写得呼之欲出，这不光亲情问题。谁家父母无人爱，但他们的儿孙们（包括以写作维生的作家们）都能把父母写得鲜明生动吗？这是能力。对读者来说，可得一片温馨时光，好读有趣。

三曰合于时世。人子孝养父母，似乎不是问题。这不是科学，不存在文化程度的隔膜。人人都知道孝养父母是人伦，合天道。但，刚好这是个大问题。在中国高速发展的今天，在每个人都榨尽自己的血汗来求生存、求发展的当下，人会把父母放在心里的什么位置上？这真是个问题。依我看，一个人逢年过节掏钱给父母买点礼物已经不错了，经常打打电话也堪称赞，好多人这两项都做不来。但，老人的物质需求之外，精神需求谁来管呢？他们要办的那些事情谁来办呢？老人作为人的自尊感、存在感、获得感靠谁提供呢？孝是个模糊的词，古来如此，孝又是个外延广泛、内涵深邃的词，它甚至可以称为一种事业，只要想做，永远做不完。

在这方面，周亚鹰以其亲力亲为，让人敬佩。这才是中华好儿郎。空口无凭，有书为证，52栋这些"琐碎的故事"非经历，编都编不出来。他敬自己父母，写出来，就是敬天下父母。他亲自己父母，读过来，心灵获得洗礼。这本书恰恰应时而生，不管你是不是一个孝子，读了此书，心里一定会烙下深刻记忆。而且，总有一天你会明白这句话的含义——"黄金非宝书为宝，万事皆空孝不空"。

2018.2.6晚　沈阳

我们不是不懂孝,而是没有尽到孝

——自序

周亚鹰

我长时间思考,终于明白了什么是孝!

原来——孝就是敬,孝就是顺,孝就是陪,孝就是伴。

原来——孝就是要陪他们吃吃饭,孝就是要陪他们睡睡觉,孝就是要陪他们上上街,孝就是要陪他们散散步。

原来——孝就是要陪他们去买菜,孝就是要陪他们逛超市,孝就是要陪他们游广场,孝就是要陪他们看风景。

原来——孝就是要给他们搽药膏,孝就是要给他们擦身子,孝就是要给他们端尿盆,孝就是要给他们送汤水。

原来——孝就是要给他们剪指甲,孝就是要带他们去剪发,孝就是要陪他们看电视,孝就是要陪他们多唠嗑。

原来——孝就是要把高兴的事说给他们听,孝就是要把好玩的事说给他们听,孝就是要把生活的事说给他们听,孝就是要把工作的事说给他们听。

原来——孝就是要认真地听他们说以前的事,孝就是要认真地听他们说老家的事。

原来——孝就是要认真汲取他们的人生经验,孝就是要认真倾听他们的处世良言。

原来——孝就是你要好好做事不然他们就会忧心,孝就是你要

家风 门风

好好做人不然他们就会忧心，孝就是你要顾好自己不然他们就会忧心，孝就是你要顾好家庭不然他们就会忧心。

原来——孝不等于你给了他们多少钱，孝不等于你发了多少朋友圈，孝不等于他们死后你再将他们风光大葬，孝不等于他们死后你再号啕大哭说没尽孝。

我长时间思考，终于明白了什么是孝。

也终于明白——

原来，我们不是不懂孝，而是没有尽到孝。

2017.1.11 晚　于 52 栋

第1章　给爹娘买套房子

2013年元月1日（农历冬月廿）星期二　上午

江西。广丰。卧龙城小区。52栋。102室。

妻颇为得意地说："三个月，没拖工期；10万元，没超预算。周老板，麻烦您仔细瞧瞧，看看可不可以验收？"我和二老从客厅到卧室、从餐厅到厨房、从门窗到阳台、从墙面到地板、从家具到电器、从灯饰到餐具……里里外外仔仔细细认认真真地看了个遍。

妻接着说："水、电、电视都开了户，冰箱、空调已经调试好，电热水器随时可用，全天都有热水，床上所有用品都是新的，厨房里的餐具也是新买的。"我对妻说："哎哟！真的不错啊，没想到，你挺能干嘛！看来把这装修工程承包给你还真的没有找错人啊！当初我还不放心呢！看样子，是随时都可以搬进来住了！"看着我和二老满意的笑容和惊讶的神情，妻子更加得意："那当然，甩甩衣袖，拎包入住嘛！还好吧，周老板，不考虑发点奖金犒劳犒劳你能干的老婆吗？"我说："还奖金呢！你以为县政府招商引资啊？不过，你这三个月确实挺辛苦的！我谨代表二老谢谢老婆大人了！"妻撇撇嘴："又是一个空头愿，拜菩萨还点三根香呢，一点都不实际，真小气！"

我回头看二老，只见二老瞪大眼睛，踱到东又转到西，瞧瞧这又摸摸那，虽然已是80多岁的人了，但仍然抑制不住从内心深处流淌出来的喜悦之情。母亲扯扯我的衣服，轻声问："鹰，这真是给我跟你爹住的？"我哈哈一笑："我的老嬷（嬷，广丰方言，意为母亲），你问的真是奇怪了，这房子不是你自己选的吗？不是你们住又是谁住呢？"母亲颇有点惴惴："知道，问问，就是问问！"接着拉住老爹，凑近老爹的耳边大声说："老个（老个，广丰方言，意为老头子），鹰说这新屋专门给我们买的，华凤装修的，给我们俩住！"老爹耳聋，瞪眼看着母亲，显然没有听清楚。母亲嘟哝一句："这老个真的越来越聋了！"她对着老爹的耳朵更大声地复述了一遍，老爹这回听清楚了，但他没有说话，只是笑笑，憨厚而又惬意地笑笑。

我说："嬷，怎么样，拣个日子，住过来吧！在这里过年，我和哥哥姐姐们都来陪你们，好不好？"母亲点点头，同时摊开左手手掌，大拇指在其他几个手指上不停地比画，念念有词了一阵，然后说："十二月十六吧！"我没反应过来："十二月十六？农历吗？那阳历是几号啊？"我边问边拿出手机翻看，原来是元月27号，于是说："好啊，还有二十七天，刚好透透气通通风，把这装修的味道除一除。这段时间要是没事就过来适应适应吧，今天下午我没安排工作，陪你们来，教你们使用电器。明年正月初四你80岁生日，就放这里办了。"母亲迟疑地问："搬过来住要请客吗？"我想了想，说："我觉得还是不请为好，免得大家以为我们乔迁新居，都包来贺礼怎么办？反正离你正月初四生日也没有几天了，到时候再请吧！当然，搬过来后，我们自己一大家的人还是要聚聚的，到时要请二姐和嫂嫂们过来烧一天饭，算是庆贺吧。"母亲说："这样最好！不麻烦别人，自己也省心。"我说："那就这样定了，下午叫二姐、二哥、三哥他们也来看看吧，顺便把钥匙分给他们。"

老爹在阳台上抽烟，我走过去把窗户打开，大声说："爹，抽烟要记得打开窗户，让烟散出去，烟头不要往外丢。没事不要乱走，顶多到小区那个小广场玩玩就可以了，如果要走远处，一定要告诉我，我陪你们去！"老爹问："这里到你们那里远不远啊？"我回他说："很近的，来，我指给你看，咱们这里是52栋，亚光（我三哥）家在34栋，就在前面右边，走路过去五分钟就到了。左边，出了小区是县医院，跟医院隔条马路是华丽世家小区，二姐和衰猴（我二哥亚军小名）都住在那里，走路过去也是五六分钟。后面，就是咱们后面那栋楼，看见没？外甥女珊珊（我二姐的三女儿）住在那里，你和嬷现在跟我们住的安吉小区就在珊珊家后面，到这里，走路十分钟。楼上，就是这楼上，202室，是你长孙有为（我二哥的大儿子）的房子，不过他现在还没有装修。除了住在商城的大外甥女占展（二姐的大女儿）和住在白鹤畈的二外甥女占艳（二姐的二女儿）稍微远点，其他人离这都很近，有事吱一声，大家很快就能赶到的。现在别着急记，住久了自然就熟悉了，刚开始千万别乱走啊，走丢了就找不着了！"

　　走惯了山路和田埂的老爹最害怕城里那些看似一般模样的街道了，他一听走丢了就找不着了，脸上立刻露出无比恐惧的神色，连忙摆手说："不走，我不乱走！不乱走！"老爹的样子让我想起小时候他带我到廿四都赶集的情景，他把我从箩筐里抱出来，往某个街角的屋檐下一放，递给我一片薄薄的廿四都糖糕，说："别乱走啊，走丢了就找不着了！就没有糖糕吃了！"吓得我脸色骤变，连声说："不走，我不乱走，不乱走！"

第 2 章 教爹娘使用电器

2013 年元月 1 日（农历冬月廿）星期二 下午

　　下午没事，陪二老来到 52 栋，我想教会二老使用电器。
　　首先是电视，这新的液晶电视跟我家现在用的有点不一样，我费了好大的劲、好不容易才学会使用遥控器，然后给二老反反复复地演示了二三十遍，老爹算是勉强学会了使用；母亲的心思似乎在厨房里，因此她最终没能学会，但母亲找了个借口说："这种电视不好，我们老家那种更好，打开开关就可以看了，要是没有图像和声音，拍它两巴掌就出来了。"我觉得好笑，但仔细想想还真是那么回事，现在这电视，功能越来越多，遥控器越来越复杂，别说是八九十岁的老人，就连我们也不一定能够使用得顺当。
　　接下来是空调，这下麻烦来了，客厅里装了个立式的，卧室里安了个壁挂的，我拿着两个遥控器，怎么也表述不清楚——冷热模式的转换、温度高低的设置、风力大小的调节、风向变化的调整——任凭我怎么讲解，二老都站在那里发愣，面对一排排细密的按钮和蚊子般大小的文字，老人双手发抖，根本不知道要按哪个；或者本应该按这个键的，但老人手一抖，就按到那个键了，可把我急坏了——老天！要是到了冬天，老人家如果开了个制冷，还强风，不把人冻僵了才怪！二老之前一直跟我一起住，卧室里也安装了空调，但每次使用都由我和妻子帮着调好。可是现在二老要单独住了，怎么办呢？

母亲见我焦虑，就说："鹰，你也不用着急，我们不用空调就是了，以前在老家，哪里有空调啊，还不是一样活到七老八十了！再说，这东西还费电。"我可不高兴了："我的老嬷，哪有你这样说话的啊。以前没有空调或者咱们买不起那是另外一回事，现在有了空调而且又买来了，为什么不用啊？"话虽如此，但是这二位硬是学不会，又有什么办法呢！想来想去，只好作罢，只有等住进来以后再作计较了。

然后是热水器，这倒是一教就会。我把二老拉到身边，说："看到那个插头吗？你们不用管它。上面有个灯，会亮，也别管它。让它开着，顶多耗点电。"接着拿起淋浴花洒，说："这个叫作喷头，洗澡用的，下面有个大开关，可以左右旋转，记住，向这边，对，向门边是冷水，向里边是热水。注意啊，要慢慢调，不要一下子调到头，要不然会烫破皮的；或者太冷，要冻坏了人的。厨房和洗衣池里的水龙头也是可以旋转的，一边冷一边热，你们可以去试下。"母亲说："这个好，我风湿重，下不得生水，现在热水随便用，真好！"

最后是厨用电器。母亲说这个跟老爹无关，让老爹去看电视。我正想让老爹试试电视开关，便说："爹，你去看电视吧，看能不能打开。"老爹走过去，拿起遥控器折腾了一阵子，电视机居然响了起来，他兴奋地说："开了！"我向老爹伸出大拇指，母亲说："鹰，你爹比我聪明，别看他整天不作声像个呆子，可他弄什么东西都能弄好！"母亲夸赞老爹时居然自豪感十足，这让我很是感动。但是母亲也很聪明啊，母亲对微波炉、电磁炉等厨用电器居然三下两下就使用自如了。我夸母亲说："嬷，我觉得你更聪明，比爹聪明！"母亲不解地问："为什么啊？"我嘿嘿一笑："因为，因为大家都说我更像你呗！"

第3章　建荣君的疑惑

2013年元月2日（农历冬月廿一）星期三

午饭后，我跟纪云才师傅（城管局驾驶员）照例在街上转了一圈，除了月兔广场有些甘蔗渣之外，并没发现其他异常情况，便返回到安吉小区。妻正在客厅拖地板，母亲在门廊晾衣服，老爹坐在院子里抽烟。我说："嬷，我明天出差，要好几天才回，下午有空，咱去52栋吧，我陪着你们再试试那些电器，看看你们昨天学得怎么样了！"母亲问："又出差？去哪里啊？"我说："明天去上海，星空卫视邀我后天做一档节目，金星专访，叫作'金星撞火星'，做完节目后我从上海直接到河南南阳参加一个文学活动。"母亲嘟哝一声："怎么这么忙呢？"但她随即叫上老爹跟我走了。

老爹基本上没费什么周折就把电视打开了，他拿着遥控器对着我笑，像个孩子，在等表扬，我马上夸他："你真厉害，我都开不来！"老爹笑得更加开心了，他又拿出一支烟，走到阳台，把窗户打开，抽上了。嘿，这老头记性不错啊，昨天告诉他抽烟要开窗户，他居然没有忘记，还特意演示给我看呢。母亲把每个水龙头都拧了一遍，她发现新大陆一样惊喜："鹰，这自来水怎么这么好玩啊？可滚可冷也就是了，它的温度还能随我的心意变化呢！你看那水龙头，我转到这头，水就冷了，转到那头，水就热了，转到中间，水就温了，真是很好玩哎！"我忍住没有笑出声来："是嘛？我也来试试！"便走过去，试了试，顺便洗了洗手，然后说："哟，还真是啊！嬷，你说你小儿媳妇好不好？她说你下不得生水，特意安装了冷热回水管,你看,我们安吉小区的别墅里都没有安装,要用热水得另外去烧,多麻烦!"母亲走到阳台上,把我刚刚的话大声说给老爹听,老爹没听清楚,母亲又重复一遍,末了还补一句:"华凤好不好?"老爹使劲地点头:"好!好啊!这样的儿媳妇,哪里去找啊?要打着灯笼才能找得到!"

接着,母亲去厨房鼓捣那些厨用器具了,而老爹则拿出了空调遥控器,仔细地琢磨了起来。看来老爹不信邪啊,他似乎跟空调遥控器较上劲了,非要弄明白不可,反正我在呢,就由他折腾。这时,我手机响起,是好朋友俞建荣。建荣君在江苏省昆山市开工厂办企业,元旦回来看望在广丰念高中的大女儿,顺便给我捎带了两盒阳澄湖大闸蟹,我正好想让他看看新房子,便邀他到卧龙城52栋来。没多久,建荣就到了,他的车子一出现在小区中心广场上,我就透过阳台的落地窗看到了。母亲正想试用下这些器具,便赶紧烧了一壶热水,但她找不到茶叶和馃子点心,只好端上两杯白开水,很不好意思地说:"建荣,这里还没有开伙,啥吃食都没有,只有白水,下次来就有了!"

建荣还没坐稳就开始大发牢骚,他说这车子太难开了,说整个高速公路简直就成了一个大型停车场,说他五个多小时的车程居然开了十三个小时……当他知道这是我专门给二老买的房子后颇有点惊讶,他问我:"你安吉小区的别墅那么大,老人家的年纪又这么高,你家又有那么多兄弟姐妹,为什么会想到让二老单住呢?不怕人家说闲话吗?"我当然知道建荣君的意思,他的话引发了我无限的感慨,我认真地理了理思绪,然后对他讲述了以下这些——

生我时,父亲45岁,母亲39岁,由于操劳过度,母亲一直多病,一直以为自己活不过花甲之年,49岁就做50岁的生日,59岁就做60岁的生日。我从小就活在可能失去母亲的恐惧之中,因为多病的母亲,我6岁时就知道县人民医院的位置和县里最有名的老中医的名字。母亲50岁刚过,就逼着父亲就给她合棺材,我那时不懂事,有人问给谁合棺材,我大声说是给我娘,已经懂事的三哥狠狠地抽了我一巴掌，那种痛感，到现在都有感觉。因为命运多舛，母亲开始信佛，当然也是因为身体因素，略懂中医的母亲对很多食物都有忌口，因此她干脆吃起了长素。母亲认为，人的寿命是可以通过修行而增加的，因此，她一辈子修心积德，以自己的微薄之力做了很多善事——庙里佛生佛事请她做头首、乡里修桥铺路请她筹资金、村里社公生日请她做醮主、族里祠堂修谱请她做主事，甚至连乡里乡亲街坊邻居闹个红脸、吵个嘴仗什么的也都请她出面充当和事佬——十里八乡的没有人不知道"徐兰香"这个名字，无论男女老少、长者晚辈都亲切地叫她"兰香奶"，"兰香奶"已经成为我乡下老家"善行"的品牌，成为村里"善人"的代名词。

无论多么艰难，母亲都坚持让我们念书，我家除了残疾的大哥外，每个人都念了不少书，我还上了大学。因为贫困，大学期间，我勤工俭学，写文章挣稿费，到报社兼职，为企业和社会组织做活动搞策划。毕业时，因为发表过不少文章，谋职时，很多单位愿意聘用我，北京和广东几家报刊纸媒给我开出的条件还相当诱人。然而，母亲还躺在医院里等着我回去交医药费呢，"父母在不远游"和"子欲养而亲不待"这两句话一直刺激着我的神经，我最终眼一闭、牙一咬、脚一跺："回去！"于是我被分配回老家的中学。由于手上策划的一个活动项目没有结束，我因此耽误了报到时间，差点被县教育局除名，后来县里以特殊人才的名义将我二次分配到县委机关报社，于是我成为一名记者。当时我家的情况十分糟糕——老爹那年一场大病导致耳聋；母亲一如既往地生病吃药；大姐夫妻省吃俭用供三个孩子上学（两个大学一个高中）；二姐夫刚刚去世，二姐带着五个孩子（最大的16岁最小的8岁）走投无路；二哥眼疾加重几乎失明，家中基本上没有收入；三哥因为超生违反计划生育政策东躲西藏不敢露面，导致家中瓦房都让乡村干部给掀了；还有一个生活不能自理的残疾大哥，以及由我母亲义务供养的先天智障的同族舅母需要照顾——可以说，整个家族处于极度困厄之中。当时，我曾发誓：一定要活出个人样来，一定要让父母亲健康无忧地活着，一定要带着这个家族整体走出困境。因此，我在努力当好记者的同时还做起了生意——开广告公司、承包报社广告、给企业策划活动、与人合伙开饭店、经营歌舞厅——我把挣到的钱财与家人分享共用，大学毕业第二年我就在白鹤园小区买了一套房子，我想把父母亲接来县城同住，但是父母亲不肯来，她要在老家帮助两个哥哥打理家务和农活，还要照顾一亲一疏两个生活不能自理的残疾人。2001年元旦，大哥去世，我又力邀父母进城，但仍然遭到拒绝，因为这时三哥肺部不适，无法再干重体力活了，二哥的视力已经完全没有办法种田作地。我思前想后，在县政府门口开了个打印社，让二哥进城经营，后来又邀二姐加入，跟二哥合伙。同时，在县实验学校门口开了个杂货铺，让三哥进城经营。当时，我十分忧虑，我不知道二哥、三哥能否在县城立住脚跟，说起来真的要感谢母亲，感谢母亲让二哥、三哥读了不少书，两位哥哥的文化层次都不低，因此，他们很快就完成了从农民到市民的基本转变。这些年来，虽然千辛万苦、困难重重，但通过大家的努力，二姐、二哥、三哥他们终于在县城站住了脚跟，稳住了生意，并且都买了房子。而我呢，当了五年记者，同时做了五年生意，之后通过公开选拔考上了县文化局副局长，后来被县长看中，进了县政府，领导让我把正红火的生意全都清盘转让，清盘后，我买了栋别墅，就是现在居住的安吉小区的房子，目的是为了接二老前来同住。再后来我又换了不少单位，直到现在当城管局长，这些情况你都知道的，就不再说了。

　　我之前一直认为，只要把父母亲接来同住，有吃、有穿、有钱给他们用，就是尽孝了。可是，慢慢的我发现并不是那么回事。我发现父母亲住在我家里，其实很不自在、很不痛快、很不开心。第一，我母亲她信佛，吃长素，虽然我老婆准备了一荤一素两套厨具，但仍然分隔不清，母亲从来不说什么，但她往往推托身体不舒服吃不下而不吃饭。第二，老爹没了牙齿，饭菜要烂，但是饭菜太烂了真的很不好吃，我和妻儿经常皱着眉头吃稀烂的饭和煮得发黄的菜，于是母亲就很难受，她担心我们吃不好。第三，母亲在乡下老家可是个标准的"名人"，德高望重，经常有人来看望她，有时还会有和尚、尼姑等宗教界人士造访，母亲担心影响我的工作，也担心我妻子不高兴，她不能随自己的意将她的客人领进家来，更不要说留下来吃饭、住宿了，一直以"会做人"著称的母亲忽然间变得"不会做人"了。说白了，跟我们住一起，母亲她就是被赡养的对象，而不是家主，她没有了自主权，虽然我一再说没事的，但母亲是个十分自觉的人，她嘴上说好，可事实上她从来就没有带过朋友来家里玩。我发现了母亲的不快乐，就跟妻子商量，说想给二老在离二姐、二哥、三哥和我家都近的地方买一套小房子，由二老单住，给二老更大的独立的自由的空间，凡事让母亲自己做主，反正，买房子还能增值，当作投资，再花个七八万元装修一下，让父母亲真正过得开心比什么都好。没想到妻子竟然有着跟我同样的想法，她还说她之前没提这事是怕别人闲话，怕别人说她嫌弃二老而把老人赶出家来。于是，我跟哥哥姐姐们合计，还跟在上海生活的大姐通了气，大家都同意我的想法，于是，我选择在离我们几个都很近的卧龙城小区买了套两室两厅90平方米的小房子，就是这了。

　　我觉得吧，只有这样，老人家才会过得开心——她可以自己做主买菜，想吃啥就买啥，想什么时候吃就什么时候吃，想煮烂点就煮烂点，想邀请谁做客就邀请谁，想在哪里摆个佛像就在哪里摆，想什么时候念经就什么时候念，想大声念就大声念、想敲木鱼就敲木鱼，想什么时候看电视就什么时候看，想看什么节目就看什么节目，想买什么水果礼佛就买什么水果……总之，只要不出安全问题，一切都由老人家自己做主说了算。我觉得，顺着老人才是真正的孝，无论给他们多少钱都不如顺着老人，只有顺着他们的心，随了他们的意，遂了他们的愿，他们才能真正开心快乐，才能真正幸福安康。果然，自从给二老买了这房子后，他俩整天高兴得合不拢嘴，现在装修好了，老娘自己选的日子，十二月十六搬进来，明年正月初四，她80岁生日就放这里过，今后，她完全可以按照自己的心意邀请她想邀请的亲友了，即使那些穿着僧袍的出家人，也能毫无顾虑地坐在这里喝茶吃饭了。

现在的问题是，二老年纪太大了，一个79岁，一个85岁，目前看身子骨还挺硬朗，但他们还能自理多久呢？这才是我一直担忧的问题。不过，只要不出差，我每天都会来一次的；我二姐和两个哥哥到这里也近，也会常来陪伴的；还有小辈们，都很懂事，他们也会来陪伴外公、外婆和爷爷、奶奶的，相信二老不会寂寞。即使有个头疼脑热的我们也会在第一时间知晓，而且，县医院就在小区大门外，看医生十分方便。再说，我特意让大侄子周有为也在这里买了一套，就这顶上，202室，上下楼，如果有事一呼就应一叫就到。当然，老人家要是实在到了动不了的地步，只好另想办法了，你觉得这样安排怎么样？

建荣听完我的话，好久没有出声，他红着眼圈说："好！很好！真的很好！"我知道建荣兄弟为何难过，看见我家二老，他肯定想起他的爹娘了。可惜，建荣的双亲已经去世，日子刚刚好过，老人家还没有好好地享福，就一个生病一个车祸，双双离世了。子欲养而亲不待，我怎能不理解建荣兄弟眼红泪落的心情呢？于是安慰他："兄弟，人各有命，上天注定，不必伤心了，我家二老你也有份啊，今后就叫老爹老娘好了！"建荣笑了！我母亲也笑了！笑得很开心！是发自内心的那种笑。

第 4 章　乔迁 52 栋

2013 年元月 27 日（农历腊月十六）星期日

我和二老早早就来到了 52 栋，今天是正式入住、开伙烧饭的日子。二姐全家、二哥全家、三哥全家、我全家，要在这里吃一天饭。老土、忠华、老李、小虎等几位刚好在家的好朋友也要来凑热闹，他们很奇怪地问我："怎么？仍然没接香火吗？"我说："没有，不但没接香火，你们看，我连灯笼都没挂一个！"

老家有个习俗，搬迁新居时要搞一系列的仪式，其中最重要的仪式叫作"接香火"，头一天就要准备，要从安有香火和祖宗牌位的老宅搬走一个燃烧得极旺的煤炉，火势越旺意味着今后的日子越红火。要算好时间，从老宅起了煤炉，一路响起鞭炮，送到新屋时刚好零点或者是阴阳先生根据家主生辰八字挑选出来的时间点，要精确到分钟，早了不行，晚了也不吉利。路上的鞭炮不能停，一旦停了便被视为极坏的兆头，主人家会因此而疑神疑鬼，把今后发生的所有不顺心的事情都归结于此。

细算，我在县城已经是第三次买房了，第一次是大学毕业第二年买的商品套房，当时很多人劝我，说年纪轻轻就买了房子，一定的要搞个仪式，接个香火，以后会更旺的。我嫌麻烦，老家到县城三四十里路，怎么弄？我怕母亲不高兴，就跟母亲说："嬷，接香火要去租个带拖斗的车子，三四十里远的路，到时煤炉被风一吹，还没到县城炉火就灭了，那才叫作坏了彩头呢！再说，三四十里的路，全程鞭炮，那得多大动静啊，要费多少钱哪？"母亲没等我说完就打断我："那就别搞了，确实太麻烦了！这样，你在县城买房，算是自立门户异地开族，就不用接香火了。"我母亲虽然信佛，有时甚至有点迷信，但她读过私塾，是个有文化的人，繁体字比我认得还要多，在重大问题上从来都是很开明的，从不含糊、不拘泥、不固执。比方说，乡下人生病，大多数人都认为是碰上了邪神，总爱问个半仙、跳个大神，但母亲却不，她总是首选到诊所就诊，然后才会到村前水口向社公社婆或樟树公公烧个纸钱、敬个香烛、招个魂儿什么的。她还开导乡亲们说："纸钱、香烛只能请走邪神，调理身体还是要靠医生，科学还是要讲的。"这不，像我搬迁新房迎接香火这样重大的问题，她都能够迁就，她甚至还安慰我说："那人家有本事的人到北京上海买了房子，几千里路的难道还要回来拉个煤炉吗？还要一路鞭炮放过去吗？"可见母亲的心量是多么宽广啊！我忽然想起一句佛教劝语：心量广大，犹如虚空。

后来，我从政了，把手头的生意盘点了，把白鹤园小区的房子卖了，在安吉小区买了栋单门独院有天有地的别墅，就是现在居住的房子，又有人劝我，说这回买的房子这么大，一定要搞个迎接香火的仪式了，可我还是不想搞，没想到母亲又支持我，她说："你不想搞就不要搞了，以后还会买房子，甚至不一定在广丰定居呢，以后再说吧！"现在，我给二老买的52栋这个小套房，是我在县城买的第三处房子，母亲同样支持我不搞"接香火"那一套，这真是我始料未及的，说给朋友们听，他们都不相信，但这的确是事实。

现在，母亲正穿着"海青"（佛教俗家弟子居士穿的类似僧袍的一种衣服），用她自己的方式，在屋里绕了几圈，念了几遍《大悲咒》和《金刚经》，算是完成了搬进新居的所有仪式。

她说:"现在清静了,可以开伙做饭了!"于是,家中的女人们由二姐牵头,二嫂、三嫂、我妻子,还有一大帮外甥女和侄女就忙开了,最开心的当然是一帮小孩了,里里外外地打闹追逐嬉戏玩耍,一个个大汗淋漓满脸拉花。中饭开席前,我打开手机,跟上海的大姐视频通话,大姐很是羡慕我们,说真想回来一同祝贺母亲搬进新居。母亲大为惊讶,她疑惑地说:"他们不是在上海吗?怎么会躲在手机里啊?还能动,这么远都能看见能听见吗?这是真的还是假的啊?"她顺手拿起一个苹果问:"菊彩,这是什么?"大姐说:"苹果啊!"母亲于是大为惊叹与钦佩:"哇!这科学真是发达啊,比电视机还厉害,这不正是神仙故事里的千里眼和顺风耳吗?"她把老爹拉来,大声说:"老个,你䁖(䁖,广丰方言,意为看),菊彩在上海都能看见我们这里吃饭,看见你抽烟呢!"完全不知道我们在干什么的老爹似乎没有听见,但他对着视频,看到了我大姐和大姐夫,还有外孙女高小米,他定了定神,疑惑地说:"这,这不是菊彩他们吗?怎么躲里边去了,叫她出来吃饭啊!"全家人哄堂大笑,快乐的笑声塞满了52栋102室的每一个角落。

第5章 52栋的第一个"年"

2013年2月9日（农历腊月廿九）星期六 除夕

一大早，我和纪师傅就在大街上转了两圈。大街上人不多，车也很少，人们都回乡下过年去了，看来天生的城里人不多啊，大多数人跟我一样，是从山野乡村田间地头里走出来的啊！过年了，少不得要回乡下老家祭拜年神社公敬请先辈祖宗了，于是，昨天都很热闹的县城一夜之间变得空空荡荡、冷冷清清，套用一句广丰腔叫作"冰冷悄静"。

唉！大家都可以回家过年，可是我们当城管的不行啊，水要供、

在老家祭社公

灯要亮、地要扫、垃圾要清运、街道要畅通，我们可不能说走就走啊，就算安排妥当后可以回乡祭祖了，也要比别人晚走一步。这不，母亲来电催促了："鹰，我们全都准备好了，你巡街还没好吗？"我匆匆赶回52栋，母亲不但没有责怪我耽误了回老家的时间，反而关切地问："街上没有什么情况吧？"我说："怎么可能没情况，年底了，几十万广丰人都回来过年，街面上的事可太多了，不过今天白天还好，大家都回乡下过年了，主要怕晚上，过完年的人要回城里住，烟花鞭炮通宵达旦，从明天起大街小巷就都是人了，我要安排妥当才能回去啊，只好让社公社婆和太公太婆们晚一点接受我们的礼拜了！"

母亲说："新居乔迁，依风俗要在新屋里过年的，其他人都留在这里，就我跟你爹，还有你们三兄弟回老家。上午请年神拜社公，牲礼都准备好了，中午随便吃点年糕啥的，下午早点请太公祭祖宗，祭完就回城，所有的人都在这里团圆守岁吃年夜饭。"母亲忽然压低声音神秘地说："鹰，华凤说由她来烧年夜饭，你看她行吗？可是二十多人的饭啊，就算烧得出来，还不得累坏了？"母亲担心我妻子累着，我回她："没事的，她没那么娇气，每年的拜年饭也有两三桌几十人啊，还不都是她烧的？"母亲显然不太放心，临上车还唠叨："还好有丽萍（二嫂）、慧仙（三嫂）帮衬着，不然准要累倒！"

路上也很空，不拥不堵，我们很快就到了老家后村塘，所有的一切都按母亲先前计划好的有条不紊地进行着。期间，我抽了点时间看望了村里仅剩的几位跟父母同辈的长者，然后跟母亲和哥哥一起帮着打理了智障舅母春喜的住处，并给冬彩奶送去了春喜的搭膳费。这冬彩奶是母亲的同族堂妹，跟母亲一样也在娘家招婿入赘，夫家韩姓，村人称我母亲为兰香奶，称她为冬彩奶。

下午三点，我们进行了年节里最隆重庄严的祭祖仪式，我家祭祖仪式跟别人家不太一样。母亲再次跟我们复述了那个年年都要讲的关于先祖的故事——从我往上数大概六七代的一位先人，娶妻不久就得病去世了，其妻也就是我的先祖奶奶刚有身孕，但还无人知晓，

在老家祭祖

为了让还未出生的孩子有个父亲，先祖奶奶顶着"不贞"的骂名再嫁到离祖籍上孚村十里之外一个叫江家山的小村子里。先祖奶奶的新夫姓安，是一个勤劳善良本分正直的庄稼人，他不但没有因为先祖奶奶是个"二婚头"而看轻她，反而对先祖奶奶悉心照顾。先祖奶奶生下儿子后，说让孩子姓安，他经过激烈的思想斗争后，做出了痛苦的决定，说："这本来就是周家的骨血，还是让他姓周吧，我岂能夺人子孙继我香火，放心吧，我会像亲骨肉一样对他的。"此后，先祖奶奶也生过几个小孩，但都得病夭折了。这位安家祖先临终之时，表情痛苦、神态古怪，一口气怎么也咽不下去，这时，他姓周的儿子（也就是我这一脉的先祖）含泪跪在床前："爹爹，您放心走吧，我周家子孙从今往后都是您安家的子孙，逢年过节祭祀先人时，一定先敬安家祖先，再请周家太公，只要有我周家的后人，就一定有安家的先祖。"安家太公听完这番话后才含笑而去。我儿时曾经十分不解，每逢鬼节、冬至和过年，母亲在点燃香烛时总要念念有词："安家的先人、周家的先人、徐家的先人（母亲姓徐，她没有兄弟，祭祀徐家先祖的任务也落在母亲肩上），今天过节了，备了酒水饭菜祭拜你们，都来吧，你们要保佑祥鲁（我父亲名字）运气好点，多挣钱，保佑孩子们像柳枝一样抽条发芽，日长夜大，平平安安……"母亲每次祭祖时都要复述这个故事给我们听，而我们总是百听不厌，今天，她又复述了一遍，我们兄弟仨又认认真真地温习了一遍。

祭完祖先后，我们用最快的速度清理了场地、打扫了卫生、整理了物品，然后锁上大门，在一片密密麻麻、噼里啪啦的鞭炮声中，来到村前水口，上了车，呼啸着往县城方向，往52栋，飞驰而去。

年夜饭自然是丰盛而又热烈的，妻在两位嫂嫂的帮助下成功地完成了两大桌的烹饪任务，我及时给她点赞，没想到她居然收到一缕阳光就灿烂起来，一点都不谦虚，竟然吹起牛来："小意思了，就是咱一大家族的人全部到齐我也不怕！"我哂笑她："全部来齐可是四十七个人哪，你行吗？既然这么厉害，正月初四老娘80生日的酒宴干脆包给你主厨，如何？"妻子白了我一眼，说："懒得理你！"然后转身接受全家老少夸奖她的话去了，我凑过去说："老婆，累是累点，可虚荣心得到了极大的满足啊，也不算白忙活了吧！"

团圆饭后，家人们或者看春晚，或者打扑克，或者嬉戏玩闹，或者上网游戏。可热闹是他们的，我这个城管局长才没有那么好的命，可怜的纪师傅已经在楼下等我了，我俩要全城巡逻，当然，"可怜"的人还有我的城管同事以及那帮维持交通秩序的交警兄弟们。

回到52栋时，已经凌晨一点。哥哥和侄子们仍然在打牌，其他人各回各家去了，妻子劳累了一天，老早就回安吉小区了，而我，匆匆抹了一把脸，就蹦上爹娘的床，钻进温暖的被窝里了。

第6章　母亲八十大庆

2013年2月13日（农历正月初四）星期三

天还黑着，我就敲开了52栋102室的门。

开门的是母亲，她心疼地说："昨晚那么晚回去，怎么不多睡一会啊？"大姐的声音从父母亲的卧房里传来："鹰来了,怎么这么早？"听到大姐的声音，母亲用一种特别好奇的语气跟我说："鹰，你说好玩不？你大姐都六十岁的人了，自己都当外婆做奶奶了，还跟小孩

父母亲和我一小家

子一样,一定要跟我们睡,硬是挤到我跟你爹中间。"我笑笑:"大姐想吃奶呢!"说着走进卧室。

卧室里开着空调,十分暖和。大姐用手支起身体,斜靠着床背,她关切地说:"鹰,嬷说你每天蒙蒙亮就要出去巡街,当真天天这么早吗?这外面还黑着呢,可要注意身体啊!"我说:"没事的,习惯了就无所谓早晚了。"大姐又说:"嬷说你每天都要来这一趟,隔天就在这吃餐饭,还经常陪他们睡,是这样的吗?"我不置可否:"主要是怕他们单独生活不习惯,还有,这七老八十的,你放心啊?不是我一个人来得勤,二姐和衰猴亚光也经常来陪他们的。"大姐叹口气:"唉!大姐要在上海带孙女和外孙女,一年回不了几次,这里顾不上了,你们要多辛苦些,尤其是你,一个人坐庄,这些年,老人家的吃穿用度,都由你包了。"我摇摇手,示意大姐不说这个,我知道,当了几十年居委会主任感情丰富、口才忒好而且已经六十岁的大姐再说下去就刹不住车了,她保准会从我出生开始甚至更早的事情说起,一直说到她的孙女、外孙女,其絮絮叨叨的程度丝毫不亚于80岁的老母亲。

忽然响起密集而又沉重的敲门声,我赶忙跳将出去开门,是二姐、三哥和外甥占远涛,他们抬进一个鼓鼓囊囊的蛇皮袋,还滴着水。二姐还拖着忒大一个塑料袋,她一边喘着粗气一边咋咋呼呼地喊:"新鲜粉、新鲜肉、新鲜白菜、新鲜香菜……"我打断她:"有没有新鲜咸鱼、新鲜腊肉、新鲜腌菜、新鲜豆腐乳啊?"二姐笑骂一声:"别捣蛋,快打电话,叫大家赶紧来吃粉,来一批、我炒一批、吃一批,等会有好多事呢!"我一边掰着手指一边说:"哪有那么多事啊?不都安排停当了吗?酒席已经交接好、蛋糕已经预订好、客人已经通知好、车辆已经安排好、寿饼已经分装好、烟酒已经批发好、粿子已经选购好、水果已经清洗好……还有,还有什么吗?噢!对了,还有全家福,摄影师老廖也已经联系好,再没有了吧!二老的新衣服,你和大姐已经买好了,还有吗?没了吧?所有的事都妥了。"母亲说:"老家来的人可别怠慢了,人家难得来趟城里,尤其是几位老人,更要好好地伺候着!"我说:"我的老嬷啊,你就别操心了,好好做你的生日主寿星翁吧,这些事我们会打算的,反正不会让你丢脸,好不好?老家总共要来三十多人,我们租了大巴车,上午去接他们,中午和晚上都是酒席,下午安排他们在酒店打扑克搓麻将。要上街的就由二哥带着,晚饭后开车送回去,每人还准备回赠寿饼和香烟,你就放一百个一千个一万个心吧!"母亲笑吟吟地说:"知道你们安排好了,我只是随便问问,随便问问啊!"

家人们以小家庭为单位,陆续来到52栋,二姐和三嫂前前后后煮了七八锅粉,还有人嚷嚷着说没吃饱,二姐说:"不烧了,不烧了,粉条难消化,留点肚角中午吃酒席吧!"

52栋的人越来越多,越来越热闹了——父母亲名下四十多人到齐了,母亲老家后村塘来了三十多人,父亲老家江家山的族亲来了不少,我唯一的姑姑一大家族来了十多个,母亲以前帮助过的人们

母亲80岁时全家福

也不知道怎么知道她生日的居然结伴来了一大帮，还有我那些从全国各地回乡过年的同学、朋友也拖家带口的来了——52栋房子太小空间有限，幸好天气不坏，来客们跟二老打了招呼、致了喜、祝过福后，就到楼下小广场游玩去了。

十点半，老朋友摄影家廖诗富来了，他说："要趁现在天气好，赶紧照全家福，下午可能下雨！"我说："我老早让小辈们在小区中心广场摆好凳子了，就等你来！"于是通知家人集中。我从大衣橱里拿出了一帧装裱好的竖幅百寿图，这百寿图中间是一个大大的篆体寿字，周边分布着132个不同写法的小寿字，这是6年前父亲80岁生日时大书法家杨剑手书，现在母亲80岁生日，又拿出来作为全家福的背景，希望能给母亲增福添寿，也给亲戚朋友们带来福泽喜气。果然，在照完全家福以后，很多亲友拉着老爹、老娘合影，而且就以这幅百寿图作为背景，小区里甚至有不认识的人也来凑趣，也手持百寿图说要跟二老合影，这个叫作"讨福气"。二老坐在那里当模特，自始至终微笑着，硬是坚持了一个多小时，直到午宴就要开始了，才匆匆来到富都酒店。幸好酒店就在小区门口，走路过去三五分钟就到。

中午的酒席，气氛极其热烈，客人们很尽兴，老母亲很高兴。晚上的酒席，气氛更为热烈，中午已经七八分醉意的亲友们经晚上一闹，直接醉倒了不少，尤其是老土、信相、师贵、祥文、老李、忠华、小虎、建荣、炳庆、希华这些叫我爹娘也叫老爹老娘的同学，更是围坐一桌全力拼酒，乱成一团，最后没有一个清醒的。吃蛋糕时，这些仁兄的脸上涂满了彩色的奶油，花里胡哨的极为滑稽，最后一个个被老婆孩子拖上车，但是信相和老土两人躺在沙发上发酒疯，像两只藏獒一样赖在地上哪里都不肯去，谁也叫不走，自始至终就一句醉语："我要在这里陪老娘，要为她祝寿！"最终的结果是他俩在52栋的沙发上整整睡了一夜，害得我跟老嬷半夜三更起来了三四次，给他俩清理了数次污物，煮米汤、泡蜂蜜茶给他俩醒酒，母亲还拿毛巾给老土擦洗脸上的奶油，我赶紧拿出手机："这个死老土，睡得像头猪，我给他拍张存照作为通讯录头像，省得他日后吹牛说喝酒喝不醉！"我给老土拍照时，母亲给歪倒在沙发另一端鼾声如雷的李信相盖被子，她边盖边说："还好有空调，不然准要冻坏了。"听母亲这么一说，我又赶紧过去把空调温度调到最高。

看着酣睡中的老土和信相，母亲感叹说："鹰，做人要有善根，你看在我们认识的人当中，他祖上有善根做多了善事的，子孙就过得好过得顺，像老土和信相他们为什么那么会挣钱？除了本身命里带财，跟他们祖上积德肯定有关系的。那些祖上没有善根做多了坏事的，子孙没有几个好的。有些人你看他人挺好的，却过得很不顺，你说为什么？就是他祖上造的恶孽还没有洗刷干净！而有些人做了很多坏事，却仍然过得很好，那是因为他祖上积的阴德还没有耗完，这个叫作：祖公作孽子孙还债，祖公积德子孙享福。"母亲说的这话倒不是迷信，而是有着因果关联的辩证思想的，《周易》坤卦里有两句话说的就是这个意思：积善之家，必有余庆；积不善之家，必有余殃。母亲当然不知道这两句话，但她却用毕生的实践领悟了这两句话的真义。

母亲接着说："鹰，我现在知道寿年可修得的真正意思了，算命先生说我寿命很短，让我修心，我一辈子尽自己的能力做了不少好事、善事，我以前以为修心可以换来寿命，其实不是，我告诉你，每次做完善事之后，会很开心、很舒服，加上你们几兄弟孝心又重，把我们照顾得这么好，不让我们挨饿受冻，这日子过得可舒心了。你说，这人，每天都过得痛痛快快的，什么苦啊难啊病啊灾啊邪啊魔啊鬼啊怪啊，还不都得靠边站啊？算命先生说我活不过50岁，可我都80了！嬷跟你说，这人啊，'日间三餐，夜宿一席''生不带来，死不带去'，能帮别人就帮一把，真的会延年增寿的！"

感谢母亲！感谢母亲在80岁生日之时将人生经验毫无保留地传授给我。我得好好地体味，用毕生去体味。

第 7 章 母亲是个追星族

2013 年 2 月 26 日（农历正月十七）星期二

晚上八点。我和二姐跟影视公司徐姐、导演李京、武洪武及颜丹晨、印小天、范雷、林静、柏青、姚岗、管乐等几位主演道别后，就从宴会上抽身离去，离开了玉山王朝大酒店，半个多小时后到了广丰县城。二姐说："去看下老人家吧！"我说声好，就往卧龙城方向去了，不一会就到了 52 栋。

还没等我们坐稳，母亲就迫不及待地问："怎么样？见到真人了吗？他们是不是跟电视里一样漂亮啊？那个婆婆是不是真的很厉害啊？"我忍俊不禁："我的老嬷啊，你都 80 岁的人，还追星啊？"母亲不好意思地说："这事不是新鲜吗？从电视机里走出来的人，咱不是没见过吗？"我耐心告诉她："这演员嘛，有漂亮的，也有不漂亮的？"母亲说："这不漂亮也能当演员啊？"我一愣："哎哟，你老人家还走偶像派呢！演员当然也有难看的，你想想，以前，咱在村里看的老戏、大戏，不是有个鼻梁上涂着白色的人吗，那个叫丑角，就很难看；你再看这电视里的内容，跟咱生活里的人和事一样的啊，生活中有难看的人，就要有难看的演员去演他们，所以，这演员也有不漂亮的。"我绕了个半天，把自己都绕糊涂了，可母亲却听明白了，她若有所悟地点点头："你这么说，好像是啊！"我接着说："还有，有的演员演技好，把电视里的人演得很坏，但人家演员在生活中可是个大好人呢！你看过的《还珠格格》里的那个容嬷嬷，就是《水浒传》里的那个王婆，这个人在电视里都坏成渣了，可是在现实生活中，她可是大大的好人啊！"母亲将信将疑地说："那这么说，那个婆婆也是个好人？"母亲所指的婆婆是有着军中女一号之称的"婆婆专业户"王丽云老师，王老师在我们正在制作的电视剧《油菜花香》里同样饰演一个婆婆。我说："那当然，王老师可是个大好人呢！可惜，她今天没来，下个月初才来，她的戏集中起来一块拍。"母亲手持遥控器，不停地按，终于按出一剧，是《婆媳的三国时代》，主演婆婆的正是王丽云老师，母亲说："这个婆婆真厉害，把几个媳妇弄得团团转呢。"哈，看来，母亲是王丽云老师的铁杆粉丝啊！

接下来，我掏出手机，把电视剧《油菜花香》开机仪式上拍摄的图片一张张给母亲看，她看到主演二姐的颜丹晨时惊奇地说："这姑娘真漂亮，别说，跟金彩（我二姐）年轻时还真有点像呢！"看到饰演水凤的林静时心疼地说："这姑娘漂亮是漂亮，可是也太瘦了吧，比我们家西西（我三哥的二女儿）还瘦，这么不长肉，今后怎么生孩子啊？"我说："老嬷，你真是想太多了！"看到主演邓京生的印小天时说："这后生长得好，我们易易长大后也跟他一样俊！"我说："老嬷啊，你可厉害了，无论什么人，只要是好的，你都有办法跟咱们家的人联系在一起啊！"母亲接着又看了主演二姐夫的范雷和扮演村支书儿子的李思博的照片，母亲说："莫说，这演员还真有不漂亮的，这两位就不咋的，不好看，尤其这个，眼睛眯得，都快看不见了，保准难找媳妇！"她说的是李思博的剧照，我说："你说什么？人家的媳妇才漂亮呢，也是个演员，又高又漂亮！"母亲不相信地说："是吗？那他真是点香碰到老佛——巧了！"

看了一阵《油菜花香》开机仪式的照片后，我跟母亲说："嬷啊，从明天起，咱们这电视剧大概要拍三个多月，我工作上的事本来就多，现在还要处理电视剧的事，到这里来的次数就要少了。"母亲爽朗地说："你忙你的去，我跟你爹硬朗得很，有事衰猴、亚光一叫就到，快得很。"母亲忽然想起什么，急急地说："那个婆婆要是来了，如果有空，带家里来，我烧饭她吃，好不好？"

哈哈，母亲还真是个追星族啊！80岁的人，20岁的心啊！

第 8 章　母亲的催眠曲

2013 年 3 月 23 日（农历二月十二）星期六

中饭后，我对妻说："我上去一下。"妻说："去吧，你很久没有上去了，老人家问我几次了，问你忙什么，准是想见你了。"我叹了口气："是啊，这整天创建啊、开会啊、出差啊、巡街啊、吵架啊、项目啊、工地啊，也不知道哪来这么多事，这段时间还拍电视剧，玉山、广丰两头跑（电视剧《油菜花香》主拍地在玉山县漏底村），忙得像头牛，累得像条狗，哪里空了一下啊？"我一边埋怨一边走出家门，没精打采地往 52 栋走去。

二老正在吃饭。

我说："怎么这么晚啊！都一点多了才吃饭啊。"母亲说："先前天气好，有热头（热头，广丰方言，意为太阳），我抱了些东西出去晒；后来又乌天了（乌天，广丰方言，意为阴天），我又抱回来，耽误做饭了，这天变得真快！"我说："二月天，颠倒颠，晒什么晒嘛，等晴稳了再晒，不要再自己上上下下爬楼了，摔倒了怎么办？叫有为和念念（二哥两个儿子）他们来搬。"母亲见我阴着脸，便没再作声。我转身看桌上，一盆土豆，一碗看不见具体内容的汤，还有一碟豆腐乳。我皱皱眉："怎么不烧菜啊！没钱了？犯不着这样节省啊！"母亲忙解释说："不是不是，上午老家来了几个人，说修路，让我们出点钱，本来说好在这吃饭的，我都要去买菜了，他们又说要去找别人，不吃了，留都留不住。送他们走后，天又变了，我急着收东西，就耽误了买菜。"我不高兴地说："那也不能这样吃啊，衰猴、亚光、我、二姐,你随便给谁打个电话,都会给你带点菜的啊,就半碗土豆,爹没牙齿,怎么吃得动啊?那汤里有些什么啊?"母亲轻声说:"就一餐,饿不坏的,以前苦的时候,不是经常吃白饭吗?等会我就去超市买点肉和豆腐,晚上就有菜了!"我想想算了,老人家嘛,你怎么说她都没有用的,于是不再作声,走进卧室,打开空调,说:"我睡一下啊!"便躺下了。

母亲赶紧跟了进来,她嚷嚷道:"你睡这边,睡这边,那边你爹睡过的,这老头脚脱皮,上了药膏,不干净。"接着又把床上的被子抱走,搁在窗台上,并从大衣柜里抱出一床厚厚的棉被,说:"那床被子有点潮,今天没晒干,这床是新的,就过年时盖过两三夜。"我说:"没关系的,什么干净不干净,我上午到了工地,身上都是泥呢!"正说着,老爹的光头探进门来,母亲说:"老个,你中午就别睡了,让鹰睡!"我忙制止:"干嘛啊?让他睡啊,他睡惯了的,你不让他睡,会生病的。"于是,老爹也躺上了床。我把他的脑袋抬起,塞进去一个更软的枕头,又拿起我脱下的羊毛衫,将被子与他颈脖间的空隙填满塞实,然后摸摸他的脑门,示意他可以睡了。老爹睡觉的速度与睡眠质量是惊人的,不到三分钟,便听见了他的鼾声。母亲说:"鹰,难怪你爹身体好,你看他没心没肺的真好睡。"我说:"什么叫没心没肺啊?他只是耳朵聋,听不见,干脆懒得理事好不好?"

母亲忽然问我:"你今天怎么了,是不是生病了?"我说:"没有啊?我以前不是也经常到你们房间跟你们睡的吗?"母亲说:"不是指这个,我看你气色很不好,没精神,是不是很累、很烦啊?"我确实感觉又累又烦,既然被母亲说中,便只好沉默不语。母亲说:"我知道你累,摊上这么个工作,整天都在街上忙着,天不亮就去看卫生,天黑了还要看路灯;白天要到工地,晚上要看夜市;还要开会,要出差,要应付那么多人说情、打招呼,有时还跟街上的人吵架,老家还有那么多人来烦你;晚上,自己还要写书,最近还拍电视剧,你能不累不烦吗?唉!老话说得好,佛就那么点灵,人就那么点神,凡事不可过度啊,就像担担子,干嘛每担都要挑三百斤呢?

你可以多挑几担，多走几个来回的啊！"我闭着眼，没有作声，因为母亲说的对，我不能认同也无法反驳。母亲继续说："我看人家当干部的那才像干部呢，说话轻言细语，走路不紧不慢，行事从从容容，没见过你这样的，风风火火、骂骂咧咧的，我知道这个城市不好管，但是你已经尽力了，这几年，你已经做了很多好事善事了，我都看在眼里，也听说了很多，修路修桥、栽花栽草、通下水道、建大公园、扫马路、装路灯、疏通大街，你们做的好事已经够多的了，你不是写了本城管的书吗？连小区的门卫都知道，他们都在谈论你，说你会做事，管得好。"我没睡着，也睡不着，但我继续闭着眼，没有作声。母亲又说："嬷再啰嗦几句，这为人处世，坏事是绝对不能做的，这个我很放心，你从小就不要人家一根稻草，从小就舍得气力喜欢帮助人家。好事必须要做，还要多做，但是得量力而行，有时候有些事，不是以你的力量就能做好的，凡事都有因果，若要强求，非得按自己的想法去，那就是执念太重，会怎么样呢？会劳力而不得，损神又伤心。我天天念经，《金刚经》里有句话特别好，叫作'一切有为法，如梦、幻、泡、影，如露，亦如电，应作如是观'。"我忽然睁开眼，问："嬷，你刚才这句话，是《金刚经》的哪一品啊？"母亲一愣："这个，这个，反正在最后面。"我知道母亲回答不出来，就说："我的老嬷，看来你念经不用功啊，我告诉你，没错，你刚才这句话是《金刚经》最后一品，第三十二品中的句子，没有我熟吧？"母亲问："你什么时候背的《金刚经》啊？"我笑了笑说："我没背啊，你天天念，我也就经常翻看，这看得最多的，就是开头和结尾了，便把第一品和最后一品给记牢了，你刚说的就是最后一品的啊！"母亲恍然大悟："原来这样啊！"

母亲有点骄傲地说："你记性就是好，你小时候背书最厉害了，都是读一遍就能背下来的。"我说："真的假的，我怎么不记得了。"母亲来劲了，开始絮絮叨叨地讲述我儿时的事情，母亲自豪的语气就像催眠曲，我在不知不觉间沉沉睡去，那些个疲劳烦累就让它们随着梦境消散了吧。

第 9 章　拜木头菩萨不如拜肉身老佛

2013 年 3 月 30 日（农历二月十九）星期六

早上六点，我一溜小跑来到 52 栋。在门外就听见"嗑嗑嗑嗑"的敲叩木鱼的声音，我知道，农历二月十九是观音菩萨的生日，母亲肯定在礼佛。

果然，母亲是身披海青、手持木鱼的敲击棒前来开门的，她一见我就说："邀的不如撞的，刚好，我刚好念了三遍《金刚经》，快来，一起拜拜！"我走过去把空调打开，顺便逗她："才不拜呢，我可是共产党员！"母亲一愣："拜佛又不是做坏事，是教人修心行善，你们共产党员不是专门替人做好事的吗？一个意思啊！我们又不像那些乱七八糟的外国教派，教人连祖宗都不要，过年不祭请，清明不扫墓。"我反被她说得接不上话了，竟然一时语塞，好一会儿才说："我要是拜佛，被人看见，说我信佛，要挨处分的！"母亲满脸的不以为然："谁说的，咱老家，乌石岩庙、万寿宫庙、社公庙，那些写缘、点蜡、打醮、做佛生的头首都是干部，哪个不是共产党员啊？"我苍白无力地说："那是他们，党性不强！"母亲好奇地问我："党性？什么叫党性啊？"我竟然无法准确地表述出来，私下里便觉得很是对不住咱党，于是支支吾吾地说："党性嘛，党性就是那个，哎哟，跟你也说不清楚，反正不能搞封建迷信那一套！"母亲老大的不高兴："我们才不是封建迷信呢！别以为我不知道，博山寺的住持师父跟我讲过，我们这个叫作什么来着？对，叫宗教信仰！"我喷喷一声，竖起大拇指："哎哟！老嬷不错啊，连宗教信仰都知道啊！

了不起，厉害！"母亲甚是高兴："我才不会跟村里那些叔伯婶娘一样封建呢，科学第一，迷信第二，这个我还是知道的。"母亲说着说着又将宗教信仰与封建迷信混为一谈了。我说："那是那是，我老嬷还是很讲科学的，生病先看医生再求神佛，不像婶娘们，只问半仙、求大神一条道走到黑，不到病危不去医院。"

母亲忽然拉住我，压低声音跟我说："鹰，这么说来，你的党性可不够强啊！"这回轮到我发愣了，我颇有点丈二和尚摸不着头脑，疑惑地问："这话怎么说啊？"母亲继续轻声而又神秘地说："按照你说的计算，那我每次到廿三都万寿宫庙、到玉山灵江湖庙、到洋口博山寺去烧香拜佛，你还自己开车送我呢，前两年你和你姐还带我和你爹到普陀山拜观音，这不是党性不强吗？"我忍不住笑了："那可不一样，两码事！"母亲说："怎么就两码事了，你送我们去拜佛，我让你拜，你也合十拜了，这不是信佛了吗？不是党性不强吗？"母亲这回可没有呛倒我，我把母亲拉到沙发上坐下："来来来，你坐下，

我携妻儿与两位姐姐陪同父母亲到普陀山，了却母亲一桩心愿

《金刚经》等下再念,有的是时间,观音菩萨等下再拜,天冷,她不会出门的,你得听我好好说。"母亲果然放下了经书,安静地坐在沙发上,跟在身边的老爹耳聋没有听清我们刚才的对话,一手拉着母亲的衣服,一手指着高柜里的佛像,意思问:怎么停了,还没完呢!母亲摆摆手,示意老爹不要作声,老爹果然像个听话的孩子,弯着腰静静地站在一边。

我清清嗓子,对母亲说:"嬷,这真是两码事,你说,你以前到处拜佛,我会陪你去吗?不陪,是不是?为什么啊?因为那时,你们年纪还不是很大,能照顾好自己,我不担心你们的安全问题,可是现在,你们年纪越来越大,身体也没有以前好了,要转几班车跑几十几百里路的,我能放心吗?但是,我又不能阻止你去拜佛啊,要是强行阻止,不让你们去庙里,你肯定会伤心难过的,对不对,那怎么办呢?既不能不让你们去,又不放心你们去,那就只有陪着你们,亲自送你们去了。至于点个香、合个十,跟在你身后也会拜拜,一是入乡随俗,二是怕乡亲们生分误会,但最主要的是要顺着你的意,要让你高兴。你说,当着众多乡亲的面,你给我几支香让我拜拜,我要是不拜,人家就要说闲话,说你兰香奶的儿子不孝顺,不听话,那多难堪啊!所以,送你去庙里,跟在你身后礼拜,都是因为要让你开心。不是说百善孝为先吗?但是,最大的孝是什么?是顺,顺着父母,才是最大的孝,让你们在这里单独住,是顺着你们;送你们去庙里,也是顺着你们;陪你们一起拜佛,还是顺着你们,明白吗?但是,你们拜的佛是佛,而我拜的佛,是你们二老,广丰不是有句老话吗?拜木头菩萨不如拜肉身老佛,这肉身老佛是什么?就是生养自己的爹娘啊!"

母亲呆呆地听我说着,我说完后,她忽然哭了起来,但接着又笑了起来,笑着笑着又哭了起来,老爹很是不解,连连问:"怎么了?怎么了?"母亲回他:"怎么了?拜佛了!"说着站了起来,拉着老爹对着高柜里的观音菩萨,深深地弯下腰去。我急忙起身,跟在二老身后,也弯下了腰,深深地!

第 10 章　清明节我不在家

2013年4月2日（农历二月廿二）星期二

做客东方卫视东方直播间

午饭直到一点半才结束，检查组的人真的能吃会喝，明明十五分钟就能解决的一餐饭硬是整了一个半小时，明明不能上酒的公务接待硬是喝掉了四瓶白酒、两箱啤酒，要不是他们手握"尚方宝剑"，我老早按捺不住拍案而起、拂袖而去了。现在，好不容易赔着笑脸将他们送走，可是已经快两点钟了，我还要去买火车票呢。

我喊一声："纪师傅，咱们走，商城，火车票代售点。"还好，最后两张硬座车票，被我抢到一张，晚上十一点的，到上海刚好天亮。我从售票点走出来，扬扬手中的票："纪师傅，咱运气不错，要是再喝几杯啤酒就真的没票了，走，去52栋！"

两位哥哥也在52栋。刚好，后天是清明节，我正要找他们商量回老家上坟扫墓的事，估计他俩也是为此来的，果然，还没有坐稳，二哥就问了："天气预报说明天天气好，后天有大雨，你说我们上坟扫墓是明天还是后天啊？"母亲接话说："如果明天上坟，我要准备五碗了！"这"五碗"祭祖乃我老家习俗，清明节，将荤素搭配的五小碗菜置于竹篮之中，再用锄头挑着游走于各个祖坟之间祭请，但是，像七月半和除夕那样的大节，因为在家中厅堂之上祭祖，就不止五小碗菜了，而是要摆上七个、九个、甚至十一个大菜，否则便是大不敬。我说："我就是为这事来的，别急，我先喝口水，中午都要醉死了。"母亲见我声音沙哑，还咳嗽个不停，急忙给我倒了一杯蜂蜜水，心疼地说："天天这么多事，这么劳累，就不要再喝酒了，你那声音，一年都有半年哑，我真担心你的喉咙！"我苦笑了一下："有什么办法啊，咱干部不当？不当这个破局长就不要陪客喝酒了。"

稍稍平静后，我说："今天，玉山的剧组那边，范雷和林静两位演员生日，这两位是《油菜花香》的主要演员，我等下要去玉山，给他们办生日宴会，然后到上饶坐火车，连夜去上海，东方卫视邀我做专访。"我边说边将电视调到东方卫视："就是这个台，有个栏目叫东方直播室，骆新主持的，明天下午录制。"母亲疑惑地说："上次不是去上海做节目了吗？又要去啊？"我说："那是星空卫视，金星专访，已经播放了，这回是这个东方卫视，不同的。"三哥问："还是因为《我是城管》这书吗？"我说："是的，这本书被众多媒体关注，这段时间找我采访做节目的报纸、杂志、网站、电视台太多了，很难应付，很烦。"

我一口气喝完了蜂蜜水，接着说："所以，无论是明天还是后天扫墓，我都参加不了，后天可能下雨，我建议你们还是明天去吧，反正清明上坟前三后七（清明前三天和后七天都可以扫墓），不一定非要清明节那天的。对了，记得帮我跟祖宗解释下，替我在祖宗坟头上添块草皮啊。"二哥说："你既有事，当然工作重要，扫墓的事就交给我们吧。你声音沙哑也不是一天两天了，这次去上海，做完节目后，找一个大医院检查检查！"我点点头，站起来往外走，母亲叮嘱我："晚上演员过生日，你就说喉咙疼、声音哑还要做节目，能少喝就少喝点！"我没精打采地回了一句："记住了！"便匆匆离去。

第 11 章　博山寻踪

2013年4月13日（农历三月初四）星期六

昨天跟李有祥老人和廖诗富老师相约，如果今天天气允许，就去博山寺。从目前的情况看，这趟博山之行恐怕已成定数。果然，老朋友廖诗富来电了，说天气很好，问我几时出发。我回他："老哥，你又不需要巡街，干嘛这么早啊？去个博山寺不是半个小时的事吗？你这么早去难不成真的要拜菩萨、抢头香啊？等我巡完街，陪老爹、老娘吃个早餐，再去接你和李老，大约九点钟，如何？另外，你昨天准备好的手电筒和弯刀可别忘带啊！"

要去博山寺，自然要跟母亲说了，母亲可是博山寺的虔诚信徒。说母亲对博山寺虔诚，倒不如说她对博山寺感恩更为贴切。20余年前，我高考，母亲要带我去拜佛，我不肯去，没考上。再考，母亲又要带我去拜佛，我还是不肯去，又没考上。继续考，母亲坚持要带我去拜佛，不停地劝我，劝着劝着就掉泪了，我敌不过母亲的眼泪，就跟她去了，去的就是这博山寺。那是我第一次去博山寺。那一年，考上了，虽说是个师专，但是那可是国家包分配、吃皇粮的年代，考上个师专在我们乡下便算是天大的喜事了。母亲跟我说："老早叫你跟我去拜佛，你不听，怎么样，一去就考上了吧！"我当然不服气了，就拿半仙看病的事例反驳母亲，说："这个跟小孩生病请半仙是一回事，小孩子感冒着凉头疼脑热本来是件很正常的事，去诊所看下，两天针三天药，不就好了？可是村里的叔伯婶娘们，也包括你啊，非要说是小孩子调皮，得罪了村里的樟树公公、土地公公、社公、社婆或者过路的邪魔外道，非得请来半仙、大神向这些神神鬼鬼们求情赔礼，还要蜡烛香纸、三牲六礼，又是叩头、又是祷告、又是叫魂又是捉鬼的不把自己折腾得半死都不肯罢手。三四天后，小孩病好了，非要说是半仙的功劳，可实际上呢？是吃了医生三天的药好不好？就跟我这高考一模一样的啊！"记得当时身体本来就不太好的母亲被我呛得说不出话来，气得脸色煞白，其实，我当时就后悔了，后悔不该说那些刺激母亲的话，但那时年轻不懂事，并没有向母亲道歉认错，现在想来，那时的自己当真是幼稚得紧、可笑得很，换作现在，就是有人拿枪指着我逼我说那样的话，我都不会说。

当然，那次去博山寺我还是有很大的收获。那时，寺里有个和尚，不是我思维定势下的那种大和尚或老和尚类型，而是个年纪不大的住持僧，据说是某佛教学院毕业的，佛理很深、道行很高。那次在大雄宝殿上，和尚忽然拉住我，跟我说了很多话，问了我不少事情，具体内容已经记不清了，但有一件事却记得很牢，这件事对我影响很大。那天，和尚说着说着竟然从他宽大的僧袍中取出一支扁平的骨头来，他问我（大意）："你可知这是什么骨头？是人的还是动物的？如果是动物的那它是雌的还是雄的？是猪的、狗的、牛的、马的、羊的还是别的什么的？如果是人的，那它是男的还是女的？是帝王将相的、富商豪贾的，还是平头百姓，或者是乞丐要饭的？"他的话让我愣在那里很久很久，无法回答。和尚又说："无论是人还是动物，无论是富贵还是贫贱，人生一世，到最后，都是黄土岗上一抔土，连根骨头是人是狗的都分不清楚，所以啊，功名可取不可贪，富贵可求不可恋，今后无论你做什么，差不多就可以了，不能执念太深。"

20多年前博山寺的这场梦幻般的偶遇和填鸭式的灌输，当时于我并未产生多少影响，但随着时间的推移和涉世的深入，老实说，它已经深深融入了我的思想，影响甚至左右着我的人生价值观。

那以后，我对博山寺产生了兴趣，我开始关注博山寺。上大学后，又知道豪放派词宗辛弃疾晚年曾经寓居上饶，而且在博山建有书屋并写下了很多跟博山和博山寺有关的辞章，包括我最喜欢的"少年不识愁滋味，为赋新词强说愁"那阕词。可以说，对于博山寺，我已经从关注变成了喜爱，我开始研究博山和博山寺，从博山的自然风貌到博山寺的开山肇基、寺观兴废、宗风传承、佛理佛法、历代僧众、名僧掌故、神话传说，再到历代文人墨客与博山的关系及其留下的诗词文赋、书画碑刻，我都做了相对系统与完整的了解与研究。我经常跟母亲谈论博山寺的事情，跟她讲述博山寺历代高僧的故事，母亲每次都很欢喜，她每次都说："你懂得真多，博山寺的事你知道的比我和庙里的大和尚知道的还多，你跟博山寺真是有缘啊！"

我这回跟李有祥老人和廖诗富先生前去博山，主要是去寻找几处古迹，对照辛弃疾辞章中写到的三处地名到现场去勘核。这三处古迹分别是稼轩书屋、雨岩和王氏庵。辛弃疾曾于800年前在博山寺附近为广丰学子传过道、授过业、解过惑，那里曾经有个叫"稼轩书屋"的学堂或者书院，辛公在博山总共写过十七阕辞章，其中七阕跟雨岩有关，两阕写王氏庵，那么，这稼轩书屋、雨岩和王氏庵到底在哪里呢？这回，我与80岁的李有祥老人和60岁的廖诗富老师带上手电筒和弯刀，就是专门去寻找它们的。

母亲好奇地问我去博山寺干啥，她知道我们肯定不是专门去礼佛的。其实，她不问我也要告诉她的。听说我们的动机后，母亲大为惊讶，她疑惑地说："都800多年了，祖都没了、迹都消了、气都闻不到了，还能找到吗？"母亲显然不知道我们手中握有利器，那就是辛公留下的辞章。不过，我没有告诉她这个，我怕她没完没了地追问。我知道，只要跟博山寺有关，无论什么事，她都想知道。

出门时，母亲把我叫住了，她张张嘴又合上了，又张张嘴，还是没有说话。我一边穿鞋一边说："我知道了，你就放心吧，我一定会在佛祖和观音菩萨面前焚香叩拜的，你别担心啊，这个是代你拜的，不会影响我的党性！"母亲满意地笑了。

第 12 章　陪爹娘看《女驸马》

2013 年 4 月 29 日（农历三月廿）星期一

妻出差。我给母亲电话："嬷，华凤出门了，我跟易易到你那吃几天。"母亲说："知道了，华凤昨天就说了，我一大早就去买菜了，都是易易喜欢吃的。"

饭一进口，我就感到不对劲，问母亲："嬷，你今天的饭，水放少了吧！这么硬，爹怎么吃啊？"母亲说："你爹可好说话了，硬饭烂饭，他都能吃！"我知道母亲是故意的，便不高兴地说："这怎么行，你干嘛老迁就我们啊？这饭嘛，要以爹为主，他一颗牙齿都没有了。"母亲说："你们不是不喜欢吃烂饭吗？这样吧，我另外装一碗放锅里煮，加点水，煮烂点。"易易说："爸爸，今天饭好吃，真香！"我说："易易，你吃着香，是因为奶奶心疼你，把饭蒸硬了，可是，爷爷没牙齿，他就吃不下了啊！"易易说："这样啊！难怪爷爷坐着不动。"易易一回头，对奶奶说："奶奶，爷爷没牙齿，他要吃烂的饭呢！你晚上要把饭蒸烂点，不然爷爷吃不动！"我看看易易，笑了笑。

午饭后，易易独自去学校了，我坐沙发上喝茶，老爹看电视。母亲麻利地整理完厨房和餐厅，端着一壶刚烧沸的水放在茶几上。我毫无目标、漫不经心地变换着频道，没有发现什么特别吸引眼球的节目，见戏曲频道播放黄梅戏经典剧目《女驸马》，是韩再芬的作品，便停了下来。没想到十秒钟没到，母亲便说："咦，这不是《女驸马》吗？看一下，看一下！"我很是惊奇："哎哟，我的老嬷，你可以啊，才听唱腔就知道是《女驸马》了，厉害啊！"我边说边向母亲伸出大拇指。

母亲被我夸得有点不好意思,她微笑着说:"以前没有电视机,乡亲们办大事、喜事就邀来戏班唱大戏,《女驸马》《珍珠塔》《天仙配》《五女拜寿》那些戏,听得最多了,有些都能跟着唱了。"母亲说起这事,我似乎有点印象,在我很小的时候,村里的晒场中间往往搭个高台,台上有艺人唱曲,我老家谓之"唱大戏",台下则汇聚了十里八乡数以百计的村民,谓之"睃大戏",演出的剧目主要是母亲刚刚讲到的这些。现在想来,这些悲欢离合、悽恻缠绵的故事不知道赚取了多少像母亲一样的中国农村妇女的眼泪,承载了她们多少的悲愁与欢乐。可以说,在那物资匮乏、文化贫瘠的年代,这些经典戏剧的故事情节已经深深地烙印在母亲这一代人的记忆与血脉之中了,难怪《女驸马》唱腔刚起,母亲便听了出来。

《女驸马》是黄梅戏的经典代表作,是一部极富传奇色彩的古装大戏,说的是襄阳道台之女冯素贞冒死救夫,经历种种曲折,终于如愿以偿,成就美满姻缘的故事。故事讲述了冯素贞与李兆廷自幼相爱,后来李家衰落,素贞母亲去世,素贞继母嫌贫爱富,逼迫李兆廷退婚。素贞被逼女扮男装进京寻兄冯少英,又冒李兆廷的名字应试,却阴差阳错成了驸马。该剧通过女扮男装、冒名赶考、高中状元、招为驸马、洞房献智、化险为夷等一系列近乎离奇却又在情理之中的戏剧情节,塑造了一个善良、勇敢、聪慧的古代少女形象。加上韩再芬清丽俊秀的扮相和悠扬婉转的唱腔,更是让听之者如痴如醉、不能自已。

母亲很快就进入了剧情,当韩再芬唱到"洞房吐真相"时,母亲居然也跟着哼唱:你也知王三姐苦守寒窑一十八载 / 你也知刘翠萍苦度十六春 / 你也知前朝英台女生生死死爱梁生 / 你也知孟姜女寻夫千里远,双眼泪尽哭长城 / 这都是父母嫌贫爱富贵,女儿不忘恩爱情 / 我虽比不得前朝贤良女,救夫我不顾死生……哼着哼着,母亲便哽咽了起来。我一看,这还了得,真入戏了,我推推母亲,看她继续沉醉于戏中,我不敢惊扰她,便小心翼翼地陪在身边。其实,我也很喜欢这个剧目的，尤其是韩再芬版本，但我却从未想过母亲居然会痴迷到如此地步。其间，母亲的手机响，是三哥打来的，我悄悄拿去接了，没让母亲分心。我就那样陪着她，一直陪到最后的大结局，当韩再芬唱起：我考状元不为把名显／我考状元不为作高官／为了多情李公子／夫妻恩爱花好月儿圆／喜洋洋／就等告假回故乡／见了李公子／我送他一个状元郎。母亲忽然笑了起来，她拍手称快，还说："有情人终成眷属！"

忧喜皆因作古人！实实在在替古人担忧，高高兴兴为古人拍手，看着母亲又是泪水又是欢笑的样子，我递给母亲一杯水："好了，老嬷，这戏你都看了几十年、几十遍了，都会背了吧，现在，还是赶紧喝杯水吧！"

第 13 章　母亲的担忧

2013 年 5 月 12 日（农历四月初三）星期日

在上饶县瑞泓酒店参加完电视剧《油菜花香》杀青宴会后，我的声音已经沙哑到对方听不清楚的地步了。坐在车上，一股成功之后的酸楚从心底涌起，我忍不住眼眶紧了起来。是啊，从作品的改编、证照的审批、场景的选择、演员的确定、投资的洽谈以及整整三个月马不停蹄的拍摄，加上城管工作的繁杂、琐碎、辛苦，我真的有点顶不住了，我感觉很累很累。随我左右的纪师傅经常劝我："我看你一直在透支啊，别以为自己现在还年轻，不把身体当回事，我见过多少了，到时真的会后悔的！"我岂能不知？可是，这事情，总不能做到一半就停下吧。

正想着，纪师傅说："到县城了，咱去哪？"我说："先到街上转一圈，再去 52 栋，今天是母亲节吧，母亲虽然不知道有这个节，但我晚上还是陪老人家睡一宿吧！"纪师傅叹口气："唉！你这个人就是劳心，还要转一圈，喉咙都这样了，为什么不直接回去休息呢？"我笑笑："你觉得不转一圈我回去能睡得安稳吗？"纪师傅不再作声，他驱车沿着芦林大道、月兔广场、新鸟林街、丰溪路、裕丰大道、永丰大道、商城北路、河滨路绕了一圈，我见一切都比较正常之后，便到小康城钱国华诊所开了点咽喉炎的药，然后来到 52 栋。

母亲跟我说话，我说着说着就用手势跟她比画。她老人家心疼不已，给我泡了一碗横峰土葛粉，一直看着我吃完。她又端来一杯温开水，让我吃药。我吃完药片后又一口气喝了半瓶糖浆，母亲说：

"仔哎，你要听嬷的话，你工作本来就忙，这城市里的事本来就多，你还要写书、写电视，怎么吃得消啊？要是真病倒了怎么办啊？你这喉咙啊，真是叫人担心！"我跟母亲说："你就放心吧，那些电视台的采访已基本结束了，电视剧今天也全部拍完了，现在就剩下城管工作一项了，往后就轻松了，至于喉咙，不就是个慢性咽喉炎吗，隔个十天半月不喝酒，自然就好了！"

母亲哽咽着说："没见过像你这样拼命的，这一大家子就指望着你呢，你却不注重自己的身体。"我说："嬷，真的没有骗你，往后真的没有别的事了，就城管一项工作；而且，工作上的事情我已经理得很顺了，一点都不麻烦；再说，以你儿子的能耐，管理这么小一个城市，小意思了！"我说着说着又咳嗽了起来，连续不断地咳嗽，母亲赶紧端起杯子，直接递到我嘴边，我接过水杯，一口气喝了个底朝天，母亲又在我背上不停地拍打，轻轻地拍打，这让我想起儿时，或感冒咳嗽或食物呛喉，母亲总是在我背上轻轻拍打，真的很灵验，立马不咳了。老爹听不见我跟母亲说话的内容，但他见我又是药啊又是咳的，他也急了，但他一点劲都用不上，佝偻着腰、背着手站在一边，眼里满是忧虑。

见我咳嗽停了，母亲说："你肺热，胃火大、湿气重，真的要好好调理了，最好开些中药吃，还是找个老中医看看吧。"母亲说这话时，我忽然想起一段往事，母亲的爷爷是清末的秀才，学问大，尤其善中医，因此，母亲对中医药也知一二，以前在乡下老家时，她就能在田间地头采得数十种中药，村人一般的小毛病根本不用去诊所，都找母亲要药，母亲也总是免费提供，母亲也因此深得村人爱戴。前几年父母亲来城里跟我们同住，村中有婶娘叔嫂甚至掉泪说："兰香奶要去城里跟亚鹰他们住了，我们今后要是身体不舒服可怎么办呢？"我忽然笑出声来。母亲一愣，问我笑什么，我说："前几年你来城里住，村里那些婶婶、嫂嫂说没人采草药了，也不知道这些年他们看病是去医院的还是求半仙的？"母亲听我这话可来劲了，她开始叙说在老家的那些事，从她的爷爷讲到我的爷爷，从公社大队讲到村民小组，从社公神鬼讲到自家祖宗，从山塘水库讲到田头地尾，从老牛拉犁讲到母鸡下蛋，从檐前麻雀讲到山后鼠狼，从瓜果桃李讲到青菜豆角，从砖房瓦屋讲到能工巧匠，从清明鬼节讲到中秋除夕，从叔伯婶娘讲到家长里短，从鸡毛换糖讲到针头线脑……母亲不紧不慢地讲着，我不声不响地听着，听着听着就睡着了，母亲说："你回去睡吧！"我迷迷糊糊地说："这段时间忙，都没陪你们睡过，从明天起终于不那么忙了，今晚跟你们睡！我已经给华凤发过信息了，她知道我晚上陪你们的。"

说着说着就睡着了，脸也没洗，衣服也没脱。

第 14 章　看望一位老寿星

2013 年 5 月 26 日（农历四月十七）星期日

好友廖诗富的父亲 98 岁了，一个人住在乡下老家，请了村人给他做饭、洗衣服。诗富君说老人家很厉害，年近百岁了还能种地，能砍柴，能挑水，能担粪桶浇菜，能劈树桩烧锅。我一直想去拜会，却总因俗务所缠，没有成行。昨天我和诗富君共同的朋友，南普陀寺的行云法师来了，于是约好今天前往诗富君的老家——沙田镇黄泥际。

母亲对我这次出行很是支持。她说："这么看来，这位老人活过一百岁肯定没有问题了！山中常有千年树，世上难见百岁人哪，这人活百岁，真的没见过几个啊，听说，人活一百岁，政府会给他做生日，是不是？"我说："好像是吧，你和爹努力点，争取活过一百岁，到时我向政府申请，给你们做百岁生日！"母亲摇摇头："说笑话了，我们才 80 来岁，还经常生病，活 100 岁，想都别想了！"我说："那可不一定，你常说的那句话叫什么来着，对，叫人有信心佛有显灵，你要有信心嘛，只要有信心，就能活得更久的。你不是信佛吗？求佛啊，求佛祖保佑你俩活过百岁啊！"母亲认真地说："想想还是算了，活得太老了你们负担太重，尤其是你，我们能够双双活过 80 岁就已经很不错了，已经很少见了，起码咱们村里就我们俩，这小区里也没听说过。唉，富贵在天，生死由命，人的寿年天注定，就不管它了！"我逗母亲："你这就不对了，难怪游游（三哥的儿子）读书不努力，就说能否考上大学、今后做什么职业、日子过得好不好都是天注定的，原来是你这个奶奶教的!"母亲急了:"我什么时候教过他这个了?我不是叫他要好好读书、考个好学校、找个好工作吗?"我说:"你都知道教他,那你自己为何不努力?我看你和爹身体挺好啊,从现在起,吃好、穿好、睡好、保养好、锻炼好,只要再努力那么一点点,保准能活过100岁呢!"母亲说不过我,只好不作声。

正和母亲唠叨着,诗富君来电,说可以出发了。母亲见我要走,提醒说:"记得买点礼品!"我应一声:"昨天就准备好了!"

一个半小时后,我们来到黄泥际地方,车子停在村口晒场上,步行往山背走去,转过一道山口,诗富君说:"远望右方,有群山,绵绵不绝,那个翘起来像大拇指的山峰就是傲视赣浙闽三省的白花岩,村人迷信,说白花岩里广福罗汉庙的菩萨灵验,所以翘起大拇指。"我记得我早年写过一篇题名为《铜钹山散记》的文章,里面曾经写到这件事,大意是:诗富君告诉我,他老家沙田镇沙溪村黄泥际地方与白花岩遥隔二十余里,晴天眺望,白花岩极像一根高高翘起的大拇指。我回他说白花岩有东南第一仙峰之誉,无论是自然风光之美,还是文化积淀之深,都足以让人竖起大拇指的。现如今来到黄泥际,远眺那个高高翘起的大拇指,果然心有所动。

正说着,见一位老者提着水桶向我们走来,细细打量,老人头戴广丰特有的尖斗笠,看不清脸相,穿青布上衣,胸前佩戴藏青色围裙,围裙的吊带是红色的,很是夺目,不是布的,而是包扎物品用的塑料包装带。老人挺时髦,居然穿着一条青灰色细纱牛仔裤,裤管挽至膝盖处,脚上穿一双拖鞋,黑底黄帮。老人看上去约70多岁,正健步向我们走来。诗富君说:"这就是我老爹!"我和行云法师都愣住了,显然,这也太出人意料了,虽然早有心理准备,但我却怎么也没办法将眼前这个看上去只有70多岁还如此矫健的老人跟诗富君98岁的老爹等同起来。

我们拦下了老人,接过水桶,一同回到诗富君的老房子里。老人耳聪目明,身板硬朗挺拔,一点佝偻的痕迹都没有,跟我们交流没有任何视听上的障碍。诗富君将城里带来的荤菜交与照顾老人的同族大嫂，然后向我们详细介绍他老家的各种事情，并带我和行云法师一一参观游览。待我们把几栋偌大的老房子挨个转了一遍后又回到院子时，却见廖老爹正在院子里忙活着。他坐在一张侧倒在地的短板凳上，面前放置一个粗大的老树桩，身边两侧各堆放着数十根约两米

与98岁的廖老爹合影

多长仍然翠绿的比大拇指略粗的竹子，右手持一把弯刀，他正在斫竹，他把竹子斫成六七十公分长，斜口，一刀两断，见我们走进来，老人停了下来。我走过去蹲在他身边，捡起一根两头都带斜口的短竹，问：“老爹，两头尖的，你这是干啥用啊？”老人家说：“做篱笆！”我从他手中拿过弯刀："让我斫下！"结果，我一刀下去，由于力道不够，竹子没有斫断，裂了！老人说："裂了就不能做篱笆了！"我向老爹伸出大拇指，又指指远处的白花岩，叫一声："老廖，快来，给我跟老爹拍个照，百岁老人啊，多难得！"诗富君边拍照边说："老爹军人出身，解放前参军，上过朝鲜战场，一直没停过锻炼，年纪虽大，劲道还在！"

中饭，老人吃得不多，一小碗饭，几片瘦肉，小半碟他自己种的青菜，但出我意料的是，老人居然喝了点酒，约半瓶啤酒。诗富君说他平常会喝一两左右白酒，活血通气。饭后，老人喝了约一小

杯茶，跟我们打了声招呼，就去午睡了。诗富君说老人一直有午睡的习惯，但时间不会太长，约一个小时左右。

我们没有惊扰老人，在老人午睡时离开了黄泥际，我和诗富君陪着行云法师寻找里坞寺的遗迹去了。这一带与桐畈镇及铜钹山相连，古时是通往福建浦城的交通要道，方圆数十里曾经繁华无比，豪商巨贾很多，达官显贵不少，宗教也一度繁荣，曾有古谚流传：沙溪府，石溪院，里坞寺，金銮殿，九仙山下爬爬船（划龙船）。这回，我和诗富君就是陪伴行云法师寻访里坞寺去的，可是，毕竟年代久远，除了在里坞靠山边一处石岩中发现到一个据当地老人介绍已有数百年历史的破缸之外，便什么也没有了。

晚饭后，我回到52栋。母亲迫不及待地问："老人的身体还好吧？他饭量怎么样啊？他平常都做些什么啊？你们陪南普陀的法师有没有找到里坞寺啊？……"母亲像个好学的小学生，吧嗒吧嗒闪着期望的眼睛，她很想马上知道答案。我当然知道母亲心急的原因了，这百岁老人和千年古刹两个话题都是她关心的啊。我泡了一杯茶，然后慢慢地细细地把廖老爹和里坞寺的情况说给母亲听，母亲听得津津有味，当然，也听得唏嘘不已，之外，便是羡慕了，她说："里坞寺找不到，那是正常的，毕竟几百上千年了，但廖老爹年近百岁还能提水、浇菜、砍柴、斫竹，可真是太难得了！"她不厌其烦地把廖老爹的事放大声音跟老爹复述了一遍又一遍，直到老爹完全听清楚为止，然后一脸不屑的神色："平常觉得你还不错，可跟人家廖老爹一比，你差了不止一大截！叫你多吃点东西，还做客，那胃口就像猫，你不吃下去哪有好身体啊？瞧人家廖老爹，还能喝一两烧酒呢！"

我哈哈一笑："嬷，你光会说老爹，自己还不是一样啊？让你滋补下身体，你却说吃斋念佛，不动荤肴，广丰有句老话叫什么来着？"母亲接过话："叫有嘴说别人，没嘴说自己。"

天，老嬷真可爱！

第 15 章　端午前的家庭会议

2013 年 6 月 9 日（农历五月初二）星期日

中午，我给二姐、二哥和三哥分别打去电话，要他们晚上到 52 栋集中，逗他们说："开会，七点，别迟到啊！"哥哥姐姐当然知道我是开玩笑的，但晚饭后还真的来了，时间也正好是七点左右，而且，侄子、侄女、外甥女、外甥女婿也来了不少。我说："哎哟，来了这么多人，52 栋有糖分吗？"小辈们回说端午节快到了，来看看爷爷、奶奶、外公、外婆，我才发现桌上堆满了牛奶、水果、饼干等，还有粽子。

我和妻儿晚饭是在 52 栋吃的，妻子正准备收拾厨房和餐厅，我见来了不少晚辈，便说："你可以歇歇了！"果然，不到五分钟，餐厅和厨房里那点活就被侄女和外甥女们抢着干完了，妻子拎着围裙站在客厅里发了好一阵子愣，然后才去整理小辈们带来的各种食品。

最高兴的是两位老人了。眼前一下子多了这么多人，这个叫一声外公、外婆，那个叫一声爷爷、奶奶，还不时冒出几声老外公、老外婆来，搞得老人家应接不暇、晕头转向。这种喧闹差不多持续了半个钟头，大伙才看电视的看电视、玩手机的玩手机、吃东西的吃东西、聊天的聊天，渐渐地安静了下来。这时，我招招手，让哥哥姐姐们都集中到客厅来，然后说："其实也没什么事，只是我明天要出门，去参加第 19 届上海电视节，结束后从上海去山东省高唐县参加一个全国文学笔会，大概要七八天时间。我要是在家，每天都会来这的，可这么多天不在，你们是否抽空来陪陪老人家？大后天就是端午了，我不在家，你们安排人陪老人去看看龙船吧。这两位老人可喜欢看龙船了，整天念叨着龙船已经下水了，可是，这人山人海又天热地烫的，没两三个人陪着，这七老八十的，谁放心让他们去啊！没有别的，就这个事。"

三哥说："端午都到我家吃饭，我准备好了的，有鹅，有鸭，还有我从河里钓的鱼！"二姐说："放心吧，我跟外甥女陪他们去看龙

父母亲与我们五姐弟

船，你自己在外面东奔西走的，要注意身体。"二哥说："我会来陪他们的，晚上我就住这里。"母亲听说我又要出差，颇有点舍不得："不是节日吗？过节都不在家啊？你清明节不在家，端午又不在，怎么那么忙呢？可要注意身体啊，千万别累坏了！唉！还好，端午节不用回老家祭请祖宗，不然，太公可要不高兴了！"我说："我的老嬷，太公高不高兴我才不管呢，只要你和老爹高兴就可以了！"母亲急了，快速走到阳台上，双手合十念念有词："太公莫怪，小孩不懂事，乱说话，无心的，别计较啊！别计较！"

我过去把母亲拉了回来："哎哟，老嬷，我家太公肚量大，不会见怪的，再说，这里又没有接续香火，太公听不到的啊！别担心我了，全国各地我都走了个遍了，这翻山涉水、跨省过县对我来说是家常便饭，放心吧！对了，我每天晚上都会给你打电话的，你要是在小区里散步，记得把手机带上啊！"

事情商议妥当之后，二哥、三哥跟侄子们玩起了扑克，玩的是我跟老土他们常玩的"五十K"，也叫"打炸弹"；母亲则从厨房里端出一大盆粽子，大声喊："快来吃粽子，石碧山小姑家的腊肉粽子，黄金根煮的，可香了，我晚上热过了，现在还温软着，正好吃，快来啊！"

第 16 章　做个有根器的公家人

2013 年 6 月 22 日（农历五月十五）星期六

　　巡逻完街道已经八点半，我来到小康城邮政局门前一处流动包子摊，摊主夫妻见我走近，显得十分紧张："我们很守规矩的，九点钟前一定收摊，不会影响交通；这垃圾也都收集了，不会弄脏场地的！"

　　我摇头苦笑："我是来买包子的，四个肉包，两个菜包！"女摊主打开蒸笼，男摊主跟我搭讪："周局，早啊，就巡完街了？"我一边拿钱包一边问："哟，认识我啊？还知道我巡街啊？"女摊主边装包子边抢话："哪能不认识你呢？广场那个大屏整天播电视，你在电

接受《星空卫视》"金星撞火星"著名主持人金星访谈

视上跟金星打嘴仗,咱广丰人谁不知道啊!尤其是我们摆摊的,爹娘都可以不认识,也不能不认识城管局长啊!"男摊主睁圆双眼使劲拍打案板:"说什么呢?你这个堂客鬼,不会说话你就别说,没人拿你当哑巴!"女摊主脸色骤变,张着嘴巴、吐着舌头、僵在那里不敢动弹。我赶紧说:"哎哟!没看出来,你还挺男人的嘛!兄弟,我可告诉你,男人再有本事也不能凶老婆!"男摊主满脸堆笑地跟我解释:"周局,别跟女人一般见识,她不会说话,你看,你是咱广丰的大名人,又写书又写电视剧的,中央电视台都经常看到你,我们全家都很喜欢你,她看过你在电视里跟金星聊天,本来想夸你的,可说着说着这话就说变了,你大人大量,可别见怪啊,别见怪!"我哈哈一笑:"大妹子,你没说错话啊,是你男人不对,没事啊,没事,谢谢你们关注我、喜欢我啊!哎,快找钱我啊!"女摊主终于回过神来,急忙从钱盒里翻找零钱,男摊主脸色一沉:"我说你这堂客不懂事,你还真的不懂事啊!周局长吃咱几个包子,那是天大的面子,你还真的找钱啊!"他一边说一边把二十元钱还给我。我说:"那怎么行,哪有买东西不要钱的?那我天天来吃包子了!"男摊主把钱又推回来:"真的,真的,就几个包子,算我请客好不好?"我拉下脸说:"我知道你是诚心诚意,但你我非亲非故,你做点小本生意,挣不到几个钱,你再不找钱,我不要了!"摊主夫妻见我变脸,就不再作声,男摊主朝老婆努努嘴,女摊主迟疑一下,从一个长方形饼干盒里拿出十四元钱给我。我把钱收好,拿起包子,对摊主夫妻说:"谢谢你们啊,挣钱不容易吧,都乡下来的,孩子在县城读书,还不止一个孩子吧!除了卖包子外,你应该还踩了黄包车吧,如果没有猜错的话,你的黄包车还可能是没有牌证的黑车吧……"见摊主夫妻脸色越来越难看,我嘿嘿一笑:"别害怕,好好做生意,把包子做得更好吃,算你本事,以后别骂老婆了!"说完我转身离去,在我转身一刹那,女摊主跟老公说:"哎哟,怪了,咱们家的事,他怎么都知道啊!"我也没有回头,大声说:"告诉你,我也是从乡下来的!"

我手提包子袋，心情复杂地来到52栋。

我把刚刚买包子的事说给母亲听，母亲倒很平静，她说："看得出来，他们实际上是很怕你的，怕你不让他们摆摊，罚他们的款。"我说："只要他们守规矩，我怎么会罚他们啊？"母亲说："你不罚他们，可是你手下那么多人，你确定不会有人欺负他们？从他们怕你的情况看，我觉得他们肯定受过不少欺负了！"我沿着母亲的思路思考了一阵，觉得母亲的话很有道理。心里愤然的同时也生出好奇："嬷，你怎么知道的啊？"母亲坐了下来，她说："这事啊，我得跟你好好讲讲。"我见母亲这架势，估计得说上好一阵子，便说："你等下，我今天不上班，有的是时间，等我把半碗粥喝了，把包子吃了，你再说。"然后我稀里哗啦、三下两下就喝光了碗里的粥，两个肉包子瞬间下肚，并把另两个肉包推到老爹面前，老爹说："吃不完的，吃一个。"母亲在一边说："鹰，他能吃下，他会做客的。"我觉得有趣："自己家里做什么客吗？"母亲说："几十年了，他总想把好吃的留给你们，就说自己吃够了、吃不下了，习惯性做客！"母亲真有语言天赋啊，居然能够创造出"习惯性做客"这样既幽默又生动的概念词句来。我把老爹的碗端过来："先吃包子,吃完了再喝粥，别再习惯性做客了！"在我的注视加监督下，老爹磨磨蹭蹭地把两个包子吃了，我再把粥端给他，他喝得滋滋有声。母亲很有成就感，她高兴地说："怎么样，吃了吧，他真的在做客呢！"我说："吃了，还有两个菜包，你得吃了，你放心，我看他们肉包菜包不同蒸笼蒸的，荤素分开的。"母亲迟疑地说："他们分得清吗？"我说："佛说，水里还有四万八千虫呢，空气里都有荤腥味，谁能分得清！"见我又开始掰，母亲连忙说："好好好，我吃我吃！"我说："你当然得吃了，不然就是习惯性做客！"

吃完早餐并整理好厨房餐厅之后，母亲开始了她漫长的叙述。她说："咱们普通老百姓，挣碗饭吃不容易啊！以前穷苦，这物资粮食由生产队按工分分配，怎么分都不够吃穿用度，老实的人就那样饿着，饿得瘦骨伶仃；聪明的人私下挣点钱补贴家用，却往往被大队干部发现，就要戴上走资派的帽子。就说咱们家，大小十几口，再不想办法真的要饿死人了，于是你爹就到福建浦城帮人家做棺材；你两个姐姐在枕头套上绣花，我负责十里八乡走家串户地销卖，偷偷摸摸做贼一样。挣了一些活钱，买到了高价黑粮，好不容易才把你们拉扯大，可是，公社和大队最后还是把你爹关了起来，说我们家挖社会主义墙脚。后来政策好了，老百姓凭本事挣饭吃了，可是有大本事的人毕竟是少数啊，不可能个个都当大老板、人人都做大生意吧，更多的人只能开个小店、摆个小摊挣几个血汗钱、吃几斤气力饭。就像你三哥，他承传了你爹的手艺，会木匠，在乡里开了个棺材铺，因为乡脚小（乡脚，广丰方言，意为地方），人口不多，本来生意不大好，挣不了几个钱，工商、税务还整天来要钱，林业站的人总说我们偷用木材，动不动就来罚款。你辩又没法辩，也辩论不过他们啊，不管对错，道理都在他们手里，来了就得笑脸相迎，就得酒肉饭待，就得给背手（私下贿以钱财），不然这店就得关门。后来说什么火化，不让做棺材了，民政局的人那个凶啊，我活几十岁都没见过，没收工具、没收木材、没收做好的棺材，还说你三哥犯法，要抓去坐牢。后来，你做主让他改行了，可是，你看看，还不是欺负老实人吗？都十几年过去了，又有几个人火化了，还不是到处都是棺材铺吗？再后来，你让他们几个进城，开个小店挣个活路，日子过得紧巴巴。前年亚光不是偷偷推个四轮车在街上卖水果吗？就被你们城管追得无处可躲，动不动就被缴了秤，没收了水果，他又不敢说是你的哥哥，你后来知道了，不让他再卖了，还讲了他一通，然后才开了现在这个固定的铺面。"

母亲一直这样平静而又舒缓地叙说着，我一边拿着遥控器变换着电视频道一边漫不经心地听着，我知道母亲的意思，我知道母亲再往下会说些什么，因为，这种类似的话她已经不止说过一次两次了。

母亲歇了一会，喝了一口水，接着说开了："那时，我们就经常想，我们家族怎么就没有一两个在公家做事吃皇粮当干部的呢？这公家的人怎么就这么面硬、这么凶狠、这么喜欢欺负人呢？所以啊，全家上下是多么希望你能有点出息啊，可惜，你只考上了个师专，只能教书，可是你不甘心，做起了生意，也真是机缘巧合，后来你竟然考试考了个局长，还在县政府上过班，现在又当起了城管局长，这真是没有想到的事。"母亲讲到这里，语气一变，她语重心长地说："仔啊，咱可是穷苦出身，你也是凭自己的本事一步一步走过来的，现在虽然是局长了，可不能忘了本啊，想想以前咱家的难处，想想那些公家人对咱们的刁难，你可不能跟他们一样啊！嬷知道你心地善良，不会乱来的，但还是要啰嗦几句，你要是平头百姓，对别人好，那是修心积德；你现在是公家的人，是局长，对老百姓好，那是应该的。你一说那个卖包子的，我立马就想起亚光以前开店的事，就忍不住要跟你讲这么些话。说到底，嬷就是想你做个有善根的好人，做个有根器的公家人。"

最后，母亲总结性地说："记住嬷一句话，对别人好就是对自己好，帮助别人就是帮助自己。"母亲虽然啰嗦，但这些话于我却很受用。所以，即使这些话她经常说，但我一般都会安静地听完，虽然，我并不表态，更不做保证，但这些话却一直存储在我的内心，自觉不自觉中已经成为我为人处事的准则与标尺。

第 17 章 爹娘坐在情人椅上

2013 年 7 月 10 日（农历六月初三）星期三

尽管是早晨的风，却也暗暗地透着热的气息。

太阳刚刚出来，热浪虽然还没有形成，但散射在树叶上并被折射的到处都是的金光却唤醒了迷迷糊糊的蝉，蝉们似乎经受不住这金光的诱惑，或者是年迈的老蝉鸣响了新一天的通知，先是一只，再是两只，然后三只，接着便吱吱喳喳响成一片了，蝉鸣和着金色的阳光，让这清晨显得清新而又奇诡。忽然，一阵风至，树，不停地摇晃，使劲地摇晃。终于，这蝉鸣与金光一起散落了下来，悄无声息地湮没到绿色的草丛里去了。

绿地上安放着一张白灰色的大理石靠椅，这是一把情人椅，可以坐两人，也只能坐两人，坐三个人便是电灯泡了。这回，椅子上就端坐着两位，这么早，他们在干嘛？不对啊，谈恋爱的人都是晚上坐这里的啊，他们一大早坐在这里干嘛啊？看样子，他们还挺悠闲，瞧，男的穿一件白色休闲圆领汗衫，黑色丝绸长裤，脚踏拖鞋，左手拎着一只女用手提小包，右手夹着一根点燃的香烟。女的穿一件白底青花短袖上衣，咖啡色白线条休闲长裤，脚穿矮帮平跟皮鞋，手腕上带着饰品,黑色的,此时,她两手端放在腹部,手指不停地转动,似乎在拨动着什么。

远远望去,我看见摇曳的树枝抖落的蝉鸣和金光一次又一次地散落在他们的头上、身上、脚上,可是他们好像一点感觉都没有,他们任凭金光在身上驻留、摇晃,任凭蝉鸣在头顶缭绕、回响,他们也不去拨动一下,他们就那样安详地坐着,静静地坐着,要不是男的偶尔抽口烟,要不是女的手指在拨动,我就会以为这是雕塑,是的,太像雕塑了,不是太像,简直就是雕塑。我站在远离他们大约50米左右的地方停了下来,蹲了下来。不好,我的腿脚蹲麻了,我干脆一屁股坐草地上。我远远地注视着他们,注视着他们的一举一动。可是,他们真的太像雕塑了,他们没有说话,没有交流,就那样安静地坐着,端坐着,除了偶尔吐一口烟,就再也没有别的动作了。

跟他们对峙了近半个小时,我输了,我上前向他们投降。我站了起来,慢慢地轻轻地向他们靠拢,40米、30米、20米、10米,哈哈,他们居然没有发现我,不是,他们根本就没有搭理我。在他们眼里,此时,根本就没有周边的人与物,他们处于熟视无睹、目中无人的境界,他们完全沉浸在自己的世界里,此时,任何事情都不足以惊扰到他们,除非是当头棒喝,除非惊雷轰炸。我惊呆了,在离他们10米之处,我掏出了手机,拍下了这一对雕塑,拍下了这一对周身弥漫着蝉鸣与金光的雕塑。拍完之后,我走到他们的身前,我慢慢地蹲了下去,轻轻地喊了一声:"爹、嬷,太阳升高了,天开始热了,咱该上楼了!"

老爹深深地吸了口香烟,母亲停下了拨动佛珠的手。老人从各自的世界中走回来了,老人笑了,笑得满脸都是皱纹——雕塑复活了。

今年,爹娘结婚60年了,大姐也60岁了。我刚拍下的这组雕塑一般的照片,算是最好的礼物了,我把它们送给我的爹娘,也发给在上海生活的大姐,祝她生日快乐。

第 18 章　母亲也爱本土文化

2013年7月18日（农历六月十一）星期四

晚上九点。我匆匆来到52栋。母亲说："你今天怎么这么高兴啊？还哼着歌。"我一愣："有吗？"才发现自己正哼着《神奇的九寨》呢。我哈哈一笑："我想了很多年的一个文化工程终于开工了，能不高兴吗？"

母亲说："你当了这个城管局长后，脾气不知道坏了多少，整天黑着脸，总是一副刚刚吵完架的样子，像是有人欠你钱不还似的。今天到底是什么好事啊，能让你高兴成这样？"我仍然抑制不住兴奋的情绪："好事，当然是好事！来来来，坐下来，我好好讲给你听。"

母亲给我端来一大杯凉开水，我接过来一口气喝了个精光。然后咂咂嘴说："我一直有个想法，就是把我们广丰几千年的文化通过文字、图案、雕塑的形式，在城市建设中反映出来，让外地人看了就会了解广丰，觉得广丰是个有文化的地方，而广丰人看了以后则会唤醒自己的文化自信，激发本土文化自豪感！"

见母亲呆呆地看着我，我立即意识到自己说得太高大上太脱离群众了，母亲怎么可能听得懂呢？于是换了一种说法："比如说，我们这里有个公园，公园里都是花草树木，都是健身器材，都是防腐木板，都是石桌石椅。对市民来说，确实是个散步和锻炼的好地方。可是，假如我们在公园里摆放一些人物雕塑，这些人物都是咱们广丰人，是千百年来对广丰有过贡献的历史名人，人们天天在公园里玩，慢慢地就会了解这些人，这些人物中有些甚至可能是自己的祖先。

这样，作为广丰人，就会感到很骄傲，很自豪。就拿王贞白来说吧，我从小就听你教育我们，说不能浪费时间，经常把《增广贤文》里那两句话搬出来，叫作'一寸光阴一寸金，寸金难买寸光阴'。你想，你和咱们村子里没读过书的老人都知道'一寸光阴一寸金'这样的古话，可见，全国人民都知道这句话了吧，但是，你知道最早说这句话的人是谁吗？是哪里人吗？肯定不知道了吧？老嬷，我告诉你，最早说这句话的人叫王贞白，就是咱广丰人，1000多年前的广丰人，是咱们广丰县第一个进士，用现在的话说，是咱广丰第一个大学生。"

母亲忽然打断我："'一寸光阴一寸金'是咱广丰人说的？真的还是假的？"我看母亲三分疑惑、七分惊佩的神色，心中一乐："我的老嬷，我还能骗你吗？你说，要是把这个人的雕像立在公园或者广场上，让外地人知道最早说'一寸光阴一寸金'的人就是咱广丰人，那外地人还不得佩服死咱广丰人啊？咱广丰人那还不得骄傲自豪坏了啊？尤其那些姓王的人，更是有的嘚瑟了！"母亲沉思良久，忽然问："那你看看要立的雕像里面有没有咱周家的祖先？"我说："如果要建个广丰名人园的话，排山有个叫周端礼的人可以排上号，这是个宋朝人，抗金名将，很厉害！"母亲若有所思地点点头。

我接着讲："这只是举个例子，还有，广丰其他文化也可以做出来的，比如你很熟悉的喝彩、山歌、爬船歌，还有那些谚语，就是老家顺义伯在世时经常拿来教训后生小辈的那些顺口溜，甚至广丰腔，都可以体现出来。"母亲一脸惊疑："那些东西怎么弄啊？"我嘿嘿一笑："我当然有我的办法了，我说给你听，河岸上是不是要建护栏？我们准备用花岗岩石材做护栏，一来牢固，二来可以在上面刻字，我们把这些个喝彩的彩词、山歌和爬船歌的歌词、广丰腔的谚语句子刻在护栏板上。别小看这些东西，可是咱广丰人民几千年来生活经验和劳动智慧的结晶，从中可以看出广丰历史文化的厚度与深度呢！要是按我这个思路建好了河滨公园，肯定会吸引无数的广丰人前来游玩，他们在游玩的同时可以全面了解广丰千年以来的文化历史，外地人也会因此增进对我们广丰的了解。你说，我今天为什么高兴吗？就是因为这个项目今天开工了，能不高兴吗？"

母亲有点心不在焉："高兴，高兴！"我觉得不对劲，刚刚都很高兴的，怎么忽然变得这么冷淡，她似乎在想别的事了。果然，过了好一阵子母亲又说话了："照你这么说，把老辈教育晚辈的老古曰（老古话，古老的广丰方言仍然保留着'曰'这个字音）刻在石板上，人们游玩时一定会读会看，那样可以教育很多人呢！"我松了口气——原来母亲想的是这么个事情，她确实比一般人想得多想得深啊，母亲刚刚的意思就是这个项目的本土文化教育功能，这种教育功能的实施是在大家觉得好玩的同时通过潜移默化的方式自然渗透所达成的。总的来说，这个项目有四个功能，一是以文化内容的植入提高城市品位，二是本土文化的普及和展示，三是唤起民众对本土文化的自信，四是释放本土文化的教育功能。没想到，八十岁的老母亲一下子就抓到了问题的关键，这让我这个做儿子的很是佩服啊！

接下来母亲更来劲了，她跟我探讨起包括广丰山歌、龙船歌、谚语、喝彩在内的广丰民谣来。她说："有一句广丰腔叫'越嬉越懒，越咥越淡'，教人勤劳的，我觉得很有意思，你有没有刻在石板上啊？"我说："刻了！"过了一会她又说："'镫天财要抢早，拾狗屎要拂晓'，我觉得这句老古曰也很好，有没有刻？"我印象里没有这句，便说："我补进去。"除了谚语之外，母亲还来了唱山歌的兴致，她听说山歌也要刻，便连说带唱地哼起了山歌，她先后不完整地哼唱了《采茶歌》和《长工歌》，还哼了一组情歌：里塘清水外塘莲，莲叶青青水上眠。一朵莲花开眼前，心中喜欢欲采莲。采得一朵满身香，采莲要采并蒂莲。哼唱了山歌之后，母亲又讲起喝彩的事情来，这回她说的是关于喝彩的故事，比如结婚洞房、上梁打煞、竖屋抛馒头之类的故事，又从这些故事讲起老家地方的各种趣事，讲着讲着就偏题了。我看看手机，都十一点多了，便打断她："我的老嬷，你白天睡大觉，晚上赛神仙，我要回去睡觉了，不陪你唠了，明天早上还要早起巡街呢，你要是还有兴趣，就把这些故事讲给耳聋的老爹听吧！"

第 19 章　去美国偷手艺

2013 年 8 月 18 日（农历七月十二）星期日

因为要出一趟远门，所以要找个时间好好陪伴下家人。

昨天是星期六，我带着妻儿和外甥孙杨璟到铜钹山深处的小丰村消了一天暑。今天一大早就到了 52 栋，我想丢下所有的工作，安安静静地陪伴二老度过一天。

母亲很是惊讶："怎么这么早啊？今天不去巡街了？"我说："今天不去了，街面上已经安排邓登铭他们去了，工地由祝浩荣和翁龙斌他们管着！"母亲有点疑惑地看我一眼，迟疑地问："是不是又要出门了？"我说："我的老嬷，你真成神仙了！我明天去北京，后天要到美国学习考察，要出去十几天，你怎么算出来的啊？又做梦了？"母亲没有因为猜准而兴奋，反而露出惊讶的神情："去美国？就是那个老跟我们作对的国家吗？去那里干嘛？"

母亲可是个有着爱国情怀的人，她从十几年前美国轰炸我驻南斯拉夫大使馆开始知道美国是个"坏国"后，就开始讨厌美国，直到今天对美国也没啥好印象。我说："我的老嬷，你别那么大恨性好不好？人家美国为何老跟我们作对？那是因为我们不够强大。咱广丰腔说得好，欺善怕恶、欺软怕硬，你软弱了，自然就有人到你头上屙屎了。"见母亲不作声，我继续说："美国虽然很坏，但人家美国确实比我们强，确实有很多的东西值得我们学习，只有我们比他强了、比他硬了，他才不敢来欺负我们。所以该向人家学习的就应该认真学习，我们这次去美国，就是去学习考察的。"母亲忽然高兴了起来,她说:"这样啊,这个就像咱们农村的偷手艺。"这回轮到我发懵了:"偷手艺?什么意思啊?"

母亲说:"以前咱农村穷,学得一门手艺就能养家糊口,比如木匠、石匠、油漆匠,比如雕匠、篾匠、箍桶匠。但是,手艺有高低的啊,有的匠人做活又快又好,邀的东家就多,得排队;而有的匠人不但手脚慢,还不精细,做的活讨人嫌,请的人就少。因此,手艺高的匠人就会嘲笑手艺低的匠人,说手艺低的匠人给他拾草鞋、打雨伞都不够格,手艺低的人虽然很受欺负虽然很生气,但是没办法,谁叫你技不如人啊!于是,手艺低的匠人就会有事没事出现在手艺高的匠人的身边,他们会在有意无意间偷学手艺高的匠人的技能,这个就叫偷手艺。"我恍然大悟:"原来这就叫偷手艺啊!"母亲说:"你们所说的去学习,是不是就是去偷手艺啊?"我不知道怎么跟母亲细说,因为母亲说的似乎是,又似乎不是,只好糊弄她一下:"是的,是的,我们就是去美国偷手艺的!"母亲果然很高兴:"只有把自己的手艺做精了,邀的东家才会多,才能挣到更多的钱!"

吃中饭时,母亲忽然想起了什么,她说:"总觉得有件事要说,可一直没想起,现在说到吃饭才想起来了。"我说:"什么事啊?"母亲叹了口气:"你今年是怎么回事啊?清明,你去上海做什么节目;端午,你又去山东搞什么活动;现在七月半要到了,你又要去美国偷什么手艺,你今年真是没有好好地拜过太公啊,祖宗该生气了!"母亲说得我一愣,仔细想想,倒也真是,今年所有传统的节日我都没能待在家里,一次祖宗都没有祭拜过,尤其是七月半,在我老家可是比中秋节还要重要的大节,村里家家户户都要上香、烧纸、供烛、礼炮,三牲六畜、七大碗九大菜的祭拜祖宗十八代。我想着这些心里便觉过意不去,尤其是母亲的哀怨,更是让我觉得自己好像犯了事似的,只好闷声扒饭,直到母亲到厨房里忙去了,我才松了口气。

中饭后,母亲打电话叫来了两位哥哥,说是商量七月半回老家祭祖的事,其实是个小事,三五分钟就可以说好的事,本来可以不让两位哥哥跑一趟的，但母亲似乎有意要他们来，母亲似乎特别喜欢看到我们仨兄弟全都在她眼前出现的情景，每次我们都在她跟前时，母亲就特别高兴。她经常说："要是我和你爹哪天断气了，不知道你们有几个能够在身边送终？"每每说起此事，我们总打断她："还远着呢，远着呢！我们都会在的好不好！"而母亲总是认真地说："三世图（一种迷信的命运测试方式）里也是这样说，说我命中有五子，会有三子送终！"听完母亲这句话，又看着父母亲苍老的脸和佝偻的腰，再想起早就离世的两个哥哥，我忽然间特别理解母亲的心境与行为，要是换作我，可能比母亲还要迂腐，巴不得天天儿女绕膝！

下午，母亲又给二姐去电，说："你要来吃饭吗？鹰他们今天在这里，他明天要去美国偷手艺了，好久才回呢，你不来一起吃个饭吗？"

第 20 章　母亲给我煮面条，加仨鸭蛋

2013 年 9 月 1 日（农历七月廿六）星期日

忽然觉得挺对不起父母亲的。

这段时间特别忙，大前天从美国回来，大家都来看我，都来看我从美国带回来的美国货，叽叽喳喳热闹非凡。老爹老娘也从 52 栋来到安吉小区，但二老显然融入不到这股热闹当中去，只能坐在沙发上看热闹，显得很是落寞。热闹还没结束，我就巡街去了，晚上又参加县里的一个临时会议，妻子说二老一直等到九点多钟才回 52 栋。前天整整一天，又是街道上，又是工地上，又是会议室里，我一直忙到半夜才回家，也就没能顾得上去看望二老，跟他们讲讲外国的故事。昨天星期六，本来计划好好陪伴二老的，然而又出了状况。

昨天早上，我从小就崇拜的大作家梁晓声老师来电："亚鹰，南昌到你那有多远啊？"我颇有点激动："老师，您不会真来上饶看我吧？"梁老师说："之前阿成到你那看了，说很不错，他给你的《我是城管》写过评文，我也给你写过啊。我跟你说过几次了，有机会到你那走走，这回我到你们省人大做讲座，特意提前了一天来，要是不远，你就来机场接我，直接去上饶，明天下午把我送回南昌即可。"于是，这两天又没有时间陪伴二老了。

今天下午五点，我把梁老师送到南昌，然后对纪师傅说："回广丰，去 52 栋，我晚上住那了。"接着，就生出一股深深的愧疚来，觉得真是对不住二老，这种愧疚一直从南昌延续到广丰，延续到 52 栋。

晚上九点，我回到广丰，直接来到 52 栋。二老已经休息，见我

梁晓声老师来到上饶看望周亚鹰,难得饮酒的他也端起了酒杯

来了又急忙起来。母亲问:"不是说这两天北京的老师在吗?怎么回来了?"我说:"已经将老师送去南昌了,我刚从南昌回来,晚饭都没吃,有吃的吗?"听说我晚饭没吃,母亲急了,她马上去开冰箱:"一点剩菜,饭也没了,要不,给你煮点面吧!"我说:"好的,好久没吃过面条了!"于是母亲就忙开了,老爹见母亲在厨房里进进出出,他也转了过来:"鹰没吃饭吗?都这么晚了,什么工作要这么拼命啊?"母亲大声说:"你不懂就别管了,你管好自己,别把烟灰掉地上就好了!"母亲说这话时,老爹刚好一团烟灰掉落在地上。母亲急了:"刚说完,你就犯事,你到沙发上去坐着,别在这碍手碍脚的!"老爹本想说些什么,可母亲眼一瞪,他只好讪笑着溜达到客厅去了。母亲弯腰抹掉了烟灰,对我说:"鹰,你爹现在真的很会捣乱,动不动就像个木桩一样竖在你身边,你让他走开,他反而靠近你,伸过头来问你说什么,你说气人不气人!"

不到十分钟，母亲就把面条煮好了，哈，还有蛋！母亲说："这是鸭蛋，冬彩奶前几天来县医院看病，特意带来的，土鸭生的，快吃，都饿坏了吧！"我确实饿极了，也不惧烫，稀里哗啦不到五分钟便把一大海碗面条和三个鸭蛋给清剿了，连面汤也消灭得干干净净。母亲心疼地说："都没见过这么饿的人，你这吃相让人想起1958年，还要煮点吗？"我一连打了几个饱嗝，急忙摆手："别别别，都快撑死我了，我的老嬷，你不会少放个蛋吗，这是鸭蛋哎，好大的好不好！"给我这么一说，母亲有点不好意思："不是说你饿吗？就多放了一个，面条不比米饭，饱肚不饱腹的。"见我饱嗝不断，母亲有点惴惴："要不，泡杯茶消消食吧！"说着便去烧开水了。

接下来，二老一左一右坐在我身边，我拿出手机，翻开相册，跟他们细细讲述到美国考察的事情，一边讲述一边给他们看照片和视频。母亲听着看着脸色便阴沉了下来，我问她怎么了，母亲缓缓地说："依你这么说，这美国确实像个上户东家，是个大财主啊，难怪会欺负人！"哈，母亲准又想起我平常跟她讲的美国老欺负我们国家的事情来了，便安慰她："你放心，只要我们强大起来，管它什么大户人家地主老财，一律不怕它！"母亲似乎受了感染："也是啊，以前我们贫穷，日本鬼子还打到咱们家里来，我们村就来过日本兵，还不是给我们打跑了，几十年前，我们穷得没饭吃，可现在，咱们的日子多好啊！"我说："就是啊，我们干嘛怕它啊？我们迟早要超过它的！"母亲小心翼翼地问我："你这回去美国，偷了他们多少手艺啊？"我不知道怎么回答母亲，就含糊其辞地说："该偷的都偷来了，都存在手机里。"没想到母亲当真相信了，因为她露出了满意的笑容。

第 21 章　法门寺和华山圣母的故事

2013 年 9 月 14 日（农历八月初十）星期六

前几天去了趟陕西，到了不少地方，估计其中两个地方母亲会感兴趣，一个是法门寺，一个是华山。这法门寺是全世界唯一供着佛祖释迦牟尼指骨舍利的寺庙，而华山，则是母亲津津乐道的《宝莲灯》沉香劈山救母故事的发生地。今天星期六，难得休息一天，正好到 52 栋陪陪二老，顺便给母亲讲讲法门寺和华山的故事。

不出所料，母亲果真对这两个地方很感兴趣，她不停地向我发问——法门寺有多大？香火旺不旺啊？佛祖的舍利骨为什么会供在哪里？你有没有亲眼看见？华山到底有多险？有没有到过二郎神关押三圣母的地方？沉香的神斧把华山劈成怎样了？……

我连忙说："我的老嬷，你都 80 岁的人了，能不能淡定点，别那么性急好不好，你这一大堆问题让我回答哪个啊？咱不急，我今天待这一整天呢，慢慢来，我慢慢讲给你听啊！"

母亲有点不好意思："我拜了一辈子菩萨，都没见过佛祖的舍利骨呢，想不到法门寺竟然供奉着。还有华山救母，以前在老戏里不知道看过多少遍了，没想到你真的就去华山看到圣母庙了。"

我先跟母亲讲述法门寺的事，说法门寺东汉时就建寺了，母亲不知道东汉是什么时期，我就换了种说法，说："咱们广丰的博山寺古老不古老？"母亲很自豪地说："博山寺当然古老了，都 1000 多年了！"我说："博山寺是公元 906 年始建，而法门寺建于公元 68 年，比博山寺整整早建了 838 年！"母亲张大了嘴，她一边掰着手指头计算一边说:"那不是快 2000 年了吗?那确实是老庙古迹了啊!"我说:"那当然了,所以嘛,到唐朝时,法门寺便成为皇家寺庙了,皇帝们才会把佛祖的舍利骨供奉在法门寺的地宫里,所以,法门寺才有资格号称中国第一寺庙,才能成为全国仰望的佛教圣地啊!"母亲忽然质疑我:"那普陀山、五台山这些地方不也是佛门圣地吗?到底谁更厉害些?"我说:"这个不一样的,普陀山、五台山、九华山、峨眉山那是佛教名山,是观音、文殊、地藏、普贤四位菩萨的道场所在地,指的是一个区域,区域内有众多的寺庙,你不是去过普陀山吗?普陀山不是有几百座寺庙吗?而法门寺就是一座寺庙,它的特点一是古老,时间久远;二是尊贵,皇家寺庙;三是神圣,供着佛祖舍利骨。它们之间很不一样的!"我又告诉母亲:"一般的信徒香客不需要懂那么多的,又不是做佛教研究,拜佛嘛,说到底就是拜点心意!"母亲似懂非懂地点点头:"倒也是啊,我管它什么山、什么庙、什么菩萨、什么神灵,只要是佛,咱就拜;有钱助缘添油,多少不要嫌弃;没钱双手合十,佛祖也别责怪,咱也别管它灵与不灵,灵与不灵跟佛本无关,全在自己一片心,这跟求佛之人诚与不诚善与不善有关!"听完母亲这段话,我忽然间起了敬佩,母亲总能以自己的理解与认知,以自己的善良与豁达,将一些原本复杂的问题简单化,把一些功利的现象本原化,比如刚刚这番话,就很有点先贤大哲的境界,颇有点万物归真的味道啊。

接下来我跟母亲讲述了一个发生在法门寺的怪事。我们进庙时要走一程长达 1230 米长的佛光大道,本来想表达诚心要步行的,无奈头一天爬了华山腰酸腿痛,于是便坐了电瓶车。入庙后要照相了才想起将 iPad 掉在电瓶车上了,便告知客服人员,人家回话说没有看见,于是怀疑被人捡走了。不久来到大雄宝殿,大伙开始礼佛,刚刚拍净手中的香灰,那边就有人大声问:"刚刚是谁说掉了 iPad,是不是黑色的?找到了!"天!你说灵不灵?巧不巧?

母亲听完后啧啧称奇,但她严肃地对我说:"以后在庙里不能这样赌气任性了,不能在佛祖面前这样使性子耍脾气的,幸好那是个大庙,佛祖慈悲,不然真要出事情的。"我不以为然地说:"能出什么事情啊?"母亲正色道:"佛祖显灵有很多方式,其中有一种专门在像你这样不信佛的人身上验证。我讲个事你听听,我们隔壁铅山县有座葛仙山庙,有一位本身就不太信佛、不愿前去的青年人随父母亲前往,可是几十里山路难走、山岭难爬啊,于是这人就埋怨父母,嗔怪父母亲不该让他来,还说来年除非用绳子绑着,否则打死都不会再来!你猜怎么着?"我玩笑说:"这么不听话的人,那就用绳子绑着他去呗!"母亲说:"正是!这人第二年得了一种怪病,癫狂的那种病,平常就得关起来,不然他就会打人咬人,半仙说是葛仙公责怪他不懂事,要教育教育他!结果,他父母亲就拉他去葛仙山庙向葛仙公认错道歉,但这人已经癫狂,怎么去啊,最后还真的用麻绳捆绑着像牵牛一样牵去的!"母亲讲得十分认真,我却听得哈哈大笑。我说:"这故事发生在什么时候啊,你们这些拜佛的人也真能编,别说,编得可真好,有才!"母亲恨不得捂住我的嘴:"老天,可不能乱说啊,葛仙公真的很灵的,你就别乱说话了好不好!"见母亲一脸的紧张,我不再逗她了,但这个故事还是让我憋不住笑了好久。

  笑完之后,我告诉母亲:"好吧,就算你那个故事是真的吧!但我这个事情却没那么玄乎!"母亲说:"你心地善良,做了很多善事,佛祖才用这种方式帮助你,提醒你。"我说:"老嬷,你真善良!我这事其实很简单,我的 iPad 确实掉电瓶车上了,一开始司机就捡到并保管起来了,但他以为是个笔记本,第一次我跟游客中心说的是照相机,人家当然说没看见了;后来我又跟他们详细说明了 iPad 的形状,像个笔记本,还是黑色的,司机才说有,便交给了游客中心;而时间刚刚凑巧,在我点完香之后有人进来通知我,于是大家就觉得很神奇了,连我自己也觉得很是灵异。"母亲说:"你所说的凑巧,其实就是佛说的因果!一切皆有缘法,凡事都有因果!"

  母亲说到因果,我倒很是认同,因为"因果学说"是一门科学,是辩证的，只不过广大的佛教信徒往往有意无意地曲解这种辩证关系，把这种客观的因果关系加进去许多主观的人为的元素，从而演绎成各种各样的灵异的故事和传说。就比如我失而复得的iPad，如果不加分析推敲，就会被演化成一个有鼻子有眼神乎其神的佛祖显灵的故事。可实际呢？当然不是这样！

拾到我iPad的人名叫豆红军，是法门寺当地一个非常普通的农民，他在寺里兼职开电瓶车。当我在客服中心等着要见他想感谢他时，客服人员却告诉我："别等了，这样的事在这可多了！小事！"当我见到豆红军一定要感谢他时，他只说了六个字："没事！没事！没事！"事后我细想那位客服人员的话："这样的事在这可多了，小事。"这么平淡的一句话对应我的奇遇，实际上是偶然中的必然，因为在法门寺这样一个倡导修心行善、讲究因果轮回的佛门净地，豆红军以及与豆红军一样工作生活在这里的人们又怎能不受影响和感染而产生慈悲之心做出积德之举呢？他们唯恐自己无法或无力帮助别人，又怎么会起贪念将他人的财物据为己有呢？我甚至可以断言，任何人只要在法门寺丢失了物品，只要被豆红军和他的同事们捡到，就一定是安全的。这么一想，我在法门寺的奇遇便算不上灵异了。但法门寺是因，豆红军拾金不昧是果，这却是断断错不了的。

我把这个判断讲给母亲听，母亲也觉得很有道理。她甚至说了一通很有境界的话："什么叫佛光普照啊，这就是了，佛就是让世人开智慧，佛光到，智慧开，人心就向善了！"我暗暗称奇，私下里觉得母亲真是一个具有大智慧的人。

接着我们开始说沉香救母的事。我对母亲说："这仅仅是一个神话啊，你别以为又是真的啊！"母亲说："知道，那是传说，不会当真的。"我说："故事的主要内容你应该比我熟悉，都会背了吧？"母亲说："华山庙神的三圣母跟路过华山游玩的书生刘秀才私结连理，违反了天条。哥哥二郎神让天狗偷走王母娘娘送给三圣母的镇山之宝宝莲灯，然后将三圣母压于华山下的洞穴之中。三圣母在洞穴里生下儿子沉香，她恳求夜叉将沉香送到在扬州做官的刘秀才身边。沉香长大后，跟神仙学得本事，大战舅舅二郎神，斧劈华山，救出母亲，一家团聚。是不是这样的啊？"我十分惊佩母亲的概括能力，这本来是一个情节复杂剧情曲折的神话故事，《宝莲灯》的电影要演90分钟，戏台上一出《劈山救母》要演上一个多小时，可是母亲竟然能简练地将整个故事描述下来。我伸出大拇指："厉害，我的老嬷，记性真的不错！"母亲有点急迫地说："快说说，沉香把华山劈得怎么样了？"我说："刚说过是神话，不能当真的，你这又当真了啊！"母亲说："虽然是传说，但故事这样编，总得有所对应的啊！"

母亲这回算是说到点子上了，这就是所谓的"出处"，有些神话是先有故事再去寻找对应的出处，而有些传说是先有出处再去附会相应的故事，这沉香劈山救母的故事确实是有出处的，这出处就是位于华山西峰顶的巨石"斧劈石"。在华山西峰之巅，有一块十余丈的巨石，齐匝匝裂成三截，如同斧劈。石下与峰顶之间形成的空穴，仅容一人可伏身爬入。进洞后仰卧上观，可见穴顶有凹有凸，神似妇人躺卧的痕迹，且腹乳的压痕清晰可辨。从这个出处看，华山救母的神话应该是先有出处再附会出来的故事。更有好事者画蛇添足，居然在"斧劈石"旁边插上了一柄七尺多高、数百斤重的月牙铁斧，还煞有介事地取个名字叫作"开山斧"，以期与"斧劈石"相对应，对劈山救母的神话予以佐证，却没想成了画蛇添足之举。

我讲述了"斧劈石"的出处后，母亲同情心忽然泛滥起来，她很心疼地说："三圣母被压在那么狭小的一个洞里，翻身都不容易，怎么生孩子啊？"完了，母亲又陷进剧情里去了，又把神话传说当成真人真事了。没想到，母亲又说了一句更让我喷饭的话，她说："这个二郎神真的不是个好神仙，三圣母是他的亲妹妹，他怎么忍心把她压在山下呢？还有，那个孙悟空，也是被他追得无处可逃，他为什么专抓好人啊？"哈哈，母亲真的富有联想力啊，刚刚都是《沉香救母》，现在又扯到《孙悟空大闹天宫》去了，哪跟哪啊，我的老嬷！

第 22 章　但愿世间人无病，哪怕架上药蒙尘

2013 年 10 月 7 日（农历九月初三）星期一

节前我曾告诉母亲，说国庆节有七天假，我要么带他们去游玩要么静静地陪伴她们。母亲当时就说了："你的时间不好说，放假比平时还忙呢，游玩就不要了，有空过来坐坐就可以了。"

不幸被母亲言中。

因为天气好，很多朋友都说要来玩，先是阿成老师，他说冬天将至，要从黑龙江移居海南岛，中途顺便到我这看看；接着是北京的杨老师，说想到龙虎山看看丹霞地貌和著名的悬棺；然后是江苏太仓的好朋友钱耀忠，他带着老婆孩子在黄山游玩，特意拐过来看望我；再就是上海的同学徐炳庆，江苏昆山的同学俞建荣和颜希华，广东的同学俞正富，等等，也都回乡了。还有，我的大学写作老师汲军教授光荣退休，我将她和她的部分同事邀请到铜钹山，给她补办了个简单而有诗意和野趣的退休仪式。于是，三清山、龙虎山、铜钹山、古镇廿八都、仙雄关霞岭……我把自己累得七荤八素，忙得不亦乐乎，反正，这个假期的全部时间都用来陪吃、陪喝、陪游陪玩了，一直忙到刚刚，才把最后一批客人送走。一看时间：公元 2013 年 10 月 7 日 20 时 15 分。

然后呢？去哪呢？

当然是 52 栋了。

爹娘等了七天了吧，从开始放假一直等到放假结束。

我要是再晚一个小时去，他俩估计就该歇息了。果然，当我来

到52栋时，二老正在为我会不会来而争执，老爹说："他不会来了，早点睡吧！"母亲说："他会来的，肯定会来的！"正说着，我推门进去。母亲一见到我就乐了："老个，你输了！我说会来的吧，怎么样！"老爹不作声，站在一边憨憨地笑。我在想，难道二老吃了饭没事做，不会为我会不会来在打赌吧！

母亲给我泡了一杯蜂蜜水，我以牛饮的方式一气喝完。母亲叹口气说："这什么都可以改，就是性子改不了，你的急性子啊，看来是改不了了。"我忽然想起昨天在古镇廿八都一间百年药铺里看到的一副对联，刚好跟脾气有关，十分有趣，上联是：膏可吃药可吃膏药不可吃；下联是：脾好医气好医脾气不好医。就逗母亲说："这性格与脾气是人与生俱来就有的，是从娘胎里带来的，是一种病，一种无法医治的病，我的急性子、坏脾气都是你给我带来的，要怪就怪你和老爹把我生坏了！"母亲有点摸不着头脑："怎么怪起我们了？这脾气怎么就成了一种病了？"我不再逗她了，就跟她说了实话，把这副对联念给她听了。母亲略懂中医，她沉思片刻后说："你还别说，这个药铺不但卖药医病，还懂得医治人心、教化世人呢！老板一定是个大善人啊！"母亲确实是个有智慧的人，她总是能从一些简单的表象看到问题的实质，这只是一副普通的对联，可母亲却能够从对联的内容所透露出来的信息判断出这间药铺主人的品行和医德。说实话，这一点，我远远不如母亲，我开始看到这幅对联时仅仅觉得有趣，直到看到第二副对联，才判断这药铺老板具有高尚的品格。这第二副对联是这样的，上联：但愿世间人无病；下联：哪怕架上药蒙尘。这得具有多么宽广的济世情怀才能贴出这样的对联啊！这副对联更加有力地佐证了母亲的判断。

当我把第二副对联念给母亲听后，母亲默不作声，很久都没有说话，我急了，伸手推她："嬷，你怎么了？怎么了？"母亲方才回过神来，缓缓地说："其实，各行都有道道，做人有道，做生意有道，你们做官也有道，就是君王也要讲道道，不顺着这道道，人就成了坏人，商就成了奸商，官就成了贪官，君就成了昏君。"我不知道母亲为什么会说出这么一番话来，就静静地听着。母亲接着说："广丰有句古话说那些心坏的人：手中一支香，心中想挖人家头脑浆。于是，卖雨伞的人求佛保佑天天涨大水，开医铺的人求佛保佑经常发瘟疫，开当铺的人求佛保佑天天有人破产，卖棺材的人求佛保佑天天有人死亡，每个人都为了自己一点点小小的利益而坏了做人做事的道道，跟廿八都这个药铺老板一比，简直一个天一个地了。"

原来母亲的感慨源于这副对联。我忽然想起一事，呼吸顿时变得急促起来，我再三说服自己不要询问母亲，但最终还是没能控制住，我问母亲："嬷，我想问你件事。"母亲说："什么事啊？"我迟疑了一下还是说了："你刚才说的那些生意人那样求佛，确实很不地道，我想问的是，我们家木匠出身，以前也开过棺材铺啊，你也是个学佛之人，你拜佛的时候少不了要恳求菩萨保佑咱们生意好一些，那你是怎么求的呢？"母亲宽容地笑笑："原来问这个啊！我说你听，这人总有一死吧？人死了总得用棺材吧？在我们广丰，死跟生一样，被看得很重，咱有个习惯，只要有余钱，就要积攒起来，叫作攒棺材本。因此有钱人早早的就要给自己备个棺材，有能力的人一旦积攒够了棺材本，就要给自己准备买个棺材，这个叫作买'老寿'。只有那些贫穷的没有能力给自己准备棺材的人，才会等到离世后由后人购买，有些穷人往往因为买不起棺材而用草席一卷了事。有些人做生意亏得大了，就会说连棺材本都亏光了，有些人染上了好赌等不好的习惯，就会说连棺材本都输光了。"其实，母亲说到这里时，我基本上明白了她的意思。果然，母亲接着说："因此，我每次到庙里求神拜佛，都会这样许愿，我会求佛祖一保世道太平无事，二保世人身体健康，三保人人都能买得起'老寿'，最后才求菩萨保佑咱家生意好做，老少平安。"

我明白了。

第 23 章　母亲的话，如针亦如水

2013 年 10 月 17 日（农历九月十三）星期四

今天真是多事的一天，早上、上午、下午、晚上各发生了一件让我郁闷、让我心塞的事情。

清早巡街，在博山路一家电器店门口，居然发现两棵樟树被剃了光头，所有的枝叶全部被削掉，只剩下柱子，光秃秃地立在那里，真像两根直立的筷子，在一连排的行道树当中特别醒目、刺眼、锥心。显然是这家电器店老板所为，因为这两棵枝繁叶茂的樟树挡住了电器店的广告招牌，所以才招来店主的杀手。我当时那个火啊，真是没法描述，实在是人家关了店门，不然我可能会抓住店主痛打一顿。

上午，我在县政府会开会，约十一点散会，出来时被堵在大井头嘉百乐超市门口。这里是老城区，街道本身就狭窄，加上街道两边分别停了一溜小车，剩下的街面就很有限了。可是，两辆相向而行的轿车却交错着停在街道正中间，开车的两个人摇下车窗在聊天，他们倒是聊得欢的很，可是这大街却被堵了个水泄不通，满大街的鸣笛声、吆喝声、骂娘声。我下了车，穿梭过去，来到这两位仁兄车前，没好声气地说："兄弟，有事到茶馆去吧，这是大街，你们把大街堵死了！"没想到，背着我这位一回头，哈！我认识。十分钟后，街上疏通开了，可是我的心塞了，我拿出手机，把刚刚这位仁兄的名字从我的手机通讯录里狠狠地删除了，以前，我就删除过用光碟遮挡车牌号的朋友。

下午，我和纪师傅先后到了十多个工地，无论有事没事，每天

总得在工地上转转,有事现场办公,没事就提醒一下施工安全强调一下施工质量,再不然,看一眼也放心一些。今天倒好,在沿河路光阴文化长廊黄浦名流小区段,居然看见一位老人,也不算老,估计60岁左右,你知道他干嘛吗?老天,尿尿!这里可是人来人往的沿河路啊!没厕所吗?他背后的月兔广场里面就有公厕啊!他怎么能这样呢?我上去阻止他,他懒得理我,丢下一句话:"厕所远,懒得走!"我掏出手机,拍了下来,吓唬他:"我拍到证据了!"他头也不抬,抖了抖他的家伙,不屑地说:"没见过啊?爱干嘛干嘛!"见鬼,打又没法打他,骂他又对牛弹琴,唉!差点没把我气死。我气不过,冒着侵犯隐私的嫌疑上传到微信朋友圈,不然,我一口气顺不过来。没想到,读者们居然就此事引发了一场声势不小的关于市民素质的激烈讨论。其中一位女读者很是有才,她留言说:"应该没收他的作案工具!"哈哈,叫好之声一片。

晚上,我和纪师傅照例是要出来转转的,看路灯、亮化、夜市、和夜宵摊。在月兔广场东北端工商银行对面,那里商铺众多人员密集,人行道板破损得十分厉害,我们市政公司的员工白天刚好新铺了花岗岩板,因为还没干透,车辆得有两天不能碾压上去,市政公司很是规范,不但沿街设了障碍,还密密麻麻放置了十几块提示牌,严禁车辆停放。但是,当我转到那里时,却发现一辆中型货车突破了路障,直接开到人行道刚刚铺就的花岗岩板上去了。完了,经过这车子的碾压,这一片算是白铺了。我很是气急,下得车来蹭蹭几步就跑了过去,对着坐在驾驶室里的司机大叫:"给我下来,谁让你开上去的,你没长眼睛看标牌提示啊?这片地板今天才铺的,被你这一碾压全部报废了,你得赔偿所有损失!"听说要赔偿损失,司机慌了,他立即下车,但看到我只是一个人,口气立即转硬了:"你是谁啊?算老几啊?我赔个屁!"他边说边想溜走。我拦在他车前,掏出手机,拍了他的车牌号,然后拨通城管队长老邓的电话:"老邓!你怎么管的大街?广场这边的城管队员都到哪去了?5分钟之内让他们赶到工行门口,我跟人打架了!"这位仁兄一听我是城管,看样子还是个不小的头目,于是口气软了,他走到我身前,递给我一根烟:"领导,混口饭吃,这里人多,想接个活,照顾照顾吧,我跟你们周局长熟,一个村子里的。"我一听傻眼了,我明明就站在他面前,他明明就不认识我,却说和我熟悉,还同一个村子的,这不是李鬼碰见李逵了吗?我问他:"哪个周局长?"他来劲了:"周亚鹰啊!就是那个作家啊,他可是个名人呢!你会不知道?告诉你,他可是我们村的,说起来跟我还沾点亲戚呢!"我说:"好啊,还沾点亲戚呢!你在这里等着吧,亲戚!"不一会,四名城管队员气喘吁吁地赶来了,为首一个说:"周局,打架?在哪里啊?对方人呢?"另一个解释说:"周局,我们刚刚换班,才去吃的饭。"这位仁兄听他们叫我周局,自知穿帮,脸都吓青了。我丢一句话:"好好教育,照章处理。"

然后来到52栋。母亲见我气急的样子,有点惴惴:"我看你这城管局长当得真是憋气,要不跟领导商量商量,让他们给你换个单位?"我把一天碰到的事一股脑儿地讲给母亲听了,然后说:"你说气人吧,一天就碰上这么多窝心事。"母亲笑了笑,说:"广丰有句老话说得好,压狗屎堆,意思是,坏事都往一起凑,我看你今天就是,这不顺心的事一天四个,也真是够多的了!"母亲说到这,话锋一转:"不过,你完全没必要这么生气的,我要是你,就不会生气!"我说:"这还不生气啊?"母亲说:"那个砍树的虽然不对,但如果这店是你开的,又假如碰上了生意不好甚至亏本这样的事,又刚好这樟树挡住了招牌,说不定你也会将气出在这树身上!这么一想,你就不会生气了。"听母亲这么一说,我想了想,觉得很有道理。母亲接着说:"那两个开车挡路的,肯定不是故意的,只是没养成好习惯,没有为别人着想,他们起码不是坏人,你是自己当城管管大街,对街面上的事太过在意,其实生活中这样的人这样的事多得很,你要是一件件计较起来,发生一件就删掉一个电话号码,那不要多久你可能一个朋友都没有了!"被母亲这么一说,我把一些朋友的缺点想了一遍,果然,每

个人都有让删掉的可能。母亲又说:"对那个尿尿的老人,就更没有什么可以生气的了,他或者是个跟我们一样的乡下人,进了城,路都可能找不到,更找不到厕所,就算他知道不远处有个厕所,可是,他手上如果有担子、有行李、有物品不方便,加上在农村习惯了随处方便,何况自己年纪又那么大,他管你什么城市的规定啊,比如说你爹,他是个善良的老实人吧,如果在那时,他实在憋不住了,他也一定会那样就地尿尿的。孩子,你在意的其实不止是他随地尿尿,而是在意他不听你的劝阻和一副死猪不怕开水烫的态度!"母亲这话像一把匕首,直扎我的内心,让我惭愧万分。"至于晚上那个假冒我们亲戚的人,更是情有可原,他肯定天天停那里招揽生意的,他自认为是空车,分量轻,停上去没多大关系,或者他根本就没注意你们设的什么牌子,而是习惯性地往那里停,而且他停上去的时候你们又没人管,他挣饭吃,他有什么错啊?至于他假冒同乡亲戚,那更正常,唬人而已,虽然他不认识你,可说不定他还真是咱隔壁村子的人。你这样想,这个人如果真的是我们的亲戚,或者说就是你三哥亚光,你又会怎么处理?他肯定是不对的,可你想一想他为什么会这样做,你就不会生气了。你再往远处想,他还有老人要养,有小孩要读书,有亲人要看病,说不定全靠他一辆车呢,就像多年前咱们家,全靠你爹一把斧头!孩子,多这样想想,你就不会老生气了,这不仅是养性子,还是修心的善举呢!"

晚上,我差不多一宿未睡,我反复咀嚼母亲的话,母亲的话,如针,亦如水。

第 24 章　老爹说：蒸蛋？得奖状了？

2013 年 11 月 27 日（农历十月廿五）星期三

我今天真的挺高兴的。

我一整天都待在水南大桥北端光阴文化长廊的雕塑广场上，从王贞白雕像运抵，直到全部安装完毕，我在工地现场整整待了十个小时，连中饭都是在工地上吃的盒饭。虽然我于雕像的安装起不了丝毫的作用，但我不放心，我必须在现场待着，方才心安。

现在，高 8 米重 50 吨的汉白玉雕像已经全部安装到位，我的心不再像先前那样随着起重机叽叽嘎嘎的声音而蹦蹦地乱跳了，现在已经像身边的母亲河——丰溪河的水流那样平缓而有节奏了。

夕阳下，王贞白的雕像显得分外俊郎，神采奕奕！

当数以百计的市民围着王贞白雕像啧啧称赞时，我坐在一侧的台阶上，感觉全身无力，真想睡个大觉。我准备离去，去 52 栋，去把这件事情告诉母亲。这时，我听到几句这样的话，一句是："这王贞白是我们老王家的祖先，是我们广丰第一个进士呢！"另一句是："真没想到，'一寸光阴一寸金'这样的千古绝句，竟然是我们广丰人写的，真了不起啊！"还有一句让我笑得肚子疼："这个雕像白，真白，真的很白，难怪叫作王贞白了！"这最后一句话一直让我笑到 52 栋。母亲被我笑得发蒙，以为我病了，赶紧过来摸我额头。我把这事告诉母亲，母亲听了，也忍不住咯咯咯咯地笑了起来。母亲说："你说，这个人是真糊涂呢？还是开玩笑？"我说："不知道，反正很好玩。"我忽然想起一件类似的事，便讲给母亲听——1996 年，我在报社当记者,当时县里大搞特色农业,洋口镇有个种羊场规模很大,我前往采访,路口竖有一块挺大的指示牌——种羊场由此进,我本来想去问路的,却见一位头戴小斗笠挑着畚箕的老人站在指示牌下发呆,他一副惊佩的神色,说了一段让我笑翻肚子的话!我还没有讲完,自己便忍不住笑了起来。母亲催问我那老人到底说了什么,我学着老人当时的神情说:"了不得啊!现在的科学真的发达啊!我只听说过种白菜、种萝卜、种番薯、种芋头的,可是,他们连羊都能种了,真厉害啊!"

跟母亲讲完这两个故事后,我觉得全身舒畅,疲惫也消了,睡意也跑了,但是,饥饿袭来,我才发现晚饭还没吃呢。我主动让母亲给我蒸了三个鸡蛋,要带壳的那种圆蛋,我要好好庆祝一下。丰溪河沿岸的文化护栏板已经安装完成,现在王贞白雕像也安装好了,再花一个月时间把其他附属设施完善一下,把绿化搞完,这"光阴文化长廊"便可以在元旦前向市民正式开放了。整个项目包括沿河路重建在内,从开工到建成才四个月。这四个月,除了出差,我每天可不止一次出现在工地上。把广丰建设成为光阴文化名城,这是第一个项目。我想,今后类似的项目会越来越多的,一定会的,所以,我得为自己的创意变成了现实好好地庆祝一下。

母亲被我的快乐感染,连耳聋的老爹也感知到了,他走过来,看了看大碗里的三个圆鸡蛋,幽默地问:"怎么了,蒸蛋?得奖状了?"

真是幽默天天有,没有今天多啊!连我80多岁的老爹都能幽上一默了。老爹这句话可大有含义了,让我的思绪一下子回到了20多年前,小时候家里穷,鸡蛋不是用来吃的,而是要积攒起来到廿四都市场上换取米粮或者跟走家串户的货郎交换针头线脑的。当然,有一种情况下却可以吃到鸡蛋,那就是考的好得了奖状,母亲就会蒸个圆圆的鸡蛋作为奖励,而我,却舍不得一下子吃掉,这是荣誉,要向所有认识的人展示一遍以后才能吃啊。所以,当老爹看到三个圆圆的蒸蛋后,才会问我是不是得了奖状,还真别说,我让母亲蒸了三个鸡蛋,潜意识里还真的含有奖励自己的意思呢!

第 25 章　两项最重要的奖

2013 年 12 月 6 日（农历冬月廿四）星期五

今天差点误了一件大事。

人事部门前几天通知我，说他们上报的全市最美公务员预选人员中只有我入了围，进入了全市前 15 名，说让我于 12 月 6 日也就是今天下午两点半前赶到市行政中心大会议室，做 5 分钟的演讲，来自全市各地的评委将现场打分，最终确定前 5 名为"全市最美公务员"并报省里批准记"二等功"；后 10 名为"全市优秀公务员"记三等功。我当时还和通知我的人开玩笑："这哪里是评比优秀公务员啊，就是搞演讲比赛嘛！"玩笑归玩笑，但这确实是件很严肃也

很重要的事情。

可是，就这么一件重要的事情，我却偏偏把它给忘记了，忘得干干净净。组织和人事部门的同志让 15 名入选者抽签确定演讲顺序时发现我不在，电话询问我在哪里，我这才想起还有这么一档子事。而此时，我正在博山片区的下水道改造项目施工现场，接到电话后，我惊出一身冷汗，立马叫上纪师傅，往上饶飞奔而去。纪师傅知道事情紧急，差点把轿车开成了火车，25 分钟就赶到了市民中心，居然没有迟到。而我，就利用这车上的 25 分钟，用矿泉水捋直了凌乱的头发，抖去了藏青色休闲外套上的灰尘，还好，这衣服挺洋气的，可惜没有领带，裤子上的几处污渍也被我用矿泉水浸湿搓洗掉了，皮鞋最脏了，下车时，我用了整整一瓶矿泉水和半卷纸巾才基本清洗干净。

当我出现在大会议室时，会场上已经坐满了人，我一进去，就被铁青着脸的工作人员领到选手区，还没坐稳，就开始抽签了。我第八个上场，阿弥陀佛，幸好不是第一个，还有时间思考。再看台上，领导们都已经正襟危坐了，看那威严和一本正经的样子，官职应该不小。

我很快就平静了下来，环视周边，倒吸一口凉气——这些都是公务员选手吗？确定不是银行、移动和电信公司的客户经理吗？他们怎么全都西装领带的啊？他们每个人手上都拿着一叠材料，原来是早就准备好的演讲稿。我心想：这怎么玩？胜负已分，我还玩个鬼啊！忽然冒出放弃的念头，紧接着便生出后悔的想法。但现在已经骑在马背上了下不来了，还是硬着头皮往前走吧。忽然想起刚进来时纪师傅安慰我的话："局长，你别急，更别担心，你做了这么多的工作，事实在那；你那么有名的一个作家，水平在那。别怕，一定会成功的！"于是，振作了两分钟，给自己提了提气，然后向左边这位借了支笔，向右边这位要了一张纸，便开始在纸上涂涂画画起来，我起码得写个演讲思路吧！

很快就轮到我了。

演讲内容就不写了,说结果吧——我获得了第一名。

母亲听到这里,长长地舒了口气。但她仍然有点生气:"你这孩子,做事没轻没重,这么重要的事怎么能忘记呢?你事多、忙,可以跟我说下,跟纪师傅说下,我们都会提醒你的啊!你得第几名倒不重要,重要是你们去上饶那样子赶,车子开那么快,万一出事怎么办?"我完全没有理会老母亲的埋怨,逗她说:"我的老嬷,你就不想听听我是怎样获得第一名的吗?"母亲仍然有气:"懒得听,我刚刚的话你听了没有,可要记住了!"我说:"记住了,我的老嬷,告诉你,我这回能得第一名跟你发给我的奖状有关呢!"母亲没听明白:"我给你发的奖状?什么时候啊?我没发过啊?"我说:"你平时是不是经常说我做了很多善事啊?说我这几年带头修的桥、铺的路、栽的花、种的草、安的路灯、扫的马路、建的公园、通的下水道,比你一辈做的善事还要多啊?"母亲不解地问:"是啊,说过啊,怎么了?"我说:"就是啊,这就是你给我发的奖状啊!"母亲不以为然地笑笑:"这个也算奖状啊!"我说:"当然算了,这是夸奖啊,是最重要的奖呢!"

母亲忽然来了兴致:"那你说说,你没做准备,怎么就拿了头名?"我哈哈一笑:"我的老嬷,你还是想听的是不是?好吧,我就讲给你听听!来来来,你坐这里,爹坐这里。"我理了理思绪说开了:"因为没有准备,说不紧张那是假的,但是,没准备有没准备的讲法啊,我小时候见你劝架,也没有准备的啊,都是临时上去,先是拉架,然后长篇大论一通说辞,直说得吵架的双方都觉得自己有大错似的,最后互相道歉重归于好了!这个演讲就跟你那个劝架是一样的,要的是随性、自由、机智、生动,而老早准备好的演讲稿,反而会成了羁绊!"母亲说:"那是,别看劝架,那可是有讲究的了,有的人劝架,劝得自己挨打;有的人劝架,劝得一起打架;我劝架从来就没有失败过!"母亲见自己说的过多,有点不好意思:"你说,你说你的！"

于是，我说开了："因为人家都是正装，很是庄重，就我，有点灰头土脑，连个领带也没戴，怕评委和观众误解，所以我一开始就向大伙道歉，坦白地说了原委，说自己确实忘记了下午的会议，还差点没赶上，请大家谅解。我听到了掌声，说明人家谅解我了。接着，我说我是广丰人，我的普通话很差，请大家将就着听，还说我是一名城管，请大家不要因为对城管的偏见而影响我今天的表现。我又听见了掌声，说明大家不会介意我的语言和职业了。然后正式演讲，我说自己当了3年多城管，就干好了两件事，一件事是主业，就是行政工作，城管局长，举了一堆例子。另一件事是副业，说自己在做好主业的同时还抓好了文学创作这个副业，而且副业的收成还不错，写出了畅销书《我是城管》，编剧了电视剧《油菜花香》，这时，我又听到了掌声，说明大家肯定了我所做的这两件事情。最后，我说我曾经获过很多的奖，但最重要的奖项只有两个，一个是广丰的市民送给我的几十面锦旗和一大堆感谢信，说这是市民给我的奖状；另一个奖是我80多岁的老母亲，也就是你给我的奖，就是你对我的夸奖。我说，我认为，那些盖了大红印章的国家级省市级奖状虽然重要，但最最重要的奖却是这两个，是对我所做的主业的高度肯定。这时，我听到了更为热烈而且长久的掌声，我就知道，听众们同意了我的观点。就这样，不到五分钟，我就拍拍衣袖下台就座了。后来公布票数，我居然获了个最高票，差点没吓着我。"

母亲说："难怪说跟我有关系，原来指这个，你把它当成奖状了，也是啊，夸奖也是奖呢，有句广丰腔，叫作'金杯银杯不抵口碑'，就这个意思吧！不过话说回来，归根结底还是要口才的，我看你，可以去劝架了。"我说："老嬷，我都第一名了，你还不去蒸三个鸡蛋啊，记住，是三个啊！"

第 26 章　连续三夜睡在 52 栋

2013 年 12 月 24 日（农历冬月廿二）星期二

已经连续三个晚上到 52 栋过夜了。

前天和昨天晚上都是十二点以后去的，今天晚上就更晚了，到 52 栋时，已经一点半了。

前天晚上去时我没敲门，蹑手蹑脚地掏出钥匙，悄悄地溜进去的，但是我在卫生间洗漱时的动静还是惊醒了本就没有睡深的母亲。母亲醒了，老爹自然也就醒了，母亲问我："怎么这么晚啊！有什么事吧？"我说："没事，太晚了，快睡吧！"就哈欠连天地进了卧室。昨天晚上，我虽然吸取了前天的教训，尽可能没有发出声音来，但仍然惊动了母亲，母亲问："怎么又这么晚啊？出什么事了？"我困顿至极，连连说："没事，没事，明天再说，赶紧睡吧！"今天晚上到 52 栋时，已经一点半了，我更是屏着呼吸开的门，我甚至没有开灯，用手机的电筒照明。可是，当我就着手机电筒微弱的亮光寻找拖鞋时，客厅的电灯忽然亮了，我着着实实地吓了一大跳，待定神细看，却见二老端坐着沙发上，每人身上裹着一床棉被。我很是惊讶："你俩干什么啊？干嘛不睡啊？吓我一大跳！"

母亲把被子往沙发上一扔，神情严肃地说："估计你今天又会来，所以一直等着。"我说："等什么嘛？你们睡你们的，等我干什么？万一我不来呢，难不成你们就这样裹着被子到天亮？"母亲以非常严厉的口气说："你给我好好说说，为什么你接连三天都到这里睡，而且都这么晚？是不是夫妻吵嘴了？是不是跟别人去赌博了？或者，

深夜的施工现场

在外面瞎混了？今天你一定要说清楚！"

我苦笑着摇摇头："我的老嬷哎！你真是想多了，我都要忙死了，都快累死了，我哪里有心思跟老婆吵架啊？哪来的闲工夫跟人赌博啊？哪里有机会在外面瞎混啊？"母亲满脸的疑惑："真没有？那你为什么接连三天不在家睡，都到这里来了！"

我一屁股坐在沙发上，叹了口气："我告诉你，月兔广场边上彩虹桥头有个大转盘，你是知道的，那个转盘太大，上面有很高的树，挡住过往行人和车辆的视线，每年要出很多事故，死伤好多个人。而且，这个地方位置特殊，永丰大道、芦林大道、彩虹桥、河滨路、广场北路、广中出口、儿童乐园出口、广场西边出口等等，全都跟它直接相连，车流无数。现在，我们将这个地方全面整改，转盘改小，树木移除、下水道重建、路面改成沥青柏油。但是，白天无法施工，会严重影响交通，只好晚上动工干通宵了。你说，这么冷的天，都起霜冻了，我们几十号工人在现场，我当局长的，好意思待家里睡大觉啊？就算假装也得在现场露个脸吧？告诉你，我必须在现场，我要给工人们加加油鼓鼓劲，给他们弄点热包子当夜宵，之后才能回来。我算回来得早的,你认识的市政公司那两个人,祝浩荣和翁龙斌,他们得带着工人们一直要干到天亮,那才叫辛苦!这么晚了,我不想回家去吵老婆孩子,所以就到你们这里了,反正你们白天可以睡觉。"

母亲听了不作声,好久,她才说:"原来这样啊!你也不早说一声,我就可以给你下碗面条,煮碗热粥了!"我说:"因为回来的时间不好确定,深更半夜的,又冷得要命,就懒得惊动你们了,你以为你们还年轻啊,都七老八十了的人了,我要是把你们弄出毛病了,那才划不来呢!"对于之前对我的误解,母亲显得有点内疚,她说:"我说怎么了,你从小到大都不做坏事的,怎么会连着几天不回家,我想去问华凤的,下去了两次都没见着人,可能没下班。"母亲一边说一边从茶几上拿起一个苹果:"你吃个苹果吧!几个孩子送来的,说什么苹果就是平安,一定要吃的!"我接过苹果,上面居然刻着平安快乐四个字!我才猛然想起,明天是圣诞节,今夜是年轻人狂欢的平安夜,就告诉母亲:"这是外国人的节日,明天是圣诞节,相当于我们的新春,今晚叫平安夜,相当于我们的大年夜,要守岁,祈求平安。"母亲问:"这外国人过年就吃个苹果啊?他们祈求平安要点香烧纸钱吗?"我说:"我们拜的是佛,请的是社公,祭的是祖宗。这外国人,大多数信耶稣和基督,他们好像不用香烛纸钱。"母亲一听耶稣和基督,立即变了脸色:"那是野道邪神,千万别去理它!"母亲其实是不知道真正的耶稣和基督是怎么回事的,因为我们周边有小部分人信仰耶稣和基督,而这些信仰耶稣和基督的人从来不去祭奠死去的亲人,甚至连清明都不上坟,孝义至上的母亲便认为信仰耶稣和基督的人连祖宗都不要了,肯定不是好人,于是耶稣和基督也就受到了连坐,在母亲眼里自然而然就成为邪魔外道了。我知道这个问题跟她是无法探讨的,就跟她说:"信与不信,信什么教,拜什么神,是每个人的自由,你还是早点睡吧,明天一大早还要念你的阿弥陀佛,拜你的观音菩萨呢!"

第 27 章　梦见金锁会遇到贵人

2014 年元月 9 日（农历腊月初九）星期四

早起，我眼皮子跳得很急，本想用"左跳财右跳灾"的广丰古谚来预判祸福的，无奈两边的眼皮都跳，让我无法判断。洗脸时我先用冷水后用热水反复冲洗不断搓揉，但仍然跳将不停，于是心生疑忌，难免疑神疑鬼起来，忽然想起这几天老爹身体不适，难道老爹有事？便蹭蹭蹭一口气飞奔到 52 栋——老爹没事！

我上气不接下气地来到 52 栋时，老爹正握着一个暖手袋坐在阳台上抽烟呢，看上去很是精神。我问母亲："老爹没什么事吧？"母亲惊异地说："没事啊？能有什么事啊？怎么了？"我说："不知怎么了，我眼皮子跳得厉害！就上来看看你们。"母亲忽然说："我昨晚做了一个很奇怪的梦，我和你爹到你那里去，却开不了锁，原来锁换了，仔细一看，还是把金锁，我和你爹还埋怨你换了锁也不给我们一把呢，嘿，原来是个梦。听老人们说，梦见金锁，会有贵人相助！"我不以为然："听老人说？哪个老人啊？咱们老家还有谁比你俩更老啊？我还听老人说了，野梦颠倒！只要你和老爹身体健康就好，就是遇上贵人了。好了，我得走了，今天好多事啊！"年底到了，还有很多工地没扫尾呢，得加紧扫尾清场了，尤其是刚刚开放的光阴文化长廊，还有一些附属设施需要安装。同时，我还得对护栏板上镌刻的文化内容重新核对一遍，昨天就有市民给我指出了一个错字。

时间过得贼快，感觉才一霎儿便已经十一点了。这时，手机响，是邵小亭县长的,他问我在哪里?我说刚从天官基里弄的工地出来,准备去光阴文化长廊。邵县长说:"省委常委、宣传部姚部长到广丰视察宣传和文化工作,他向我询问你的情况,说要去看下你!"我惊奇地说:"没搞错吧?这么大一位领导来看我?也好,让他来看下我们的光阴文化长廊!我就在王贞白雕像这里等候了。"

不多久,来了几辆车,下来了好多人,省里的、市里的、县里的,还有扛着摄像机和照相机的,那是记者。我本来还有点惴惴,不仅因为姚部长官大,还因为他是个博学多才的博士,在南昌大学当过教授,当过省文化厅厅长,还担任过我们上饶的市委书记。我听过他的报告,确实是一位学识渊博、见识超群、口才卓绝的专家型领导,很多县委书记、县长都害怕跟他汇报工作,因为他的思维非常敏捷,跳跃性极强,三下两下你可能就跟不上趟了。所以,当一位这么级别高水平又高的博士领导走向我的时候我确实是有点惴惴的,虽然牛仔裤体现了他的平民性,让我释放了不小的压力,但我内心深处仍然有所忐忑。

但是,姚部长很快就让我把所有的惴惴和忐忑全都抛掉了。真是没想到,他竟然可以在瞬间营造出一种如此轻松的谈话环境,让一位跟他品级相差甚远的下属马上就能消除掉品级差别带来的隔阂与距离感。他一开口就是一连串的问题:"你就是周亚鹰?《我是城管》是你写的?你现在可是网络红人了啊!电视剧《油菜花香》也是你的作品改编的?你以前干什么的?你当个城管局长怎么干起作家的行当了?"这一大堆问题让我不知从何说起,但我心中一乐,这也是一位急性子啊!忽然想起母亲的话:急性子的人大多心地善良!于是踏实了许多,把脑海里之前准备好的介绍光阴文化长廊的内容全部清洗干净,对照他刚才的发问一一做了回答。他又问:"你现在名气不小啊,我在上饶当市委书记时你怎么没有名气?我都不知道你!"我回他:"其实那时名气也不小了,只是您当时任主官,没关注我!现在您做宣传部长,关注文化人多一点,当然就知道我了!"

回完话我就后悔了，心想这回领导该生气了，但是没想到，这位还真是一个具有真性情的领导，他深思了一下，然后说："你讲得有道理，当时任主官，确实关注少一点。"接下来，他询问我的年纪、经历和家庭情况，然后跟我开起了玩笑："我要是把你调到我部里你愿不愿意？"我说："领导玩笑开大了，这是天上掉馅饼的好事，当然一百个愿意了！"他又问："那你家里怎么办？"我说："南昌又不远，爹娘有哥哥姐姐照顾，有事随时回。小孩马上高中了，住校啊，能到南昌去读书就更好了！老婆嘛，反正上着班，就不管她了！"领导说："你想得倒好，老婆不管了，你想干什么啊？"他的玩笑话引起了一阵哄笑，现场气氛一下子变得轻松活跃。

离去时，姚部长把我拉上他的车，说："一起吃饭去！"于是，我就同他去了。午饭后，姚部长一行稍微休息了一下，就回南昌去了。

晚上，我来到52栋。跟母亲说了白天的事，母亲说："这不就是贵人出现了？"母亲还说："听你这么说，这位领导真是一位好官啊，要是当官的都像他这样不摆架子该有多好啊！"

第 28 章　帮助别人就是帮助自己

2014 年元月 17 日（农历腊月初十）星期五

晚上，我和纪师傅巡检完上广公路的路灯后已经九点，我说："去52 栋吧，我晚上想写点东西，估计动静不会太小，两个老人反正睡不着，不怕吵！"然后给妻子发了条短信，便奔 52 栋去了。

二老已经休息了。母亲披着硕大臃肿的棉袄走出卧室，她疑惑地说："都这么晚了——"我打断她说："晚上写点东西，在这里睡了，你两个老人家反正不怕吵！"母亲赶紧说："是啊是啊，我们年纪大的人，睡得少，有时整夜睡不着，瞪着眼到天亮，白天反而好睡。晚上不怕吵，不怕吵，你以后要写文章就过来，我还能煮面给你吃。"

母亲说着便去收拾餐桌，被我拦住："我不在桌上写的。"母亲惊疑地问："不在桌上写，在哪写？"我说："我躺床上写啊，直接在手机上写就可以了。"母亲惊叹说："现在科学就是发达，写字不用纸和笔，以前见你在电脑上写，现在连手机都可以了，真是厉害了！我们比南杰姑丈多活了几年，多见识了多少新鲜玩艺儿啊！"这南杰姑丈是老家最有学问的人，以见多识广著称，母亲每次说到学问知识之类的话，便会提到他。

洗漱完毕之后，我打开了卧室空调，按照惯例躺到二老中间。我让二老躺好，自己则拿了个沙发上的大靠垫斜靠着，用了两件毛衣将二老跟我之间的空隙塞住填实，然后拿出手机，写了起来。老爹时不时就咳嗽几声，母亲探出头来并伸出左手摇摇，示意老爹不要发出声音，以免惊扰到我。但是老爹不停地咳嗽，而且全身扭动起来，说背上痒，要抓，我把手伸进被窝，给他挠痒痒，挠完痒痒，老爹总算安定下来，进入了迷迷糊糊似睡非睡的状态。

母亲却一点睡意也没有，她经常抬起头来看我的手机，很想知道我在写些什么，可是她怕打断我的思绪，就一直忍着没问，直到我写好初稿，要上洗手间了，她也跟着起来，问我："给你煮碗面吧，加两鸡蛋，好不好？"我确实饿得肚子咕咕叫，想起晚餐陪客，酒菜吃了不少，却没有吃过主食，当时觉得饱了，现在却已饿得不行，于是说："吃夜宵会发胖的！"接了我这句话，母亲就去厨房了。

当母亲端上一大碗热气腾腾的面条时，我也刚好快速地修改了一遍文稿。在我吹着热气吃面条时，母亲又给我倒了一杯温开水，然后坐在我对面，看着我吃面喝汤。直到我把汤也喝干净了，母亲才迟疑不决地问我："你打夜工写的是啥重要事啊，明天写不行吗？"我哈哈一笑："也没啥重要事，就是觉得憋在心里，不写不爽，不写完不写好就睡不着！"都说70老人似孩童，年过八旬的母亲，好奇心反而跟孩童一样强烈，她好奇地问："那是什么事啊？"我想，今天要是不告诉她，她老人家肯定一宿都睡不着了，于是就将事情告诉她了。

前些天，有一位40岁左右的女人找我，说是月兔广场上一个小卖部的店主。她说自己生活很艰苦，夫妻俩跟我是差不多时期的大学生，下岗后在广东打工，丈夫不幸得了重病，失去了劳动能力，回广丰后找到当时的县长汪德和，同意她在人气极旺的月兔广场上开设了这间小卖部，靠为数不多的收入维持着最简单的生活和丈夫的基本医药费。她找我的事儿你想都想不到，她不是来要困难救助的，她来要求我将刚刚建好的光阴文化长廊上的两间公厕承包给她管理，以增加收入弥补家用的不足。我当时觉得是个好事，一是同情她的遭遇，二是赞赏她的骨气，三来刚好解决这两间公厕的管理问题，便与相关同志商量了一下，决定承包给她。本来嘛，这样的事情过了也就算了，但是，我昨天却收到一封信，是在香烟盒包装硬纸片上写的,是承包厕所这位女同志10岁的女儿写的,她写信感谢我,说因为我的帮助,让她家里多一些收入,她可以看到比以前更快乐的爸爸妈妈了。我当时很是感动,就决定去看她,今天上午刚好有个空,就带了些书、笔、信笺和笔记本前去看她,你猜怎么着?真是没想到啊,苦的人有,但没想到会困难成这样的!这一家三口全部蜗居在这个店铺里,生意在那,吃住也在那,在本来就不高的铺子里隔出一个不到一米高的阁楼,一家三口就住在上面那个身子都直不起来的阁楼里。临走时,我问小姑娘最大的愿望是什么,我本以为她会说考上什么大学或者当老师做医生之类的,没想到她说她最大的愿望是能够有张床,说长这么大了只有去拜年时才睡过别人家的床,还说在床上睡觉可舒服了!

母亲忽然打断我:"天,都新社会了,怎么还有这么苦的人啊?你晚上写的就是这事啊?应该的,应该写!你一定要帮助他们啊,多苦的人啊!咱们以前也是苦出渣来的,那些年,咱们家人口多,老人多接连病故,我们家又是囝大仔小,劳力不足,加上你爹被错打成反革命,苦得差点饿死人了!幸好,咱们家遇上了贵人,这世上好人还是很多的,就有很多叔伯婶娘偷偷接济过我们家,有送来米麦的,有送来番薯的,也有送来旧衣服的,咱们一家才度过那个难关啊。"我急忙打断母亲的话,要是任由母亲说下去,她回忆的闸门一旦打开,忆苦思甜的洪水保准泛滥成灾,那么我一个晚上就别想再睡了。我说:"老嬷,咱先不说那个了,你说的这些帮助过咱们家的人,我都一一记着呢。这些年,该拜访的也拜访了,该感谢的也感谢了啊。"母亲说:"是啊,你们几个还算争气,尤其是你,懂得知恩图报!嬷跟你说,对那些帮助过咱们的人,有能力就一定要记得回报,没能力也一定要牢牢记在心里,告诉后代。记住,风水轮流转,**帮助别人就是帮助自己,看见别人有难,能拉一把就拉一把吧,多做善事,一定能够荫佑子孙的!**"

虽然我哈欠连天,但母亲最后这几句话我却牢牢地记在心上了。

第29章 在三哥家过年

2014年元月30日（农历腊月卅）星期四 除夕

今天除夕。我们齐聚在三哥家过年。从老家祭祖回到城里，已经四点。三哥就嚷嚷着催："快来过年！饭熟了！鸭炖烂了！吃年夜饭了！"

当我和妻儿陪着二老来到三哥家时，二哥一家已经全部到齐了。客厅不大，十四五口人挤在一起，显得十分拥挤，但很热闹。

爹娘看见儿孙满堂，其乐融融，十分高兴，尤其是母亲，这种气氛下肯定有很多话要说的。果然，没过多久母亲便感慨万千地说："现在真是幸福啊！好日子来得不容易啊！60年前，菊彩（我大姐）出生，咱们家上无片瓦、下无寸土，我们走投无路了，才选择到外婆家寄居！50年前，衰猴（二哥）出生，全家十口人，四个老人、四个孩子，那个要是不走，就五个了（我本有一个最大的哥哥，五岁夭折），只有我跟你爹是正劳动力，那日子过得比苦瓜还要苦啊。40年前，爹爹被错打成反革命，那是全家最难之时，鹰出世，鹰来得真不是时候啊，差点被抱去送人，要不是别人接济，真的要饿出人命了。30年前，分田到户，手工业也放开了，靠着爹爹一把斧头、嬷一双手，硬是把日子给过回来了，家里有余粮、余钱了，还起了一栋房子。20年前，日子又倒回去了，天灾人祸啊，爹爹老了；我全身是病；菊彩（大姐）孩子多负担重；金彩（二姐）生大病，医生说没救了；接着永宣（我二姐夫）又得肺癌，用光了所有的钱，人没了；衰猴（二哥）走霉运，做啥啥败光；亚光（三哥）

超生，满世界躲避计划生育，房子都给乡村干部拆了，他开了个棺材铺，结果连棺材板都被没收了；那时鹰还在上大学，就得自己挣钱供自己读书了，天灾不可拒、人祸挡不住啊！那日子过得绝望啊！10年前，我和爹爹已经不中用了，还是鹰的决定好，让你们全部进城，你兄弟俩一个眼睛看不清，一个有肺病，农活干不动，在老家肯定没有活路了，幸好还有点文化，来这城里开个小店，反而更适合。咱细水长流，大钱就不要去想了，财要运掌，福要命享，咱就踏踏实实挣点小钱，挣点汗血钱。'富不富，三代后；兴不兴，看后丁。'咱就好好培养后代吧，多积善根，总有福报的。鹰虽然当了个局长，但我看他当得跟别人不一样，他过得比你们都累啊！你们不知道他的苦！嬷知道！"

游游递上一杯水："奶奶，说累了，喝口水！"母亲喝了一口，然后把孙子们叫拢来："你们一定要团结啊，一定要互相帮助，要像爸爸叔叔伯伯那样。都说亲兄弟亲兄弟，但我没见过像他们三兄弟那么亲那么好的。就说咱们老家吧，不少同胞兄弟，分家时就像演大戏，房间有大有小分不平均，要请村中老人来调解；财物分配不均，少了一把扫帚、多了一只碗碟，并肩娘（妯娌）要大吵一顿；分田量地时绳子没有拉直、地档没有打正，兄弟们要打上一架；赡养父母时多摊了一两顿饭要闹得一塌糊涂，最后请娘舅来做中人，真是树大开杈，儿大分家，气死爹妈啊！可是，我们家呢？往细里究，咱们家其实到现在还没有分，他们三兄弟一个个白手起家，各干各的，自然而然就独立生活了，老家那些田地、房屋、家俱物件啊，全部丢在老家，从来就没说过这是谁谁谁的那又是谁谁谁的。谁家钱紧了，就到哪个那里去拿，连账都不记，有就还点，没有拉倒。我们两个老人吃用开销不少，他们谁出得多、谁出得少，也从不计较。到医院看病，也是谁有空谁陪，谁付了钱也不分摊，用了便是。小区有老人问我三个儿子怎么分摊我们养老的，说真的，我都不知道怎么回答他们。"母亲絮絮叨叨地诉说着，越说越来劲，直到三哥再三催促吃饭，大伙才散了开来，嗅着香气往餐桌而去。

虽然老家有吃年夜饭的时间要尽量长一些的说法，但我们家从来就没有喝酒的习惯，又抑或是我们家一直就穷，即使是过年也没太多好吃食的缘故。再加上母亲常常教导我们，说我们家做手艺的，在人家家里干活吃饭，第一不能吃得太饱，无论粥饭，绝对不能去盛第三碗，否则就是不自觉了；第二不能吃得太慢，尤其是做学徒帮工的，五分钟之内必须放下碗筷，不然就讨人嫌，以后就没人请了。所以，我们家的年夜饭其实跟平时的饭餐差不多，从来就不喝酒水，直接上饭，一般十分钟左右就全都吃好放下碗筷了。而且这种习惯一旦养成，就很难改变，即使现在生活富足，酒水不缺、饭菜丰美，也同样没有喝酒的习惯，即使是过年，即使我有超过一斤白酒的酒量。

吃过年夜饭后，天才擦黑，小辈们陪着爷爷奶奶去52栋了，他们陪老人看春晚，守岁。而我，却没有那么幸福，谁让我是城管局长呢？今天是大年夜，今晚全城的烟花、鞭炮将通宵达旦地放，为了全城市民能够过个好年，我们得保水、保洁、保亮、保畅通、保安全，我们城管系统有数百名同志还在作业岗位上。所以，现在，我要去巡街了，我得去看望这些还坚守在岗位上的环卫工人、自来水厂员工，爬在路灯杆上的电工和守在街头巷尾担负火情监察的城管执法队员了。

第 30 章　给老爹求寿

2014年2月10日（农历正月十一）星期一

昨天晚上母亲有点迟疑地问我："知道你忙，但明天上午能不能抽个空啊，你爹明天87岁生日，你们几个能不能回趟老家，祭拜下社公和祖宗，保佑他多活几年！"

于是，我一大早就来到52栋。

二哥、三哥比我还早，他们已经开始侍弄"五碗"——五花肉、鱼块、鸭肉、豆腐干、白玉豆各一碗。我说："嘿嘿，挺体面啊，吃人嘴软，这社公、社婆和咱们老祖宗吃了咱这么多好吃的，还不得保佑咱老爹活过100岁啊！"

母亲幽幽地叹了口气："你爹这两年大不如前了，前几年还能挑担，可以挑半桶尿，还能用锄头，高粱要收几百斤，烧酒要酿两三回（老家自酿高粱酒计算单位，出酒一百斤为一回），番薯要堆满半个房间，菜园里种了十几种菜，全家老少几十口都吃不完，要晒成菜干！这两年不行了，饭量下降，走路不稳，你看，都瘦成什么样了！"

我安慰母亲："没事的，有钱难买老来瘦！"想再说第二句，就再也找不出话来了，因为，老爹确实太瘦了！已经不是老来瘦的那种瘦了，感觉是营养不良的那种瘦。但是，又有什么办法呢？他又不怎么吃东西，手艺人少吃甚至不吃饱的习惯已经植根于他的血脉，永远都改变不了了。

很快就回到了老家，我们把车子停在水口，直奔社公庙。竹篮装着"五碗"置于香案的正中间，一对四斤重的蜡烛开始蹿起火苗，母亲点燃了一大把佛香，分给我们每人六根，然后让我们跪在一沓纸上，母亲口中念念有词，大意是感谢社公、社婆对整个村子的保佑，感谢他们对我们全家老少的荫佑，又向社公、社婆诉说老爹是如何如何的善良，说老爹一辈子连蚂蚁都不会故意踩死一只，恳求社公、社婆保佑老爹身体健康长命百岁。母亲让我们叩拜，我们就很庄严地叩拜了。

之后回到自家老房子，简单地清理了一下，就在厅堂里摆上了"五碗"，祭奠起了祖宗。母亲一个人念念有词，跟祖先唠了很多话，她从安家的祖宗到周家的太公再到徐家的先人，絮絮叨叨地诉说了一个多小时，佛香燃完又续上一炷、再续上一炷。通过缭绕的香烟，我觉得母亲似乎可以通神，她是那么专注，那么严肃，那么煞有介事，好像祖宗真的会答应她的请求，答应给老爹添福加寿。烧完纸钱后，母亲满意地笑了，她说："祖宗很高兴！"我不知道她说这句话的根据，但是她却说得十分自信和肯定。不管如何，我得顺着她的话，顺着她的心意，于是问她："这么说，社公、社婆和祖宗都答应给爹爹加寿了？"母亲相当肯定地说："是的，答应了！"

我扶起母亲："嬷，答应了就好，咱们回城里去吧！爹爹在52栋等着我们呢！"

离开村子时，我回看了一眼低矮的老屋。雨雾之中，老屋就像一个幽幽的梦，一个遗落在山野之中的幽幽的梦。

第31章　一定要帮帮"瓷娃娃"

2014年2月25日（农历正月廿六）星期二

上午，我随爱心人士毛富强先生到霞峰镇看望了"瓷娃娃"刘久富。晚上，我来到52栋，把"瓷娃娃"的故事讲给母亲听，母亲听得泪水涟涟、唏嘘不已。

母亲刚开始不知道什么是"瓷娃娃"。我告诉她，有一种人，得了一种叫"软骨病"的疾病，全身骨骼不全而且容易断裂，因此整个人实际上没有骨架，缩成一团，无论多少年纪都只有几十公分高，像个长不大的娃娃，而且，这种人的骨头疏松，稍重一点的碰撞都会造成骨折，就像一个碰不得的瓷器一样，因此被称为"瓷娃娃"。

母亲非常忧虑地说："听老辈人说过，说有一种人拉起来一长条，放下去一大团，我还不相信，原来世上真有这样的人啊？"我说："我上午去霞峰镇就看望了一个瓷娃娃，32岁，只有几十公分高。但这

与瓷娃娃刘久富合影

瓷娃娃"淘小二"

个'瓷娃娃'可厉害了，没上过一天学，但他对着电视机，模仿电视里人物的口形并对照字幕硬是学会了认字，还学会了电脑，成功地成为淘宝的客服淘小二，每月能挣1000多块钱，养活了自己，还养活了有哮喘病的80岁的老父亲。"母亲惊讶得张大了嘴巴，她无限钦佩地说："这个'瓷娃娃'真聪明，我念经时有些字不认识，你教我好几遍都记不住，他一天书都没读，居然认得这么多字，还能打电脑，要不是生病，准能考上大学！"我说："那当然，这个'瓷娃娃'不仅人聪明，关键是意志坚定，无论是学认字还是学普通话，无论是学电脑还是做淘小二，他都要比正常人付出十倍以上的努力。"

母亲忽然沉默了下来，一副黯然伤神的样子。我不知道母亲为什么情绪大变。过了好一会儿，母亲才缓缓地说："很多人只知道你们只有四兄弟，其实你有四个哥哥的，最大一个非常聪明，可惜小时候出麻疹没救过来，走了。唉！要是能留个活命该多好啊，哪怕是个瓷娃娃也不赖啊！第二个叫毛猴，他得了脑膜炎，残疾了，疯了，把他养到了40岁，走了，走的时候装的是大棺材，起的是大坟墓，竖的是青石碑！嬷命苦啊，前两个是女儿，长子夭折，次子残疾，因为气急而坏了眼睛伤了胎脉，你二哥衰猴（如果细算应该是三哥）自娘胎里便带上了眼疾，现在一只眼睛已经瞎了，另一只也几乎看不清楚东西，唉！"

我没让母亲继续说下去，我知道母亲因为"瓷娃娃"的身世而想起自己已经病故的两个孩子，我要及时把母亲从那段悲痛的往事中拉回来，她不能再经受到这种锥心的痛楚了。我打断了母亲的回忆，说："嬷，我今天又做了件好事，我给（瓷娃娃）写了篇文章，已经募捐到不少钱了。"母亲果然从沉重悲痛的回忆中走了出来，她破涕而笑："那好啊！这样的事出在谁家谁不幸，你有能力就帮他一把，积德呢！你上次给广场那个小姑娘写了文章，一下子就给招来十几万块钱，比我们为了修庙挨家挨户化缘厉害多了。你得给这个（瓷娃娃）好好写写，给他弄点钱，他家的生活肯定特别困难啊！"

第 32 章 修缮将军墓

2014年3月5日（农历二月初五）星期三

今天上午，我来到位于城北十五岭山的城中村，察看路面硬化和下水道疏浚工作进展。忽然想起一件往事，便对市政公司经理祝浩荣和副经理翁龙斌说："走，带你们去看个人！"

七绕八绕之后，终于来到一处堆满了垃圾长满了杂草的空地，这片空地位于三栋房子错落而成的夹角处，高低成两层。祝、翁两人不明白我的意思，露出疑惑的神色。我说："你们仔细看看！"他俩上上下下看了几遍，祝浩荣说："垃圾堆里好像有个水泥墩，是个塔基吗？或者是个废弃的水池？该不会是个坟墓吧？"我说："正是坟墓！"翁龙斌说："真的是个坟墓啊？你说来看个人，就是他吗？他是谁啊？"我感叹一声："唉！他可是个大人物啊！看到那个长条形石块吗？那里有字呢！"祝浩荣从地上捡起一块石头，走过去使劲地刮，好不容易才把石块上面的青苔和污物刮掉，字迹露了出来，但不清晰，他俩仍然无法认出那是什么字。我说："别猜了，我告诉你们吧！"然后跟他们简单地讲述了一段往事。

这确实是一座坟墓。坟墓里面躺着的人名叫俞应麓，是广丰人，他于20世纪初跟黄兴一起，陪同孙中山先生寻找救国真理，是中山先生最为得力的上将之一，是辛亥革命绝对的元老。可惜，1950年受到诬陷，被冠以"通匪反叛"等罪名，于1951年4月被处以死刑并就地掩埋于此处，1989年7月得以平反，被重新安葬了一次，就是这个坟墓了。你们现在看到的长条形石块实际上是墓碑，中间这行大字是"俞应麓将军墓"六个字。1998年，我研究上饶地方文化时曾经来吊唁过老将军，没想到现如今竟然荒废成这个样子了。

我说："这件事涉及政治问题，很复杂！"离开俞应麓将军墓时，我心里沉甸甸的，像塞了块石头，堵得慌！

晚上，我来到52栋，跟母亲说起这事。没想到母亲的反应非常强烈，母亲说："怎么会这样呢？死者为大啊！冤死了也就罢了，但平反以后应该受人尊敬的啊！"母亲忽然叹了口气："我6岁时，你外公被国民党抓了壮丁，后有书信回来，说是在云南，跟日本鬼子打仗，后来没了音讯，有人说他死在战场上了，说那个部队的人全部死光了，有人说他去台湾了，到底怎么样，只有天知道了。不过对照这个人的情况看，你外公即使活着回来，不管有没有官职，也一样会被错杀了，当然，肯定也会平反了。"我突然明白母亲刚才反应强烈的缘由了。

我忽然有点愤怒，但很快就平静了下来。

那一瞬间，我做出了一个决定：我要修葺俞应麓将军的坟墓。我要把杂草除了，把野树砍了，把垃圾清了，把墓碑洗了，把坟坑填了，把墓台修了，把碑刻描红……总之，要把俞将军的坟墓清理干净，要把俞将军的名字凸显出来，我不管他属于哪个组织、哪个党派，我就把他当成一位老人来尊敬，当成一位长者来看待，何况，这位老人还做过很多有益于人民的事情。如果有人因为我所做的这些而有说辞甚至给我乱戴帽子，那也无所谓，我遵循本心，我不怕！我把这个想法跟母亲说了，母亲一介民妇，当然不可能想到更深层面的问题，她只是遵循自己善良的本心，从人伦节义的角度，觉得我的主意挺好，还说："这也算是修心积德了！"我掏出手机，拨通祝经理的电话："请准备材料，安排人员，在清明节前将俞应麓将军的坟墓清理修缮一下。"

母亲长长地叹了口气："你外公要是回来，哪怕是冤死也没关系啊，好歹有个坟墓吧，总比现在我们连他的骨头在哪个角落都不知道要强吧！"

第33章　没有做完的善事

2014年4月1日（农历三月初二）星期二

晚上，我来到52栋。我垂头丧气地告诉母亲："嬷，我有一件事没做好，现在后悔都来不及了！"

母亲以为出什么大事了，焦急地问："你怎么了？又得罪哪个领导了？"我说："那倒不是！我帮扶的一户人家没了！全部没了！"母亲问："慢慢说，到底是怎么回事啊？"

我叹了口气，就跟母亲讲开了。

前几年，我曾经帮助过大石乡抱苍坞村一户人家。这户人家十分悲惨，父亲70多岁，得肺病，无钱医治，长年卧病在床。母亲早年就去世了。有个儿子，30多岁，因为患有肝炎，连给人家打短工都没人要，怕被传染，因此长年在家待着，慢慢地就有点痴傻了。还有一个女儿，本来已经出嫁，但生孩子时落下一身疾病，不但孩子没了，还因此离婚了，离婚后回到娘家，因为疾病缠身，又没钱医治，也长年躺在床上。前两年，我每年都会去个两三次，每次都会送去一点钱粮物品。每次去的景象总是让我心塞——门总是大开着，厅堂总是凌乱的，地上永远是脏的，锅灶永远是冷清的，痴傻的儿子总是没精打采地斜靠在一张破竹椅上，年迈的父亲躺在厢房的床上，有气无力的咳嗽声时不时就传了出来，女儿则躺在后面的房间里，气息奄奄，整个屋子充斥着一种十分阴森恐怖的气氛。

面对这样一个家庭，我其实是束手无策的，我不知道该怎么办，我所能做的就是偶尔去看看他们，带点钱粮物品，带点生活用品。

我能感觉到，他们其实对活着是抱有很大的憧憬的，因为每年过年时，我都能从他家破旧的门板上看到大红色的春联，看到倒贴的"福"字。前年春节，我去了，他们都还在。但接下来，我的工作十分繁忙，后来再也没去过，最近因为帮助"阁楼女孩"和"瓷娃娃"的事，引起了中央电视台的关注，"道德与观察"栏目组来做节目，他们问我是否还帮助过其他人时，我才又想起了这一家子。今天，我去了，但是，一个人都没有了。村里人说，那父女俩去年秋天前后脚走了，痴傻的儿子不知道流浪到哪里去了，反正再也没有见过，说不定也没了。我十分难受，尤其是门板上还没掉落的春联和倒"福"更是让我揪心。他们肯定等了我一年多时间，但是，我却没去，他们该有多么失望啊！他们肯定是带着巨大的伤悲与遗憾走的，他们肯定是因为所有的希望都破灭了才极不情愿地走的。我怎么就把他们忘记了呢？我再忙也应该能够抽出时间去的啊！可是，我偏偏就没有去！而他们，偏偏就在我没去的时段里没了！

我问母亲："嬷，你说我难受不难受？你说我有没有罪过？"

母亲似乎仍然沉浸在这家人的悲惨之中，好一会儿才抹把眼泪，哀声说："这家人真够悲惨的，他们活着就是在等时间，等待离开人世的时间啊！其实，命运祸福都是天注定的，你也别太难受了，我们跟他们非亲非故，你能去看了他们几年，已经很不错了，当然，好事没有做完，心里肯定会有疙瘩的，我说件旧事你听下。"我知道，母亲为了安慰我，肯定又要讲述那件她跟老爹经常拌嘴的事了。

40多年前，应该是"文化大革命"期间吧，我还没出生，拿二老的话——那时候世道极乱，红卫兵整天东奔西走、打打杀杀，社员们也不好好种田作地，整天搞什么路线教育，老百姓的日子过得说有多苦就有多苦。有一天，母亲带着10块钱到廿四都镇上购买"黑粮"。所谓"黑粮"，指的是官方打击但民间流行的私下交易的高价粮。路过一个名叫"下仓"的地方，看见路口围聚着一堆人，母亲挤进去一看，只见一位中年男人横躺在路上，已经死了；一个女人披头散发、呼天抢地地号啕大哭。知情者说男人因病无钱救治，家中又穷，便拖着病体出来找亲戚借钱借粮，那年头又有几家几户有多余的钱粮外借啊，结果，空手而回的男人一口气上不来，就倒下了。母亲是个慈善之人，听完后联想起自己的身世，大动了恻隐之心，她想也没想就将准备买粮的钱给了死者家属，然后空着箩筐回到家里。傍晚，父亲回家了，母亲问："你今天去要工钱，要到了多少？"父亲支支吾吾了半天，也没有说出道道来。母亲急了："快说啊，要到了工钱明天还要去买粮呢！"父亲听了一愣："买粮？你今天不是拿了10块钱去买了吗？怎么，又涨价了？"这回轮到母亲支支吾吾说不出话了。父母亲就这样相持了老半天，最后母亲终于按捺不住，和盘说出了原委，想不到父亲一拍大腿："哎哟！你干嘛不早说啊？我回来时经过下仓路口，看见那人实在可怜，也给了她10块钱。不是怕你骂我吗，所以没敢说。"母亲问："你要到了多少工钱，还有吗？"父亲说："还有25块。"母亲说："咱们身体好，你又有手艺，日子虽然也不宽裕，但总比那家人好过些，要不，咱留10块钱明天买粮，其余的都给了那人？"父亲想了想："也行，咱们再挣，谁家没个急难的时候！"于是，父母亲揣着15块钱踏着夜色匆匆地往下仓路口赶去。当他们再次来到下仓时，现场只剩下一地稻草被夜风吹得乱七八糟。

  40多年后，二老经常把这件陈年旧事拿出来反复地拌，母亲因为这事颇有责怪父亲的意味，说当年那件善事没有做完，指责父亲当时为什么不打听一下那户人家的住处，应该把15块钱送给对方的。父亲分辩说当时人都走光了根本无从打听，再说当时也没有这样想过啊！因为这事，二老到现在还会偶尔提起，看来，这件没有做完的善事在父母亲的心里落下了一个好大的疙瘩！今天，为了安慰我，母亲又把这件事说了出来，我希望，母亲在安慰我的同时，最好也能够走出这件事情的阴影，而我自己，则准备通过做更多的善事去弥补这件没有做完的善事带给我的遗憾。

第 34 章　十月怀胎歌

2014 年 5 月 11 日（农历四月十三）星期日

母亲节是个舶来品，我虽然一直主张咱们中国该有属于自己的母亲节，但在没有自己的母亲节之前，我仍然会在 5 月份这个舶来的母亲节陪陪母亲，今天又是母亲节了，我决定不加班，专门陪伴老母亲。

母亲只关注传统的那些节日，尤其关注跟祭祀有关的节日，比如清明节、鬼节、冬至等等，她压根就不知道母亲节是怎么回事，我也从来没有跟她介绍过这个节日。因此，她对这个母亲节没有丝毫的概念，所以，当我一大早就来到 52 栋时，母亲并没有什么特别的反应。

我将厚厚一摞《广丰民谣》书稿往桌上一放："嬷，今天我在这待一天，改书稿！"

母亲听说我要在 52 栋待上一整天，显得无比欢喜，她拉住老爹说："老个，鹰今天在这里写文章，一整天都待在这里！"老爹自然欢喜得很，他说："真的？他今天没事啊？"我扬扬手中的书稿："有事啊，好多事呢！"母亲接着便张罗开了，而我，泡了一杯福建文友白荣敏寄来的福鼎老白茶，开始校对书稿。

我核校的书稿是《广丰民谣》。

广丰民谣是广丰声腔文化的主要表现形式，是广丰方言的艺术表现样式，是广丰五千年历史文化的结晶，是广丰人民长期集体创作的成果。随着社会发展和历史演变，广丰民谣几近流失趋于消亡。

在丰富多彩的广丰民谣中，最具有地域特征和艺术色彩的有四类：一是喝彩，二是谚语，三是山歌，四是龙船歌。我打小就听着广丰民谣长大的，很多民谣我不但会念，还会唱。小时玩过家家的游戏，经常学着大人们的模样喝洞房彩。在田间放牛时喜欢哼唱山歌，尤其爱唱《十八对》。农历四月以后，最爱跟在肩扛龙船头腰挂龙船鼓高唱爬船歌的"打家"们后面瞎起哄，人家唱"殃——消——么——噢，消——殃——灾——噢"，我们非唱成"杨——小——妹——啊，发——洋——财——啊！"气得"打家"们到处追赶我们。每到夏夜，就围着叼着长烟筒的顺义伯，听他讲谚语，直到迷迷糊糊地伏在爹爹的膝盖上昏沉沉地睡去。我那时不知这些叫民谣，就知道好玩，确实好玩。

没想到，这些民谣居然像老家风底垅里的"草皮筋"（一种顽草）一样顽皮，从此在我心底里植根疯长。我呢，从上高中时起就有意无意地记录了一些我认为好玩的民谣，那是无意识的选录。上大学时，我念的中文系，开始接触民俗文化，才幡然省悟，原来自己从小到大玩闹嬉戏的这些玩意居然是"声腔文化"的文学表现样式，是广丰的祖先们几千年集体创作的结晶。一旦明白了这一点，我立马产生了紧迫感和责任感。因为，我清楚地知道，这些宝贝正悄悄地消失于现代生活的改变之中，正慢慢地湮没于现代文明的冲击之中，而熟知这些宝贝的老人们也一个个的正在减少。因此，我得抢救它们，于是，便有了20年的漫长追踪。为此，我曾经骑个破自行车，踏遍了数百个村落访问了上百位老人，我曾跪在病危的老人床前，从其一张一翕的唇齿间录下了其他地方没有听过的洞房喝彩词；我曾蹲在九旬老人的膝前陪着他一起抽着"紫老红"，在缭绕的烟雾中记下了大量的谚语；我曾在偏僻的山村，与八旬老人共睡一床，跟着老人学唱那美妙的山歌……这些老人，现在都过世了，我曾经到有些老人的坟前吊唁过，他们的坟头已经绿草青青，而他们传授给我的民谣已植根于我心底。

现在，我把自己这些年所收集到的广丰民谣汇集成册、编纂成书，就是手上这本准备交由江西人民出版社出版的《广丰民谣》校对稿。去年，建设丰溪河北岸光阴文化长廊时，我已经选取了很多广丰民谣镌刻在河岸的花岗岩护栏板上了，广丰人民对这些民谣产生了极大的兴趣，现在，我把这些民谣汇总成一本书，让广丰这些古老的宝贝能够传播得更广一些，更远一些。

在我修改书稿的过程中，母亲从不打扰我，但在我歇息或者方便时，母亲就会给我倒开水，会叫我"多歇一会"，会询问我"又写什么书了"，我跟她说是《广丰民谣》。她不明白什么是广丰民谣，我就跟她说："民谣就是民间传唱的那些歌谣，其实你都会的，比如说，竖屋和洞房时的喝彩，端午节的爬船歌，顺义伯在世时常说的农谚，还有我们小时候你教我们唱的那些山歌、采茶歌、长工歌等等，说白了就是我们广丰人所谓的'老古曰'，明白吗？"母亲非常惊讶："这些东西你也能写成文章啊？"我说："当然，可别小看了这些东西，可都是宝贝呢！"母亲啧啧称奇，她走到老爹身边，以发布新闻一般的语气告诉老爹："老个，你说好玩吧，鹰说我们广丰的'老古曰'是个宝贝，把它们都写进书里去了！"说了两遍老爹才听清楚，老爹也表示出好奇："是吗？还有这样的事啊？"

我忽然对母亲说："嬷，你生了七个孩子，十月怀胎了七次，我这书里还收有十月怀胎的歌谣呢，我念你听听吧！"母亲说："我小的时候听长辈唱过《十月怀胎歌》，可是我唱不来，多少年没人唱了，没想到你倒收集起来了！"我说："这《十月怀胎歌》可长了，你煤气灶上有没有炖东西啊，可别忘记关火啊！"母亲连忙关掉了煤气："这个骨头汤等下再炖，你现在讲吧！"我于是用广丰腔将一曲《十月怀胎歌》念了一遍，具体内容如下——

《十月怀胎歌》

一月怀胎在娘身，无声无影更无心。

犹如水上浮萍飘，不知生根有生根。
二月怀胎在娘身，一天到晚朦沉沉。
口中不言心中想，孩儿在腹唯娘知。
三月怀胎在娘身，神志昏昏懒动身。
茶不思来饭不想，想吃桃李不敢声。
四月怀胎在娘身，儿在母腹渐渐成。
我娘全身不舒服，面黄肌瘦不像人。
五月怀胎在娘身，儿在母腹已成人。
阴阳造化分男女，哐娘血水娘痛心。
六月怀胎在娘身，四肢无力路难行。
儿女哪知娘辛苦，一个身躯两个人。
七月怀胎在娘身，娘不串门屋里躲。
东家请娘娘不去，西家请娘娘不走。
八月怀胎在娘身，日间黄昏都担心。
临盆时间越接近，心中祈神越起劲。
九月怀胎在娘身，还有几天算得清。
是男是女无所谓，平安生产最放心。
十月怀胎在娘身，娘在房中嚎出声。
疼痛一阵又一阵，痛得我娘脸煞青。
牙齿咬断青丝发，一骹蹬破棉花被。
生儿真是不容易，阴曹地府走一回。
临盆哇哇哭一声，我娘昏昏也听真。
父母恩情比海深，一生一世还不清。

念到最后一句时，我已经控制不住自己的情绪，眼眶已经发紧，我拿书挡住了脸。面对坐在我面前承受过七次分娩之疼的母亲，我能给她的报答就是在母亲节这天把这曲《十月怀胎歌》轻轻地念给她听。

待我移开书稿，朝母亲看去时，才发现，母亲已经泣不成声！

第 35 章　陪爹娘看龙船

2014 年 5 月 31 日（农历五月初三）星期六

中饭后，我来到 52 栋。

二老在楼下送客，原来是表哥来给他们送粽子。我到的时候，表哥刚刚上车离去，母亲摇晃着的手还没有放下来，见到我，母亲不无遗憾地说："你要是早两分钟到，就见到他们了！你姑姑也真是有心，每年端午都要送来粽子、猪脚和鸡蛋！还怕你爹没牙齿咬不动，那猪脚和粽子煮得可烂了！小姑煮的粽子不放苏打片，用山上挖的黄金根煮的，松黄松黄、喷香喷香的，快上去尝一个，还热着呢！"

粽子果然还有余温，尽管裹着厚厚的大箬竹叶，但香味仍然从粽子的棱角处渗漏出来，伴随着丝丝热气，弥漫得满屋都是。估计姑姑昨晚在煤炉上煮了一夜，早上起的锅。这些粽子包得有角有棱，一律小孩的拳头一般大小，包扎线不是麻线，而是棕丝，一般粗细的棕丝，打的都是活结，像个一端封闭一端开口的 8 字，封闭一端是个很有美感的椭圆形蝶翼，开口的一端是两根线头，整齐的线头，显然用剪刀修剪过。这些粽子让我想起很多旧事，儿时的旧事，童年的趣事。

"好吃不好吃啊？香不香啊？"我一个粽子还没吃完，母亲便问过五六遍了，我只能不断地点头，直到吃完最后一口，候在身边的母亲把包粽的竹叶接过，折起，再放进垃圾篓里，这时我才腾出嘴巴，咂咂嘴，连声说："好吃，好吃，好香，好香！我的老嬷哎，我在吃东西，你问那么多遍干什么啊？不怕我噎住喉咙啊？你说，能不好吃吗？80多岁的姑姑亲手给亲哥哥、亲嫂嫂包的粽子，能不好吃吗？"母亲歉意地笑笑："没想那么多呢！"她一边说，一边将一个剥开了箬竹叶的粽子递给爹爹："老个，吃吧，你福气好，快90岁的人了还有亲妹妹给你包粽子，多少吃一点吧，吃不完放那，我会吃的。"

吃完粽子后，我往沙发上一坐："嬢，去年，我是清明、端午、七月半，每个节都不在广丰过，没陪你们了，今年不错吧，清明节没外出，上祖坟扫墓了；后天就是端午，我也不准备外出，陪你们好好过节！"母亲欢喜地说："真的吗？不出去了？"我说："不出去了！"母亲马上跟老爹说："老个，鹰说今天年端午不出去了，在家陪你！"爹爹笑逐颜开地说："真的？好啊！"我接过话："三点钟，我带你们去河滨公园，看龙船。"母亲说："没到端午呢，今天就去看啊？"我说："是啊，就是今天啊！你瞧，这龙船五月初一就下河了，今天初三，河面上已经有几十只船了，他们天天比赛，锣鼓喧天，可热闹了。今天又是星期六，我有空，正好陪你们去看下，到后天端午，我得维持街上的秩序啊，再说，后天端午，老家不是有人要来城里看龙船吗？你不是要烧饭他们吃吗？也没空出来啊，所以，就是今天下午，我陪你们去看龙船！"

母亲忽然说："是啊，我差点忘记了，我正月就答应过冬彩、凤香、美彩她们，邀她们今年来看龙船的，晚上记得提醒我，我给她们打个电话！"然后把我刚才说的一番话，不厌其烦地转述给老爹听，老爹耳聋，她就重复了一遍，部分地方重复了三四遍，老爹终于明白了意思，倏地站了起来："那去啊，看龙船去！快走啊！"哈哈，老爹居然童心大发，想看龙船的兴致跟我小时一样浓烈。我记得我小时，爹爹说："鹰，今年端午爹带你去城里看龙船！"我立马就说："那走啊，快点走啊！去看龙船啊！"爹爹说："还有10多天才到端午呢！"现在，爹爹听说我要带他去看龙船，也不管是不是端午节，就激动得站起来要走。可是，现在一是时间尚早，才中午一点，划

第35章　陪爹娘看龙船

龙船的人要酒足饭饱、过足烟瘾、稍事小憩之后,才会端起船桨推船入河,起码也得两点钟以后,下水后还得在河面上来来回回的晃荡一阵子,吆喝一阵子,比划一阵子,虚张声势一阵子,务必要引得河的两岸站满了人,才会地选择比赛的对象,或两船比拼,或三船并肩,或多船齐飞,那才是真正的龙船赛,才真正好看,而时间大约在三点钟左右,现在去,确实太早了。二是炎热,这天,像个闷葫芦,闷热至极,在家里开了空调不觉得热,一走出大门立马就是一身大汗,要是现在就去河边,二老还不得中暑啊!所以,我对老爹说:"不急,现在太早,等三点钟龙船开赛咱们再去,现在去就是晒泥鳅干!"然后把电视打开,调了个手撕鬼子的抗日神剧,说:

"先看下打鬼子的戏，到时候了我会叫你！"老爹很是温顺地坐在沙发上，认认真真地看电视了。

三点，我们准备出发了。52栋到河边并不远，才几百米的距离，我打算走路去。我拿了两把雨伞，母亲一把，我和老爹共一把，老爹不肯，他要跟母亲共一把，母亲不肯，嫌老爹走得太慢，我又拿了一把伞，说："别争了，一人一把！"于是三人出了卧龙城小区，朝河边走去。才走到邮政局附近，便听到了密集的锣鼓声，母亲加快了脚步，老爹跟不上，气喘吁吁地说："我说来晚了吧，听这鼓声，龙船都开赛了！"我大喊："嬷，走慢点，河边人太多，可不要走散了！"母亲回头说："好你个老头子，平时会跟得很，我走到哪你不是跟到哪吗？怎么今天跟不动了？"老爹说："又不是一点点路！"话虽这么说，母亲终究还是放慢了脚步，不多久就到了河边，我找到一棵绿茵茵的柳树，让二老坐在树池边缘的石板上，有浓浓的柳荫可以遮阳，可是二老坐不住，说看不清楚，非得挤到河边，扶着栏杆，这样才能一目了然。我只好依着他们，但要求他们打着伞，防止中暑。

沿河路有不少移动商贩，卖冷饮的居多，我买了两支雪糕，给二老送去，老爹正转动着脑袋、翕动着嘴唇细数河上有几只龙船，可他数不准，因为这船漂来漂去，更时不时地钻出一只新的来，害得老爹怎么也算不清楚，他最后说："不是28只就是29只！"母亲问："到底是28只还是29只啊？你怎么几只爬船都算不准啊？"老爹不服气地说："这船又不是死的，它们会动的啊，东一下西一下的，你有本事数数看！"我将雪糕递给他们，劝说道："别吵了！别吵了！吃雪糕！"二老停止了争论，我忽然想起龙船歌里有一首叫作《十三只歌》，便说："13只，总共13只龙船。"母亲说："不对啊，河上那么多船，怎么也不止13只啊！"我说："有一首叫《十三只歌》的龙船歌，你们要听吗？"二老齐声说："要听，要听！"我便打开手机，翻到《广丰民谣》文本，找到了这曲《十三只歌》，一字一句地念给二老听，内容如下——

《十三只歌》

还有一只无出处，绕乡爬坞爬船家。
还有一只无出处，东岳山上受香烟。
还有一只无出处，弯弯曲曲打鱼船。
还有一只无出处，王孙公子游湖船。
还有一只无出处，东南西北收货船。
还有一只无出处，景德镇上载碗船。
还有一只无出处，九江府上载渔船。
还有一只无出处，江西河口载茶船。
还有一只无出处，饶州府上载饼船。
还有一只无出处，孔明借木造战船。
还有一只无出处，洛阳造桥打菜船。
还有一只无出处，水头水尾造渡船。
还有一只无出处，端午时节做爬船。
只只爬船有出处，南潭塔底赛龙船。
十三爬船十三只，只只都有好出处。
丰溪河上排成龙，南潭塔底显英雄。

老爹颇为迷惑地说："这么说，真的就13只爬船了，可是，可是，这河里明明就有28只啊！"我说："这《十三只歌》是古代人编的，古代人穷，打造一只爬船要费很多钱财，能有十三只爬船已经很多了。现在人富，沿河的村子都有爬船，要是到了后天端午节，这河里的爬船一定不少于50只呢！"母亲说："你不是收集了很多龙船歌吗？"我说："是的，我把龙船歌都刻在河对岸的花岗岩护栏板上了，你瞧，对岸的人可以一边念龙船歌一边看赛龙船，可过瘾了！"母亲很是羡慕地看了看河对岸，我知道母亲想过去看，便说："别看就在对岸，绕起来可远了，这天太热，咱不去了，要听龙船歌，我念给你听便是，都存在我手机里呢！"接着我又给二老诵念了一首说龙船来源的《爬船歌》，如下——

《爬船歌》

说起爬船有根源，屈原投江造爬船。
爬船原是楚人造，楚人造船祭屈原。
选用殿前沉香木，万丈桠枝直上天。
仙人睃过不敢砍，大风吹到镇九天。
前去青州请木匠，请来鲁班做船梁。
鲁班先师排船底，张良后到造船墙。
造船先师请且退，密缝师傅降来临。
先将麻来密缝根，后将石灰涂缝平。
密缝先师请且退，彩画先师降来临。
前头彩画双狮子，后头彩画双龙凤。
左边彩画龙戏水，右边彩画月和星。
彩画先师请且退，爬船弟子尽来临。
前头打鼓张元伯，后头把樵李艄公。
爬了龙船应时节，保佑弟子代代发。
五月五日端午节，龙船锣鼓闹喧天。
家家户户包粽子，男女老少睃龙船。

二老听得津津有味，一时间，连河里的龙船比赛也忘记看了，直到锣声越来越响，鼓点越来越密，才又朝河里看去，跟着周边的人一起大喊："加油！加油！"

二老的兴致很浓，直到五点，河里的龙船数量越来越少，直到有龙船在我们附近一个埠头上岸，二老才想起要回家了。于是，我收起阳伞，左手扶着老嬷，右手搀着老爹，慢悠悠地、慢悠悠地朝52栋走去。

第36章　陪老爹过父亲节

2014年6月15日（农历五月十八）星期日

从昨天，不，从前几天开始，微信里就出现了各种各样的关于父亲节的内容——父亲节的来历、资讯、故事、礼物、祝语、习俗、活动——大量跟父亲有关的信息不断刷屏，有父亲的、没父亲的、做儿子的、做父亲的，全都跑到朋友圈里晒自己孝老的故事和被孝敬的场景，让人觉得这世间充满了孝道与温情，暖心至极。

今天一大早，我就收到了许多祝福短信，其中有一条对我触动很大，大意为：感谢你的父亲把你带到这个世上，培养了你，又有幸让我们相识相知，而今，你又成了父亲，祝你和你的父亲父亲节快乐！这条短信让我坐不住了，我来到儿子的房间，儿子正在熟睡，我慢慢地俯下身子，在儿子的脸颊上轻轻地亲了一下，我对熟睡中的儿子说："儿子，你已慢慢长大，而爸爸的爸爸慢慢变老了，爸爸今天不陪你了，要去陪自己的爸爸了。今天是父亲节，也祝你这个未来的父亲节日快乐！"接着，我跟正洗衣服的妻子招呼了一声，就往52栋去了。

还没进门，就听到母亲在大声斥责老爹："没见过你这样顽固的老头，这烟比饭还重要啊？你就不能少抽点啊？你看这衣服，没一件好的，哪一件没有几个洞啊？你真要气死我的啊！唉！真是上辈子欠了你的！"我一脚踩进门："嬷！爹上辈子欠了你多少钱啊？这辈子没还完叫他下辈子接着还！"母亲见到我，一下子找到了倾诉的对象，她手中拿着一件白色的汗衫，从阳台快步来到客厅，把汗

祖孙俩

衫举至我眼前："鹰，你看看，你看看！你爹，一天不知道要抽多少支烟，你说抽就抽呗，他还躲着藏着，我说声你怎么又抽烟了，他就把烟往身后藏，硬说没抽，怎么没抽呢，这烟都冒出来了，藏得住吗？你看这衣服，没一件好的，都是洞，看看这件，新的，前两天刚买的，崭新的，你看，两个洞，烟烧的！你说气人吧！"我说："气人！真是太气人了，这老头这么老了还抽烟玩火，把衣服都烧了！我们让他整天穿破烂衣服吧！"母亲迟疑了一下："那，那，那出门做客还是要穿好一点的吧，不然人家会笑话的。"我说："怕什么啊？人家笑他，又没笑你！他丢人，你又不会丢人！"母亲说："他耳朵聋，听不见，怕什么丢人啊？才不怕别人嘲笑呢！难堪的还不是我啊！"母亲说话间气也消了不少，最后带着一点点余怒回到阳台继续晾衣服去了。

再看老爹，他佝偻着背和腰站在沙发边上，右手夹着半支掐灭了火星的香烟，像个犯了错的孩子，不自然地讪笑着，一副等候发落的样子。这景象让我想起了旧事——我儿时，伙同小伙伴们搅浑了衰古董的鱼塘、毒布谷鸟时毒翻了老全娘的母鸡、放牛时贪玩五子棋让老黄牛啃光了老五叔的庄稼。结果呢，就像老爹现在这样，挨了母亲一顿责骂后缩着头、苦着一张苦瓜脸，不自然地站在那里等候发落。

我走过去将老爹揽在怀里，俯身在他耳边大声说："让你少抽烟，是为了你的健康，想让你多活几年，活到100岁，不是不让你抽，你以后抽烟不要躲着，不要放到背后，就不会烧坏衣服了！"我把他手中半根香烟抠了出来，塞进他嘴里，又从茶几上拿起打火机，给他点上火，然后说："你烟瘾重，要抽就抽完一根，以后别掐灭了，你看，手指头都弄黑了。"我又拿起一张纸巾给他擦了擦，可是老爹的手指头极其粗糙，裂隙多而且深，他的指甲已经硬质化，我很难把黑色的烟灰从裂隙中擦净，反而把硬指甲涂得一片漆黑，于是放弃了干擦，把他带到水池边上水洗，没想到老爹手一甩："我自己洗！"母亲赶了过来，一把捉住老爹的手，拧开了水龙头，她边洗边说："你除了抽烟还会什么？一张脸都要我帮你洗，你过一下水就能洗掉烟灰了？不用洗洁精你洗得干净吗？"

洗完手后，母亲问："你今天没事啊？"我说："没有啊！"母亲说："你要是没事，带你爹去剃个头吧，顺便买几支药膏，他的腿脚又裂口了，药膏用完了！"理发店就在小区里。九点，我和母亲带着老爹来到理发店，母亲找到一张不会四向转动的椅子让老爹坐下，然后大声说："老个，你坐在这里等一下，鹰在这里陪你，我去超市买点菜！"听说母亲要走，老爹赶紧站了起来，一副要跟着走的样子。母亲佯装生气："跟什么跟啊？走到哪都要跟？我就买点青菜、豆腐，很快就回来的，又不是回老家，或者去庙里，你说跟着就跟着！"老爹硬是不肯坐下，他甚至用手抓住了母亲的衣袖，理发师转过身来说："老爷爷，你坐下啊，我这个头很快就好了，马上给你剃啊！"这个时候，老爹一律听不见，他耳聋，这回是真聋！母亲无奈地说："鹰，你爹现在完全变成小孩了，一下都离不得我，无论到哪他都得跟着！"我说："嬷，反正马上就轮到了，爹又没几根头发，十分钟就剃好的，干脆等他剃完了，我们一起去超市买菜吧！我看隔壁有家诊所，我们先去买支药膏吧！"母亲回头跟老爹说："算了，等你剃好头发再去买菜，你好好坐着，我们到隔壁买支药膏，给你搽脚的药膏！"母亲边说边比画，生怕老爹听不清楚，可是，这回顺风，老爹听清楚了。

当我们从隔壁诊所买了药膏回到理发店时，前后不过五分钟吧，却见老爹已经离开座位，他背着手、佝偻着腰站在门口，脑袋往外探，风把他的稀稀拉拉的白发吹得散乱至极，老爹准是怕我们走远了。我忽然心有所动——儿时，母亲挑了番薯去廿四都赶墟，我从中饭后就坐在门槛上盼着母亲回来，直到太阳西沉，母亲才会出现在我模糊的泪光中，那神情就像这时候的爹爹，眼里满满都是等待、焦虑和希冀！

理好头发、买好菜回到52栋时，已经十点半。母亲说："老个，上午没空给你搽药膏了，我得先洗菜烧饭了！"我说："我帮他搽！"母亲说："别别别，他腿脚开裂，有些地方已经破皮烂开了，要用温水清洗，擦干后才能上药，很麻烦的，还脏！"我说："有什么麻烦啊？比我当城管局长管个城市还麻烦吗？比我们市政工人清理护城河臭水沟还脏吗？总共分三步对不对，一洗脚，二擦脚，三抹药，还不简单啊？"母亲被我说笑了，也就由我了。但是说起来容易做起来难，我花了整整四十分钟总算完成了我以为简单的三个步骤，倒不是我的手笨拙，而是因为老爹耳聋，他不听指挥，你让他左，他要么听错了向右，要么没听见动也不动；你让他右，他要么没听见动也不动，要么听错了向左，有时叫他三五遍都没反应，只好凭着力气，生生将他抱着扭过身来。唉！原本以为就是洗个脚、搽个药膏的小活，却把我弄出了一身汗，大汗！忽然之间，对母亲起了无限的钦佩与敬意——能把这样一个老头侍弄好，确实太不简单了！

第 37 章　跟母亲讲葛源的故事

2014 年 7 月 19 日（农历六月廿三）星期六

　　夏天天黑得晚，我在横峰县葛源镇用过晚餐后才动身的，到 52 栋时天才擦黑。母亲拉着老爹的手在楼下转圈圈，我对着他俩抖了抖手中的大袋子，是横峰特产"芋头糖"，我喊一声："上去吧，吃芋头糖！"然后去扶老爹，老爹跟往常一样甩开了我的手，他要自己走。

　　母亲并不知道有横峰这么一个地方，更不知道葛源了。她好奇地问我："这横峰是哪里啊？这名字有点怪啊，我们这里有大峰、小峰、上加峰、江上峰、东山峰，它怎么叫横峰啊？横着来的吗？"我向母亲伸出大拇指说："我的老嬷，你可有才了，你怎么知道这横峰是横着来的啊？"母亲放下蒲扇，有点意外又有点兴奋地说："怎么？真是横着来的啊？"我说："是啊！我们上饶境内大多数山峰都是东西走向的，可这横峰县城有座山，名叫岑山，它的主峰偏偏南北走向，横着来，于是就叫作横峰了！古时候，那里建有很多窑厂，统一叫作横峰窑。400 多年前，那里建了个县，叫作兴安县，对了，这个芋头糖原名叫作兴安酥，但因为它形状像芋头，所以土话又叫芋头糖。后来，发现广西那边有个县也叫兴安县，于是就改名了，可是改来改去还是觉得那座横着的山峰好看，干脆叫就作横峰县了。"

　　母亲的笑点不高，因为横峰这个名字的来历，她着着实实地笑了好一阵子，然后问我："横峰好玩吗？"我回道："我上午在横峰县城开讲座，没时间玩，下午就去葛源了！"母亲好奇心又起："这葛源又是哪里啊？好玩吗？"我张开嘴，想了想又闭上了。母亲追问："怎么了？怎么不讲了？"我不是不讲，我只是没想好怎么讲，因为听我讲葛源的对象是我母亲，我当然不能像对其他人那样介绍葛源了，要是对其他人，我肯定会这样讲：葛源是横峰县下辖一个镇，那里有个葛源盆地，曾经是中共闽浙赣省委、省苏维埃、省军区司令部所在地，是以方志敏同志为首的老一辈无产阶级革命家开创的赣东北革命根据地政治、军事、军事和文化中心，现在已经成为全国著名的爱国主义教育基地和红色旅游经典景区。但是，现在听介绍的是我母亲哎，我要是这样讲，她能听明白吗？所以，我得换个说法，我不但要让母亲听得明白，还要让她听得高兴，不然，她和老爹天天在这 52 栋待着，不闷坏了才怪呢，于是，我理了理思绪，然后讲开了。

我先问母亲："铅山的葛仙山你不是常去礼拜的吗？"母亲有点愕然："是啊？怎么了？葛仙山的葛仙翁可神了！以前常去，现在老了，爬不动，那山啊，真高！"我说："对了，这横峰县的葛源啊，就跟这葛仙翁有关。"母亲听说葛源跟她心中的大神葛仙翁有关，立马来劲，她迫不及待地催我："快说啊，怎么就跟葛仙翁有关了？"我说："你拜的葛仙翁其实名叫葛玄，这个人是三国时代的人，就是说跟关公、张飞他们差不多年纪，1800 多岁了，那时候，还没有铅山县，也没有横峰县，我们广丰县也没有，这几个县的地盘当时都归弋阳县管，噢，当时不叫弋阳县，叫葛阳县。这个葛玄葛仙翁本来是南京那边的人，不知怎么的就跑到葛阳县来修道炼丹了，他在葛阳县城外一条名叫葛溪的河边上生活了七年，这条河现在也叫葛溪，那一片地方现在就叫葛溪乡。这个葛玄啊，他经常沿着葛溪采药，走啊走，就走到溪的源头了。说来也怪，这葛溪的源头长满了野葛，葛玄一高兴，心想自己姓葛，这溪也姓葛，这源头还长满了野葛，干脆就把这地叫作葛源吧。后来葛玄跑到武夷山深处的一座高峰上修道成了仙，人们就在山上修建了宫观供奉他，并尊称他为葛仙翁，这座山就是你常去的葛仙山。后来葛源成为横峰县的地方，葛仙山成为铅山县的地方，而葛溪仍然归属葛阳县。所以，我说这葛源跟葛仙翁有关，没骗你吧！"

母亲没有回答我，她张着嘴巴，凝神不动，似乎还在回味我刚才那一大段弯弯绕的话。大约过了三分钟才回过神来："原来是这样啊！原来葛仙翁俗家有名叫葛玄啊？"末了补一句："鹰，你懂得真多！"我嘿嘿一笑："谢谢老嬷夸奖啊！"母亲弄明白了她一直礼拜的葛仙翁的姓名和成仙过程，似乎很是满足，她一转身就将这一切转述给了老爹，然后感叹说："爬了一辈子葛仙山，拜了一辈子葛仙翁，到现在才知道葛仙翁的真名实姓。还好生了个小儿子，不然到死都糊涂着！"

母亲今晚的好奇心并没有就此结束，她接着又问我了："那葛源除了葛仙翁，还有别的故事吗？"我本想讲红色根据地的事，但想了想还是没讲，忽然想起葛源望火楼的故事，就讲给母亲听了。

话说宋朝时，曾经出任过长沙府尹的葛源人郑元在葛源南市街上建了一幢楼，这幢楼要高出当时的民房许多。原来郑元乃穷困出身，深知穷人疾苦，他每日中晚两餐饭前或派人或亲自登临楼上，看到谁家房顶没有冒烟便知谁家缺粮断炊了，即提着米粮前去接济。人们把这幢楼亲切地称为"望火楼"。除郑元外，越来越多的人登上了望火楼，尤其在寒冬腊月大雪纷飞的日子，登楼的人更是络绎不绝。后来，望火楼倒了，另外一个名叫周公倚的葛源人重建了望火楼。明朝一个名叫刘宗福的葛源人不但重建了望火楼，还将子孙全部集中到在望火楼下聚居，并取名为"楼底"，祖祖辈辈做善事。

我知道这个故事母亲爱听，母亲做了一辈子善事，她对这个故事一定会有感应的。果然，母亲听后很久没有说话，我知道她肯定在回忆她以前做过的那些善事了。良久，母亲才缓缓地说："这修心积德做善事，难就难在长长如是啊！这个好比吃斋念佛，吃一两天斋是容易的，吃一两年就难了，吃一辈子就更难了。念佛也是，念几声阿弥陀佛谁都会，可让你天天念试试看，保准坚持不了几天！这么看来，葛源这个地方真算是个有善根的地方了！有道心，有佛性，还有人情！这个望火楼可不简单！传了千百年了！难哪！不容易啊！"母亲的话让我想起那句名言：做一件好事容易，做一辈子好事难！

接着，母亲颇有点自责地说："嗯！现在老了，不中用了，自己都是个累赘了，更谈不上帮助别人了！"我刚想说点什么安慰一下母亲，却见母亲指指老爹："不过，还有比我更没用的人，你看你爹，除了抽烟就是看电视，除了看电视就是抽烟，其他什么都不会！幸好有我，不然都要苦死他！"我立刻接过话头："你年纪轻时有能力帮助别人，做多了善事，有善报的，你和老爹才能同时活得这么老，还这么健康。现在年纪大了，你还在做善事啊，你陪伴老爹，服侍他，照顾他，给我们减轻了负担，就是在帮助我们，就是在做善事啊！"

母亲笑得一脸灿烂："这个也算啊？"

第 38 章　我的生日和母亲的祈愿

2014 年 8 月 4 日（农历七月初九）星期一

下午临下班时，我和纪师傅到东街几条里弄的下水道修复工地上转了一圈，然后往 52 栋奔去，还没到 52 栋楼下，就看见父母亲手拉着手在小区广场边上的葡萄架下慢慢地移动。我对纪师傅说："停停停，你看，我家两个老人谈恋爱了，你瞧他们，这手拉得好吗？我在这里下车，今晚我在这里写点东西，晚上就不看路灯了！"然后，我下了车，悄悄走到二老身后，我耐着性子，跟二老整整绕了一圈，二老居然没有发现我。

我脚酸了，就在花坛边上找到一处干净的石板坐下，没想到二老连续转了两圈，都没把我放在眼里。哎，明明从我身前走过的，怎么就不看我不理我呢？我都有点生气了——难道连自己的儿子都不认识了吗？待他们又一圈转到我身前时，我故意咳嗽了几声，可是他们似乎没听见，照例没看我一眼，照例没有理睬我。我实在忍不住了，就冲上去大喊几声："喂喂喂！喂喂喂！"母亲被我的大嗓门吓着了，转过身一边跺脚一边往地上连续"呸"了三声："呸弗吓！呸弗吓！呸弗吓！"待发现是我，母亲颇有点气急，她严肃地说："鹰哎！往后不能这样吓人了，人吓人，会吓死人的，知道吗？"我知道母亲又要举一大堆她经常举的人被人吓出毛病的例子了，于是接过话头："知道了——人吓人，冇药医，吓出心病命归西。我坐在这里好久了，以为你们看见我了，才大声音的，没想到你们真没看见我啊？"母亲说："哪里看见了，我一直在念经呢！没有注意你啊！

你什么时候到的啊,我跟你爹一直在这转圈圈,就是在等你回来吃鸡蛋呢!"说到这里,母亲忽然想起什么,大喊一声:"哎哟!锅要烧焦了!"说完一甩老爹的手,火急火燎地冲向52栋,老爹被甩了个趔趄,莫名其妙地愣在那里,他全然不知道发生了什么事。我也目瞪口呆地看着母亲匆匆而去的身影,但我忽然间兴奋了起来——瞧母亲急速的步伐和矫健的身影,哪里像个80多岁的老人啊!

我扶老爹回屋,可老爹甩开了我的手,他照例抛出那句话:"我又没老,自己走!"我说:"好好好!你还很年轻,还很厉害!自己走!"不一会,就到了家门口,还没进屋就听见母亲的声音:"幸好水放的多,再晚几分钟回来,就要煮干了!"我一进门,就见桌上放着满满一大碗热气腾腾的炖鸡蛋,晶莹的蛋白已经连结成一个完整的晶体覆盖着整个碗面,像个结着坚冰的池塘;池塘中间有四个弧圈稍稍凸起,看得出,是四个鸡蛋黄,再看碗面已经快与碗边相齐了,所以,这蛋白晶体的下面一定内容丰富大有讲究,不是桂圆就是红枣。根据我的经验,只是在有贵客或重大事情发生时,母亲才会摆弄这种炖鸡蛋,而且要加桂圆、红枣,但无论是多么尊贵的客人,最多也就是三个蛋,可是今天怎么就四个蛋了呢?

我正纳闷着,母亲又嚷嚷开了:"鹰,快点,趁热吃!"我吃惊不小:"怎么?给我吃的?"母亲说:"是啊,你吃的,早上我打电话给你,叫你晚上来一趟,就是让你来吃鸡蛋的啊!"没等我问,母亲又自顾自地说开了:"今天七月初九,你生日,本来想回老家请下祖宗拜下太公的,你又那么忙,想想就算了,我在太阳底下对着老家的方向念了几遍《金刚经》,算是谢过祖上恩德了。快吃吧,吃了圆圆蛋,全家蛋蛋圆(广丰方言,团团,音蛋蛋)!"我忽地生出一种泪奔的感觉,当然,很快就控制住了。我走到厨房,拿出一小碗,轻轻地用筷子在蛋白晶体上划了一个十字,将四个鸡蛋分了开来,将其中两个夹到另一个碗里。移走两个鸡蛋后,碗里果然露出了很多红枣,汤水也因此变成了酱红色,我又拿来一个勺子,将酱红色的汤汁舀了一部分过去。然后，我把老爹拉来，让他坐下，并把小碗推到他面前，做一个吃的手势，示意他吃蛋。老爹抬头看了一眼母亲，见母亲摇头，他说："你生日，你吃的！"我说："哎哟！你现在真像个小孩了，老嬷没点头，你都不敢吃了？"我又转头对母亲说："我的老嬷，你家教很严嘛，你摇头老爹就不敢吃。我血脂高，真的不能吃太多蛋黄的，你就点个头，让爹一起吃！大家吃，才能蛋蛋圆啊！"母亲说："我又没让他不吃，是他自己不吃好不好？"母亲说着朝老爹抬了抬手，老爹就拿起了筷子。我摇摇头，嘿嘿一笑，也拿起了筷子。母亲说："红枣有骨头，别给他吃！"

不到五分钟，我便吃完了两个鸡蛋和所有的红枣，再看老爹，还有一个鸡蛋在碗里打圈圈，老爹的筷子怎么也奈何不了它，我将筷子伸过去，三下两下就将鸡蛋逮住并戳了开来，然后敲敲他的碗："你不是没老吗？怎么就逮不住一个鸡蛋呢？"老爹憨憨地笑笑："鸡子太滑了！"

这边的饱嗝还没打出来，母亲又从厨房里端出四盘菜，猪脚、豆腐、白玉豆、青菜。我说："我的老嬷，伙食不错啊！可是，我和老爹几个鸡蛋下去了，你觉得我们还能吃得下去吗？"母亲说："那不行，好歹也得吃碗饭填填腹！"结果，我和老爹在母亲的严厉监督下，一人吃了一碗饭，饭是母亲亲自盛的，显然是压过的，可严实着呢！母亲还在我和老爹的碗里堆了两大块从猪脚里剔出来的瘦肉，一直看着我俩，严格地说是看着我吃完了饭和瘦肉，才心满意足地笑了！老天，我可撑坏了啊！

接着，母亲开始在灶间抹洗刮刷，老爹则坐在阳台上例行他的饭后一根烟，而我，捂着肚子歪歪斜斜地靠在沙发上。我忽然想起一个关于饭吃得太饱的笑话，忍不住就笑了起来。母亲看我一个人傻笑，马上走过来把手放我额头上，问我怎么了。我说想起了一个笑话，母亲要我讲她听听，我就讲开了——说粮食紧张的年代，有一对父子从未吃过饱饭，有一年丰收，家里破天荒煮了一大锅粥，父子俩一人喝了五大碗。儿子因为吃得太饱，过门槛时居然抬不动脚，摔了个仰八叉。这时，父亲破口大骂，说："你这个败家子，粮食又不是多得发霉，吃不下了还死撑，不可以少吃点吗？"他站起来，没想到吃得太饱了，抬不动脚，只好坐下，继续说："老子要不是吃得太饱，抬不动脚了，要不，非得过去揍你一顿！"母亲听得哈哈大笑。我说："就像今天，我和老爹都吃得太饱了！"母亲忽发感叹："是啊！现在日子好过了，以前愁吃不饱，现在愁吃不下！这日子怎么就变得这么好了呢？还是共产党好啊！"母亲总是这样，每当感叹生活变迁，总是要发自内心地赞叹一番共产党的好，然后问我是不是共产党员，然后很自豪地说毛主席也是共产党员呢！而我，总会认真而又严肃地听她感叹完毕，这回当然也是如此了。

  母亲正感叹着，我忽然看到了电视新闻，说昨天傍晚发生的云南鲁甸地震已经死亡和失踪几百人了。我告诉母亲云南地震了，死几百人了，还有很多人埋在下面死活不知。母亲忽然间变了脸色，她呆了一下之后，就念起了"阿弥陀佛"。念了一会儿又问："那些埋在下面的人怎么样了，得赶紧去救啊，说不定还有的救呢？"我说："你就放心吧，你刚不是说共产党好吗？咱们共产党昨天第一时间就派部队前往救援了，已经救出一些了，还在救。这个你就别操心了啊，有我们呢！你还是好好念经吧！"母亲颇有点悲怆地退到一边，她口中念念有词，我侧着耳朵，算是听清了："老天和老佛啊，要保佑我们国泰民安哪！共产党这么好，上顺天意、下应民情，上天就应该减点灾祸啊，就应该风调雨顺啊！"我忽然大为感动，我觉得母亲的情怀与境界比我要高很多，就比如鲁甸地震这事，我是昨天就知道了，但我觉得震级不大就没太在意，而母亲，今天才知道，但她却不管灾情大小，只要关系到生命，她立马就会心急如焚，立马就为其担忧，立马就祈求上苍保佑。较之于母亲，我是不是应该感到惭愧呢？我是不是应该反省反省一下自己了呢？

第39章 帮助他人，快乐自己

2014年8月7日（农历七月十二）星期四

母亲来电问："晚上有空吗？有空来一下，说下七月半的事。"因此，才放下碗筷，我便往52栋去了。

二哥、三哥早就到了。

在我老家，重死大于重生，所以这个被称为"鬼节"的七月半就显得很是重要，礼数复杂，程序繁琐。因此，母亲一定会在节前几日就召集我们哥仨开个会，商议怎么回老家、什么时候回、要买多少香纸蜡烛、用什么祭品、烧多少花边、放多少野钱，等等。这一切，我们从小耳濡目染，早就滚瓜烂熟了，但是母亲仍然不放心，要再三交代，要反复叮嘱。

其实，在我到达之前，母亲已经跟两位哥哥商议妥当了，该交代的事也说过不止一遍了，但是，她仍然不厌其烦地跟我重复了一遍。而我呢，因为心思不在这里，所以也就听得心不在焉，任她怎么说，我都回说："好、好、好！"母亲有点奇怪地问："你今天怎么不反我了？以前你总要说什么祖宗已经投胎转世去了，不需要祭请了；说什么祖宗是不会饿死的，要是饿死了又变成什么呢？你今天怎么不反我了？"我说："哎！我的老嬷，不反你还不好啊？要我反你才高兴啊？"母亲忙说："那倒不是，只是，只是有点不习惯啊！"我说："我今天高兴，所以就不反你了。"听说我今天高兴，母亲立马脸色大开，显得比我还要高兴，她连续问我："什么好事啊？什么好事啊？那么高兴！"我说："我没有什么好事啊！"母亲追问："没什么好事，你高兴什么嘛？"我说："我自己真的没有什么好事值得高兴的，可是我做了好事，让别人高兴了，于是我也高兴。"母亲松了口气："是这样啊！"接着又好奇地问："那你说说看，你又做了什么好事了？"我说："先说哪件啊？"母亲吃惊地说："还不止一件啊？"转头对哥哥说："衰猴、亚光，都说我一辈子做善事，可我仔细数了数，鹰做的善事不会比我做的少，他真的帮助过很多很多的人呢！"说完又转向我："先说个大的，再说小的！"

我说："其实，大的有几件，不过这几件大点的善事都不是今天做的，是上半年做的。今年上半年，我们将老城区几条没硬化、没公厕、没下水通道的里弄列入了我们今年要实施的实事，花了不少钱将它们改造好了，现在下再大的雨，那里都不会水泄不通了，再也不会粪便横流了，再也不用叠着砖块石头进出里弄了，那里的居民很高兴，今天下午送来了感谢信，还有锦旗。来了十几位老人，一个个夸奖我，说我做了善事，好话说了几箩筐，说我能活120岁呢，办公室那个小毛主任告诉我，这几年，总共收到了40多封感谢信和锦旗，你们说，我该不该高兴一下？该不该偷偷得意一下？"母亲说："修桥铺路，栽花种树，从来都是最大的善事，你修了这么多的街道马路，还有这么多的下水管道，当然是大善事，大大的善事了，是该高兴高兴！老人的口旨很值钱的，他们说你长命百岁，这意念发的好，对你很有好处的。"

我接着说另外一件。这件事比较复杂，不是三言两语就能够讲清楚的，所以，我合计了一下，把这件事的前因后果一并说了。事情是这样的——

县里有个领导干部接访制度，我们单位因为信访案件比较多，所以我成了固定的陪同接访人员，意思是信访现场如有涉及我单位的信访案件或者就地解决或者现场作答或者带回去研究。前几天，对了，就是我生日那天，县委书记在信访局接访，我陪访，结果呢，陪了一上午，没我什么事，但是最后来了一位叫徐冬梅的中年妇女，带着两个女儿,一个14岁,一个7岁,一进接访室便往县委书记面前一跪,号啕大哭,求书记救救她的女儿。原来她的大女儿得了先天性心脏病,本来老早就要去做手术了,但前些年她老公得了肝癌,花光了家里所有的积蓄,死了,女儿的病就这样耽误了。现在女儿长大了,病情也愈加严重了,再不手术就危在旦夕了。可是,心脏更换手术的费用接近百万元啊,连生存都困难的徐冬梅又哪里能够负担得起呢?但是,她又怎么忍心看着女儿离开自己离开人世呢?思前想后,她做出了艰难的选择,来到了信访局,她要找县委书记。

她找的是县委书记,不是我,我也完全可以装作没有遇到过她,可以毫不犹豫地选择离开信访局,但是,冷漠无情地忽视那母女仨六只无助的近乎绝望但又充满希冀的眼睛,我却做不到。在徐冬梅痛哭涕零地拖着两个哭哭啼啼的女儿走出接访室后,我一直跟在后面,但我不知道如何安慰这种状态下的一个女人,我只告诉她,让她跟我去食堂吃饭,吃完饭我再了解下她的情况,给她写篇文章,发到微信朋友圈,或许能给她募集到一些资金也未可知。

就在我生日吃鸡蛋那天,我在这里连夜写了篇文章,叫《小佳慧的"心"事》,写了就发了微信,没想到,只一天时间,就引起了几千人的关注,好心人给她捐助了10多万元。我今天上午去了趟湖丰镇,将第一笔已经到账的捐款送了过去。虽然不能彻底解决小姑娘的问题,但总算可以顶上一阵子了。我看到徐冬梅母女的笑脸了,所以,我也很开心,特别开心。

听完我的叙述,母亲沉默了好久,然后抹了把眼泪,说:"可怜的人不少,但像这么可怜的人还是不多的,要不,我们也捐点吧!"我说:"我已经捐过了!今后她要是有需要,我还会再给点的。"母亲说:"好!你又做了件大好事,是该高兴高兴!"我说:"不管怎样,我仍然替小姑娘担着心,这种先天性的心脏病,就算换了心脏,存活率也是不高的!"母亲说:"要真是那样,也是没办法的事,那是命,抗不得,变不了啊!作为家人、朋友和其他好心人,也只能是尽尽人事而已,又能有什么办法?"我没法否定母亲唯心的说法,我觉得,这种时候,用这种唯心的说法,反而能够减轻当事人的痛苦与烦恼,倒也不失为安慰心理治疗心病的一剂良药啊!

　　母亲说:"你对那孩子上点心,尽力帮帮,好心会有好报的,你做了那么多善事,一定会有福报的!"要在平时,我一定会反驳母亲,会这样逗她:"我不是为了福报而做善事的,如果为了福报而做善事,那就不是在做善事,而是做生意了!"但今天,我没有逗母亲,没有跟她反着来,没有说这段话,而是认真地听,默默点头,因为,我们讨论的是一个严肃的庄重的需要敬畏的,跟生命有关的重大问题。

第40章 白日梦

2014年8月18日（农历七月廿三）星期一

我今天的经历就像一场梦。

直到省委宣传部的领导匆匆离去，直到我从县委组织部走出来，直到我不知不觉地来到52栋，我都恍若梦中。

上午，我前往南昌办差，刚到上饶，正准备上高速，便接到市委宣传部上班的同学汪荣超的电话，他问我准备提拔到哪里去？此话十分突兀，我有点丈二和尚摸不着头脑，便反问他："你什么意思啊？什么提拔啊？别闹了，我出差呢，马上要上高速了。"话筒里传来汪荣超同学非常惊讶的声音："你是装呢，还是真不知道啊？"我有点生气，便生硬地说："有话就说清楚啊，你怎么这么婆婆妈妈呢？没空跟你扯了！"汪荣超急忙说："别挂啊，看来你是真不知道，那你赶紧回广丰，别出差了，我们刚接到省委宣传部的电话，说是派干部处处长到广丰考察你，马上到广丰了，你赶紧回去！"我有点蒙，我们的车停在高速入口处，去也不是，回也不是。我不能确定汪荣超同学的话是真是假，说是真的吧，天下哪有这样的美事？我在广丰当了十三年的正科级干部，从不到三十当到四十出头，虽然没有惊天动地的伟业，但也取得了不少的成绩啊，从来就没有上级考虑过我的升职啊！说是假的吧，汪荣超同学为什么要跟我开这样的玩笑呢？他没这个必要啊！再说，他似乎不像开玩笑啊！

我满腹狐疑。纪师傅忽然说："省委宣传部？会不会是姚博士（省委宣传姚部长在上饶市任过市委书记，因为他是博士出身，上饶人亲切地称呼他为姚博士）派他们来的？姚博士去年不是专门到广丰找过你吗？当时还说要提拔你呢。"我不屑地打断他的话："你真是幼稚！那是多久以前的事了？都快一年了，领导也就是那么随口一说，你也当真啊？人家那么大的领导，省委常委哎！"纪师傅喏喏地说："也是啊，都那么久了，估计是忘记了。"

不管他了！还是继续出差吧！我让纪师傅发动了车子。

可就在这时，县委组织部皮部长来电话了，她劈头盖脸就是一通埋怨："好你个周亚鹰，省委宣传部来考察了解你的情况，也不报告一声，快到部里来！"我愣住了。纪师傅问："去还是回啊？"我愣了半响才说："赶紧回去，是省里的人来了！快回去！快回去！"路上，我跟皮部长去电，说准备出差，刚到上饶，现已经调头，马上赶回去。皮部长很是惊疑："什么？省里的人来考察你，你还出差啊？"我回她说："我不知道他们会来啊！"皮部长有点不相信："你不知道？"经我一番解释，尊敬的皮部长终于相信我确实不知情。

省委宣传部的干部处长到广丰后，先后与县委书记、县纪委书记、县委组织部长和分管副县长挨个谈了话，并召集我单位的副局长和中层干部开了座谈会，最后于下午三点半在组织部跟我见了个面，与我做了简单的不到十分钟的交谈，然后匆匆往南昌赶，说晚上还有别的事，非得回去不可！待他们走后，我才想起连处长的名字都没有询问。

然后，我跟皮部长再次作了解释，并将去年春节前姚部长来广丰召见我的详细情况也作了汇报。皮部长说："这就对了，估计是想把你调到省委宣传部去，但这个姚部长也真是够奇怪的，怎么的也应该告诉你一声啊，你毕竟是当事人嘛！"

就这样，我一直觉得自己是在做梦。

我再也没有心思去办公室了，不知不觉中就来到了52栋。母亲听完了上述事情后，她也蒙了，她说："怎么一点征兆都没有啊？连梦都没做一个。"我说："是啊，你不是最会做梦的吗？家里有喜事了，你会做梦；家里要破财了，你会做梦；家里有人要生孩子，你会做梦；家里有人要生病，你会做梦；就算有只鸡丢了，你都会提前做个梦的啊。可是，省里来人考察我这么大的事情，你怎么就没有做个梦呢？看来，不灵了！"母亲不作声，她一定在想这回为什么没有做梦？最后她说："最近天气热，晚上睡不着，没睡着怎么做梦啊！"我扑哧一笑："我的老嬷哎！你真的会找借口啊，没做梦就是没做梦，什么天气热没睡着啊，你一年365天又有哪天睡得好啊？你晚上整夜整夜睡不着，白天站在那里都会打瞌睡，做个梦要几分钟啊？依我看啊，不是你没睡着，而是你拜的老佛睡着了，没工夫托梦给你了。要么就是你最近没念好经文，菩萨生气了，不给你托梦了。对，我想起来了，我看你最近念经好像不太专心，边念经边看电视，经常念错了经文，对不对？"母亲沉吟许久，然后说："不管怎么样，念经是一定要专心的！以后我念经时，你们都不准开电视啊！"哈哈！看来母亲真的把责任揽到自己头上了，真的以为最近没做梦是因为自己念经看电视得罪菩萨了，我苦笑着摇了摇头。

玩笑之后，母亲有点惴惴地问："省里来的领导没说要你干什么吗？会不会真的把你调南昌去啊？那么远！"我抬头看了看母亲，再扭头看了看一脸蒙相的老爹，心里默默地想：一个81岁，一个87岁，18年前，我大学毕业，北京、上海、广州、深圳、福建、浙江，我本来有很多地方可以去的，当时二老虽然才60多岁，但那时他们身体不好，病不离身，药不离口，因此，我眼一闭、脚一跺、牙一咬，留在了广丰，我发了誓，要陪着他们，要让他们吃好、穿好、住好、生活好、身体好、心情好，近20多年来，我觉得我做到了，可是今天，如果他们真的要让我去省里上班，要我离开父母亲去南昌，我挪得动脚吗？

看着母亲充满期待的眼神，我深深地吸了口气，说："我的老嬷，南昌那么远，我去干什么啊？不去，再说，南昌一点都不好玩，冬天冷死，夏天热死，才不去呢！"母亲疑惑地问："不会吧，南昌会没有广丰好？"但母亲随即明白了我的心思，她爽朗地笑了，说："现在不比以前，不是有什么高铁吗？南昌又不是北京、广州，去一趟不是才个把时辰就到的吗？我觉得你要去，人家瞧得起咱，特意来邀你，你可不能不给脸，以后没法做人的，知不知道？"我知道母亲其实是舍不得我去的，但她为了不影响我的前途，才这么说的，刚刚这段话根本不是真心话，将心比心，谁愿意在80高龄让陪伴守护了自己几十年的儿子离开身边走向远方啊？

　　最后，我说："到时候再说，好不好？我们现在连人家什么意思都不清楚，人或许就是来了解一下情况，万一没有下文，不就成为一个白日梦了吗？我们却在这里饿着肚子空高兴，传出去可丢人了！"

第41章 提拔

2014年8月26日（农历八月初一）星期二

上午，母亲来电，响了两声，便挂断了。我没空回电话，也没心思回电话。傍晚，母亲又来电，又是两声便挂断了。我没回电话，没空，也没心思。

现在，所有的程序都走完了，所有问题都搞清楚了，有人向考察组反映的问题也核查了，我的清白得到了证明，考察组的人也都走了，我终于可以吐口气了，我想起了母亲的电话，便往52栋奔去。

还没坐稳，一杯水都没喝完，母亲便着急地问："到底怎么样了？你二姐说有人说你闲话、告你黑状啊？到底怎么样了啊？"我轻松地笑笑："没怎么样啊！要是怎么样了，我还能坐在这里吗？"母亲愣了愣："不能坐这里？那坐哪里啊？"我认真地说："要是怎么样了，就不是提拔了，而是坐班房了！"母亲吓了一跳："哪能呢？别人不知道，嬷还不清楚吗？你们当干部的，有几个人像你这个当法啊？你要是都有事情，那天底下能有几个好干部啊？"母亲接着舒了口气："没事就好！害得我这两天电话都不敢给你打，觉也睡不着，唉！"我说："没有吧，老嬷，你今天不是给我打了两次电话吗？不过，你真聪明，知道我忙，响了两声就挂了。你睡不着觉跟这事没关系啊，你平常不也是睡不着的吗？可别赖我啊！"

母亲忽然像是记起什么似的，急切地问："他们到底要你去哪里啊？是南昌还是上饶啊？"我说："这次是市委组织部来考察，应该是去上饶吧！"母亲双手从胸口放下，长长地松了口气："上饶？好啊！上饶就近了，要去！去得！"我追问："老嬷，按你这么说，南昌就去不得了？"母亲有点言不由衷："噢——这个，南昌嘛，也去得，也去得啊！"过了好一会儿，母亲才又喏喏地问："那他们让你去上饶干什么呢？不会又是当城管吧？"

　　母亲问的也正是我所迷惑的。这两天，不知道有多少人问我提拔的去向，我回说不知道，没想到没有一个人相信，有些人还不高兴，甚至说我虚伪，说哪有要提拔了自己都不知道去向的？我知道他们的意思，说的是大凡提拔的人之所以能够得到提拔，要么是跑出来的，要么是送出来的，连提拔的岗位都是预先设定好的，也就是说，被提拔的人一定是知道自己的去向的。因此，当我回说不知道去向时，他们无不嗤之以鼻。但是，我是真的不知道啊？从一周前省委宣传部来人考察我，到昨天市委组织部到广丰考察包括我在内的四位同志，我一直都不知道到底是怎么回事。我也正奇怪着呢，现在母亲又问起这事，我没必要连母亲也隐瞒吧，但我确实不知道啊，母亲当然是信任我的，所以她也表示了好奇："会让你去哪里呢？"她话锋一转，以一种兴奋的语气说："不管怎么样，能提拔都是好事！无论什么位置，总比现在高一点吧！无论做什么事，总没有当城管那么辛苦吧！"

　　听母亲这么一说，我心中的阴霾顿开，是啊，有道是好事多磨，现在不知道提拔去向，过几天自然会水落石出，不管去哪里，都是提拔重用，都能够在更高的职位上工作，都能够更好地发挥自己的才智，都能够更好地实现自己的人生价值，都应该是值得庆贺的一件事啊！

第42章　中秋报到

2014年9月8日（农历八月十五）星期一　中秋

天未亮，母亲就起床了。尽管她蹑手蹑脚，压低声音，但我还是惊醒了。其实我不是被惊醒的，我压根就没睡着，或者说没睡深。其实我整整一夜都没有睡踏实。

夜间陪母亲说话，一直到夜深。迷迷糊糊入睡后，就梦见自己骑马远行，母亲舍不得我，拉住我不让走，我的马似乎通人性，明明是从52栋出发的，明明往前走了，明明走远了，但最后却又回到了52栋。迷迷糊糊懵懵懂懂之间，母亲起床了，而我，刚好骑着马又一次来到了52栋。我揉揉眼："怎么又回来了！"母亲说："天还没亮，你再睡会。"我说声好，就又合眼了，合眼后又骑马远行了。

迷迷糊糊间觉得毛毯被扯开了，又盖上了，接着便听到一缕声音从遥远的地方传来："让你乱动，别把鹰吵醒了，让他多睡会，天还没亮，你起来干什么？"对，是母亲斥责老爹的声音，接着是一阵响动，应该是老爹被母亲推回到床上："你还不多睡一会？鹰从今天起要到上饶上班了，今后要住上饶了，以后陪你睡的次数少了，现在他陪着你，你还不多躺一会？"老爹似乎听进去了，便抖抖索索地扯了一番毛毯，然后安静了下来。过了一会，老爹的身子向我靠了靠，似乎还侧身了，因为我闻到了老爹呼出的不太好闻的烟熏味了。母亲又独自嘟哝开了："也不知这领导怎么想的，今天不是中秋节吗？怎么让今天去上班呢？"母亲的话提醒了我，我忽然明白自己骑马要去哪里了，对的，组织部门通知我今天去上饶报到，从今天起我不再当城管了,我要去市文化局上班了,我要改做文化工作了,那些说我"文化人做野蛮事"的人再没有机会嘲笑我了。我忽然明白自己为什么骑马了,原来要去上饶报到了。对啊,我的马呢?马到哪去了?我随手抓去,试图抓住缰绳或者马鬃什么的,却听到老爹"嗷嗷嗷"的叫声,原来我抓到他的胡子了。我一骨碌坐了起来,大口大口地喘着粗气。母亲听声音推门进来,她看到我的样子,知道我做梦了,说:"你小时也是这样,一出门就睡不踏实,就做梦,可长大以后不会了啊?怎么?又做梦了?"

我完全清醒了,故作轻松地说:"哪里出远门了?不就是个上饶吗?才二十多公里!"母亲说:"远倒是不远啊,可工作啊生活啊都待那里了,就不能天天回广丰了,这样一算就远了,当然算出远门了。"没想到母亲给我来了个相对论,来了个实际距离和心理距离的区分理解。母亲说的是对的,让我无法反驳,上个月,我儿子考进了上饶中学,妻子与儿子已经住到上饶去了,现在我又调到上饶工作,妻子不久肯定也会调去的,因此,往后我定居上饶是必然的事情。上饶到广丰再怎么近,也不可能天天回来啊,不可能像现在这样可以天天到52栋了,不可能像现在这样说到52栋吃饭就到52栋吃饭了,不可能像现在这样说在52栋睡觉就到52栋睡觉了,不可能像现在这样想睡在二老中间就睡在二老中间了!我忽然想起刚刚骑的马,难怪怎么走都又回到了52栋,原来如此!

天亮了。二姐和哥哥们都来了,还有一大堆小辈也来了。他们是来送我的,他们满脸的笑意却掩盖不住眼神里流露出来的惆怅与不舍,他们的来到又让我想起那匹马来。

临出门时,母亲拉着我的手说:"今天你去新单位了,那里的人不熟悉,你要改下脾气,对人家好点,人家就会对你好的!"要上车了,母亲悄悄塞给我一个月饼,她说:"今天中秋,就在上饶陪老婆孩子吧,吃了这个月饼,就算跟嬷、跟爹团圆了!"

我眼眶骤紧,急急挥挥手,摇上了车窗!

第43章　党校是干什么的？

2014年9月9日（农历八月十六）星期二

一大早，我就往广丰赶了，到52栋时，八点还差几分。

母亲看到我，很是惊讶："你，你怎么不上班啊？不会是人家不要你了，给退回来了吧？不对啊！你刚去的，就算脾气再不好，也不可能只待一天就得罪了人啊！"我哈哈一笑："说什么呢？什么不要我了，什么退回来了，你以为商店买东西啊，说退就退啊？"

母亲说："那你昨天才去的新单位，今天又不是礼拜六，你办公室的凳子都没坐热呢，再说你现在不是头头了，只是个副的，你这个时候不上班跑回来，不是退回来了，又是为什么呢？"

我骄傲地说："哈！我会被退回来？那不是天大的笑话吗？也不看看谁的儿子，我可是著名的兰香奶的儿子，想留我呢我还得考虑考虑，是不是？再说，我是城管，谁敢退我啊？"母亲见我嬉皮笑脸，估计没什么事，便也放下心来："这么说，你请假了？刚去就请假啊，领导会有看法的！以前的大师傅啊，最讨厌那些爱偷懒老怠工的学徒了。"我可不高兴了："哎哎哎！我可不是学徒工啊，我可从不偷懒啊，别冤枉我了！"母亲严肃地说："快说说，怎么回来了？"看到母亲认真的样子，我就正经地说："我的老嬷，我呢，昨天去报到了，那里的局长姓涂，糊涂的涂！"母亲忽然插嘴说："还有姓涂的？还糊涂的涂？那你说说，这个局长会不会糊涂啊？要是个糊涂的人，你现在当个副的，在他手下，可要难受了！"我说："老嬷，你真会瞎猜，一个姓氏而已，人家姓涂就糊涂了？按你这么推理，那些姓鸡的人，不是都会打鸣了？还有，那些姓狗的人，不是都会咬人了？"母亲非常好奇地说："还有姓鸡姓狗的吗？别蒙我了，百家姓里好像没有哎！"我说："百家姓里才504个姓好不好，我们全国的姓氏可有1800多个呢，百家姓里没有的姓氏可多了去了！还真的有姓鸡和姓狗的，我骗你干吗啊？"母亲惊奇地说："咱们国家有那么多姓吗？连百家姓都没有收全啊？"我忽然想起，因为母亲的好奇，我们的对话已经完全跑题了，于是扯了回来："我的老孃，你别打断我好不好，刚刚说什么来着？对，说我们局长姓涂，我昨天去报到时，这个涂局长告诉我，准备给我的办公室购买新的办公用具得有几天，又说一个星期后要派我到市委党校学习一个月，所以干脆准许我回广丰休息一周，然后直接去党校学习，于是，我就回来了！我的老孃，听清楚了吗？我可不是退回来的啊！"

母亲松了口气："原来这样啊？那就好！"可她好奇心又起："你刚说什么？党校？党校是学校吗？你都没考怎么可以去读呢？"母亲这一连串问题真难倒我了，其实我也不知道如何界定党校的性质，说它是学校吧，它跟其他学校又不一样，说它不是学校吧，它又着着实实是个有老师上课有学生听课的地方。我停顿了好一会才说："党校嘛，是党的学校！是培养党的干部的学校。"我自以为回答的蛮圆满，可是母亲一句话却让我喷饭，她像是问我，又像是自言自语："党校，是党的学校，那其他学校，就不是党的学校吗？"我立马纠正她："老孃，可不能乱说话，其他学校当然也是党的学校了，只是名字不一样，就像一个人，生了好多孩子，取的不同名字而已。"母亲似懂非懂地点点头："原来这样啊！"我知道，母亲肯定没搞清楚的，因为我根本就没有讲清楚，她又怎么可能搞清楚呢？

但是，这已经没有关系了，母亲已经从她的好奇与纠结中走了出来，她从厨房里端出了三碗菜，又拿出一个小碟，从一个宽口罐里夹出一些柚子皮，说："菜不能单，小菜凑数，万一小菜也没有，就把菜分成两碗，要记住啊，这是老辈传下来的规矩呢！"

第 44 章　你俩要努力活过 100 岁

2014 年 10 月 4 日（农历九月十一）星期六

母亲照例早起。

厨房里传来的锅盆交响和耳边高高低低的呼噜声把我吵醒了。我睁开眼，顺着轻重不匀的呼噜声，扭过头去，身边的老爹睡得挺香，因为没有牙齿支撑，他的嘴巴已经干瘪得不像样子，呼噜声正是从这张干瘪的嘴里吐出来的。有时，他的嘴唇紧闭，他呼出的气量不足以冲开双唇，气流只能从嘴角的缝隙间溢出，这时他的呼噜就轻，甚至微弱到听不见。而有时，他的嘴唇微张，他呼出的气量便能顺畅地冲出双唇，甚至冲开两片又瘦又薄的嘴皮，于是便响起"噗噗噗噗"的呼噜声。我忽然明白，平日里老爹的呼噜声有时有、有时无、有时长、有时短、有时轻、有时重，原来都缘于这嘴唇开合的幅度。我好奇心起，干脆侧过身，拿个枕头垫着肘部，右手支起下巴，睁大眼睛，死死盯着老爹的嘴巴，看着老爹的嘴唇一张一翕，看着老爹的呼噜一个一个地冒了出来。

也不知过了多久，母亲进来了。她惊讶地问我："你看什么啊？一个老头子有什么好看啊？"我说："嬷，你平时常说，老爹的呼噜很吓人，有时很响，有时又很长时间没有声音，都以为要没气了，还用手去摸他的鼻息，是不是？"母亲说："是啊，怎么了？你说他这是不是病啊？你说这打呼噜的病到哪去治啊？"母亲忽然压低声音说："你说这种奇怪的呼噜会不会影响寿年啊？我听说有人睡觉打呼噜，打着打着就没醒过来，你爹的呼噜打着打着就没了声音，过

了好久才又"轰"的一声,真的要被他吓死,你说,会不会——"我打断母亲的话:"你想什么呢?我告诉你啊,我现在总算弄明白了,这打呼噜的长短轻重跟人睡着时是否张嘴有关!你看——"然后把刚发现的规律告诉母亲,然后母子俩一起盯着正在打呼噜的老爹看了五分钟,母亲似乎相信了我的分析,她如释重负地说:"要真是这样,可就没什么事了,不然真的很吓人!"我安慰母亲说:"你就放一百个心吧,像老爹这种能吃会睡加上耳聋眼花不需理事的人,保准能活100岁的。"母亲笑笑:"山中常见千年树,世上难逢百岁人呢!这人活百岁,多难得啊?我们身边可真的没见过呢!"

母亲最后这句话让我想起一事,我一拍脑袋:"哎哟!幸好你说到百岁老人,我差点忘记了,廖诗富,就是那个你生日帮我们照全家福的摄影师,他的老父亲今天过100岁生日,前几天就通知我了,我差点忘记了。不行,我得赶紧起床,吃过早饭我得赶到沙田黄泥际廖诗富老家给他祝寿!到那里吃寿粉、喝寿酒、分寿饼。"母亲说:

第44章 你俩要努力活过100岁

"刚说没见过百岁老人呢，便来了一个，你拍点寿星的照片回来看看啊！最好能跟百岁寿星翁照个相，讨点福气回来！"我说："那当然了，跟百岁老人合了影，我就算活不到百岁，也要活到99啊，是不是？"

母亲忽然幽幽地说："人家都百岁了，还健旺的很，我跟你爹，才80多岁，就这么没用，我病多，你爹都瘦成个壳了，也不知道能活几天？"我说："我的老嬷，可别泄气啊，你忘了两句古话了？一句叫作有钱难买老来瘦。老爹87了，还能吃满满一碗饭，还能一觉睡到天大亮，他活到100岁有什么问题啊？"听我这么一说，母亲兴奋了起来："说的也是啊，别看他没牙齿，但他吃下去的东西可不少！还有一句是什么话啊？也说说。"我接着说："还有一句叫作药罐不离手，活到99。我的老嬷，我还没出生，你就爱生病，整天喝中药，怕过不了50岁，49岁就做生日，怕过不了60岁，59岁又做生日，现在都80多了，真是应了这句话呢。我看你啊，这几年身体越来越好了，所以，你就放心吧，你活个99有什么问题啊？你再努力点，使劲多活一年，不就100岁了吗？"母亲说："哪有这么好的事啊？不过，现在无所谓了，都活80多岁了，要怎么样也值了，只是，只是，我要是先走了，这个老头怎么办啊？"母亲一边说着一边用手去摸老爹的脸，一副十分不舍的神情。没想到她把老爹摸醒了，老爹似乎受到了惊吓，一骨碌坐了起来，老爹的惊醒并忽然坐起，又把母亲吓了一跳，母亲忽然愠怒："好你个老头子，醒了就醒了，忽然坐起来干什么啊，吓我一大跳！"而老爹跟我们完全不在同一个频道上，他从睡梦中惊醒，看见母亲和我围在他身边，不知道发生了什么事，傻乎乎地看着我们发愣，过了好一会，才说了一句话："天快黑了，快吃晚饭吧！"这回轮到我和母亲发愣了，过了好一会，我才哈哈哈哈地大笑了一番。

第 45 章　跟母亲讲万年的故事

2014年11月16日（农历闰九月廿四）星期天

在回家的路上，我就在思考怎么给母亲讲述关于万年县的事了。

前天上午，母亲就来电话问："今天星期五了，你要回广丰吗？"我告诉她："明天要去万年县做讲座，后天回！"母亲急促的声音立刻变得迟缓："噢，又去上课啊！"沉默片刻后又提高声音："万年？这个地方怎么叫万年啊？真的有1万年了吗？"母亲不经意提出的这个问题可能会难倒一大堆人，我研究上饶地方文化多年，当然知道万年县名的由来，但要跟母亲说明白，却也不是三言两语的事。因此我回她："这个问题有点复杂，一时半会儿说不明白，待我后天回来再跟你仔细讲。"如今回来了，就要到52栋了，母亲一定会追问我的，因此我得盘算一下怎么讲。

果然，我刚坐下不久，一杯水都没有喝完，母亲就问开了："你前天说的那个万年到底有多久啊？"我说："老嬷，你真是厉害，上次说横峰，你问是不是横着来的，果然是横着来的。这次说万年，你问是不是1万年了，告诉你，还真是1万多年了！你厉害！"母亲有点小得意，但她却表现得很是谦虚："我哪里知道啊？不是就着它们的名字猜的吗？猜的！"接着，母亲又有点怀疑地问："这个地方当真有1万年吗？"我说："当然有，还不止1万年呢！"

我换了个话题问母亲："嬷，你知道我们吃的大米饭最早是什么时候有的吗？就是说，水稻是什么时候开始有的？"母亲说："这个谁知道啊？祖上传下来的，自古就有了吧！"我问："祖上是何时啊？自古是几古啊？100年？1000年？还是1万年？"母亲一脸茫然。我接着说："这水稻是我们整个人类文明的基础，哪个地方水稻种最早，说明那里的地方最古老，说明那里的人们最聪明。"母亲在发呆，她显然没能明白我的话，其实我也没有描述清楚，于是补充说："很早很早以前，人没衣服穿，只用树皮遮身体，也没有米饭吃，只能吃野草野果野兽肉，直到有一天，他们发现了一种植物，去了壳蒸熟后可以填饱肚子，这种植物就是水稻，野生的稻子。这稻子的发现和种植，对于人类来说就是一件最最最最伟大的事了。"母亲似乎明白了："那，那我们这里水稻种得早吗？"我说："我在念书时，书上说是在西亚的两条河边上，4000年前就有人种水稻，说那是最早的了。"母亲有点遗憾地说："原来最早的地方不在我们这里啊？"我继续说："可是后来改了，说我们浙江省有个叫河姆渡的地方，7000年前有人种水稻了。"母亲的爱国主义情感一下爆发："这么说，还是我们中国最早了！"我说："我的老嬷，我还没说完呢，你急什么啊？告诉你，这学生读的书啊，现在又要改了！前些年，科学家有了新发现，说我们上饶有个地方，12000年前就有人种水稻了！"母亲非常高兴："真的吗？我们上饶有这么厉害吗？"她忽然反应过来了："这个地方，是不是就是万年啊？"我一伸大拇指："真聪明，不愧是我的老嬷，真是有什么样的儿子，就有什么样的老嬷啊！"母亲摇摇手："说反了！说反了！"我哈哈一笑："对的，这个地方就是万年县！"母亲说："我知道了，这个地方因为水稻种植了1万多年，所以取名叫万年县的，是不是？"我说："不是！"母亲一脸惊愕："怎么又不是了？"我跟母亲说："万年这片土地很古老，水稻种植也很早，但是，万年县却很年轻，才402年。"见母亲疑惑，我就跟她讲了个故事——

明朝，在我们上饶的鄱阳、乐平、贵溪、余干四县交界处，有一大片土地，是谁也管不了的死角，那时，有一个名叫王浩八的，率领了一大批农民在那里起义，跟官府对阵，最后被消灭了。之后，朝廷为了加强对这个地方的控制，就把这片土地从四个县分了出来，设了一个县，县城的北面有一座山峰，叫万年峰，于是，就把这个县取名为万年县了。

母亲沉思了一会，自言自语说："这么说，这个万年县的名字跟这个水稻没关系了？不对啊，应该有关的啊！对，跟万年峰有关，这万年峰肯定跟这水稻有关。"我一拍桌子："老嬷，你就是聪明，我也在想，这万年峰的名字肯定跟这水稻种植的时间有关，可是，到现在为止，我还没有找到任何依据，只是猜测。"母亲可不管什么依据不依据，她满意地说："这么说，我们上饶就是全世界最早种水稻的地方了，说明我们这里是个好地方了！"我说："那当然！我们上饶可厉害了！不但水稻种植最早，还有比这个更厉害的！"母亲有点急："还有什么啊？比水稻还早吗？那不是两万年了吗？"我看母亲真是神了，她一说一个准，万年县还真的就有一种东西，已经两万年了。

母亲催我，非得让我说说两万年的东西是什么。我喝了口水，又说开了："几万年前的人只会使用石头打磨的石器，后来，他们学会了使用火，可以把食物烤熟了再吃，再后来，人类学会了用泥土做成埕，再用火把它们烧硬，就可以盛放东西了，也可以蒸煮食物了，还可以储存物品了，这就是陶，陶瓷的陶，明白吗？这个陶的出现太重要了，你知道全世界发现最早的陶多少年了吗？是在哪里发现的吗？"母亲有点嗫嚅地说："该不会这陶，这陶又是我们这最早吧？"我非常非常认真地说："是的，全世界最早的陶确实在我们这里，就在万年，其中有一片陶的碎片，被认定为两万年了。"母亲张大了嘴巴："按你这么说，我们这里不是很厉害吗？"我说："看怎么说，如果从文化上看，我们的老祖宗确实很厉害啊！给我们留下了很多个世界第一！但我们的经济，跟沿海地区比，还要差一些了。"

母亲起身往厨房走去，她一边走一边说："这厉害倒是厉害，可是，不就是个瓶瓶罐罐吗？"

我看着母亲的背影，重复着她刚才这句话，陷入了沉思。

第 46 章　一江的两首赞美诗

2014 年 12 月 20 日（农历闰十月廿九）星期六

因为上周末到北京开会，所以已经十一天没回过 52 栋，今天无论如何也要陪陪二老了，便推掉了一切邀约，一大早就回到了广丰。

我先到卧龙城美食街美美地吃了一碗羊肉粉，好家伙，35 元一碗，这家店的味道还不是广丰最好的，居然都围了一大堆人，居然让我等了二十多分钟，可见广丰人是多么钟爱这羊肉粉啊！

然后打着饱嗝来到 52 栋。

二老正在喝粥。母亲问我："怎么这么早呢？也没招呼一声，我粥煮少了！"我说："嬷，你没闻到羊肉的味道啊？我已经吃一大碗羊肉粉了，都快撑死了！"母亲说："粉条饱腹，难消化，尽量少吃点！"我说："哎哟！我的老嬷，我自从调上饶后，平均每个星期都摊不上一碗广丰炒粉呢，哪里多吃了？你要知道，咱广丰人不吃炒粉会生病的。你看那些在外地工作的人，在微信朋友圈里看到一盘炒粉，都馋得要流口水，他们要是回广丰，不管是白天还是黑夜，不管是上午还是下午，第一件事就是找个小店，吃碗炒粉。"母亲说："不就是个炒粉吗？有这么好吃吗？我跟你爹怎么就没瘾啊？"我说："老嬷，你吃素，炒粉有素的吗？你当然不吃了。而老爹呢，以前想吃的时候穷，吃不起；现在吃得起了，又没牙齿了，当然就没瘾了！"

母亲仍然用她的方式表达了不信，她边洗碗边说："除非吃了会长生不老，哪有一下车不先回家而是急着去吃炒粉的？炒粉比家人更重要啊？"我觉得母亲的话也对，但广丰人迷恋广丰炒粉的情结也的确是事实，只是母亲不太了解这种情结而已。

我和母亲关于广丰炒粉的讨论因为一部电视剧的开演而告一段落，因为我们在讨论炒粉时，老爹打开了电视，中央八台正在播放抗日剧《长沙保卫战》，母亲最喜欢看打鬼子了，只要电视里打鬼子，哪怕正在念经诵佛，她也会心不在焉，会一边念经一边瞄着电视，以致常常念错经文而后悔不迭。现在，母亲看到电视里激烈的战斗场面，便赶紧坐下了，她紧张地问我："这鬼子跟黑蚂蚁一样多，我们打得赢吗？"我之前看过《长沙保卫战》，知道结局，便说："我们打赢了，但死了很多人。"母亲松了口气，但又遗憾地说："死了很多人啊！"停了一下，又幽幽地说："你外公当年被国民党抓了壮丁，好像去了云南，据说也是打鬼子死的，可惜连骨头都不知道丢在哪里，成了孤魂野鬼，我想祭拜都不知道往哪个方向插香烧纸，唉！"或许，这就是母亲喜欢看抗日剧的真正原因吧！为了让母亲从思父的阴影中走出来，我说："嬷，快看，鬼子快死光了！"母亲一抹眼："真的吗？在哪啊？"我说："在电视里啊！不过，这集演完了，等下集吧！"

母亲起身去厨房整菜，她说："打鬼子要是开始了，叫我啊！"我说："老嬷，你看打鬼子的瘾比我们吃炒粉的瘾还重啊！好多电视台播打鬼子呢，你都要看吗？"正说着，手机响，是条信息，我一看内容，乐了，说："老嬷，有人写诗赞扬你呢！"母亲好奇地说："写诗？赞扬我？谁啊？"我说："你还记得前几天来看望你和爹的皮姐夫妇吗？"母亲说："记得，怎么了？"我说："皮姐的老公叫一江，是我好朋友，也是个作家，不过，我爱写文章，他爱写诗，他看望了你们回去后写了一首诗赞扬你，刚刚发到我手机上了，要不要念你听听？"母亲没说要不要听，只是说："赞扬我？我有什么好夸奖的啊？"我知道母亲其实是想听的，便念给她听了，全诗如下：

家风 门风

看望一位老人
——发一次善心简单，一辈子善行不容易

看望一位老人
却有被看望的感觉
她三十岁开始吃斋
如今五十多年过去了
她把供过佛的果子削给我吃
说，那里头有她的祈福
她拉着我的手，和我说
我一句都没听懂，但心里全明白的话
她做过很多她觉得她应该做的，必须做的
就是我们称作，善事的，事
我拉着她的手，抚摸那些皱褶
竟然摸到了，蕴藏千年的古训
和一位老人交流
就是溯源一次传统
和一位老人交流
就是给血液里注一次暖流

走出她的家门，阳光照在我的脸上
我扯了扯衣领上的风，挥手和她道别

念完之后，母亲问我："什么意思？没听明白啊！"我说："诗吧，当然没那么容易懂，反正，他在赞扬你做了一辈子善事，说你善良呢！"母亲不以为然地说："行善积德是每个人都可以做到的，有啥值得赞扬的？"我说："他说了，发一次善心简单，一辈子善行不容易，就是因为你一辈子行善，他才写诗赞扬你呢！"母亲有点不好意思地说："这样啊！那你也做了很多善事，他都没赞扬一下你？"我说："他也写了首诗夸我，但他夸的不是我做善事，而是夸我会做工作又会写文章。"母亲急切地说："快念来听听！"我就念了，全诗如下：

周亚鹰素描

你的大嗓门
告诉我　你想说
"我是城管"①

你壮硕的身体
和你壮硕的人格
一样，硬朗

所以
你大声吼出
"我是城管"时
你的目光炽热而坚毅

丰溪河水在时光里绵延
你站在水边，柔柔地

叫了一声"二姐"②
河岸瞬时飘满"油菜花香"③

你的声音比酒量大
你的行动比声音快
你的思维比行动密
你的眺望比思维深

你在风风火火的街道上
走着你的"流水人生"④
你在熙熙攘攘的人群里
写着你的"非鱼居随笔"⑤

  母亲还是没能听明白,我又耐心地解释了一遍,她仍然似懂非懂,但她却充满感激地说:"你这位朋友还真是有心啊!他就来了一次,就能写出两个什么诗来啊?真的很厉害啊!"我说:"是啊!这位朋友的诗可是全国有名的,写得可好了!"正说着,电视里枪炮声猛烈地响了起来,母亲一拍手:"糟了,电视开始了,掉很多没看到了,这个老头子,开始了也不叫一声,就知道一个人看!"
  我苦笑着摇摇头,看来,母亲这看打鬼子的电视瘾真的不输于大多数广丰人的吃炒粉的瘾啊!

  注:①我是城管:周亚鹰任城管局长期间创作的笔记体散文集《我是城管》。
②二姐:周亚鹰创作的长篇亲情散文《二姐》,跻身2010年度中国散文排行榜。
③油菜花香:根据周亚鹰散文《二姐》改编的三十集电视连续剧《油菜花香》。
④流水人生:周亚鹰创作的散文集《流水人生》。⑤非鱼居随笔:周亚鹰创作的散文集《非鱼居随笔》。

第47章　母亲病了

2015年2月18日（农历腊月卅）星期三　除夕

早上，母亲破天荒地说："你们三兄弟回去吧，我跟你爹就不去了！"

奇怪了，过年祭祖这么重要的事情，母亲竟然不亲自前往，她能放得下心吗？她难道就不怕我们马马虎虎敷衍了事吗？临上车时，我还跟母亲开玩笑："老嬷，你《新闻联播》看多了，党中央国务院的精神领悟得不错啊，都学会简政放权了！"

下午四点半，当我们从老家回到52栋时，只见妻子和嫂子们正在忙乎，却不见母亲的身影。一丝不祥从心底升起——不对啊，大过年的，烧年夜饭这样的场合，母亲怎么可能缺席呢？妻看出了我的疑惑，说："老人家不舒服，躺床上了！""什么？不舒服？生病了？"我急忙往卧室跑去，连声喊："嬷！嬷！你怎么了？"两位哥哥也跟着进了卧室。

母亲病了！

她头晕，胸闷，想呕吐，呼吸困难，全身乏力。

我们要把母亲送往县医院，但母亲坚持不去，她说："天气阴冷，我只是受了点风寒，喝点姜汤，吃几粒藿香正气丸，休息休息，捂捂汗，就会好的！"母亲说得轻描淡写，一副轻松没事的样子，但我知道，没有这么简单，现在，母亲肯定非常难受，要不是实在撑不住了，她是绝对不会在过大年这样的大节躺下的。我当然知道母亲不肯去医院的真正原因——主要是怕大过年的去医院，坏了彩头，还担心万一要住院,搞得一家人过年都不得安宁,还不能团圆守岁。因此,她才决定硬挺的。

我知道,在过年这样的特殊日子,恐怕很难说服得了母亲,于是,抱着或许歇歇就会好转的侥幸心理,姑且同意母亲暂时不去医院。

年夜饭还是准时开始了。

但是,母亲不在饭桌上,母亲不在厨房里。没看到母亲进进出出的身影,没听见母亲絮絮叨叨的啰嗦,大家都觉得缺了些什么,兄弟们妯娌间虽然也互相说着话,虽然也开些玩笑,但都是强装出来的,笑声是不自然的,开心也是勉强的。我觉得,气氛越来越阻滞,越来越凝重。

年夜饭草草收场了。

春节联欢晚会开始。

烟花鞭炮响彻全城。

而我和哥哥,守在母亲床前,看着母亲喝完一碗热气腾腾的姜汤。

我默默祈祷:老天,保佑母亲百病消退,一觉过后神清气爽啊!

第 48 章　医生跟半仙好有一比

2015 年 2 月 22 日（农历正月初四）星期日

终于，初三过了，初四到了。

终于，母亲同意去县医院了。

老家有个习俗，正月前 3 天都要祭祀祖宗，初三傍晚祭祀完成后，才会焚香礼炮把祖宗送走，并祷告他们平常不要回来，逢年过节自然会用香烟迎请。因为这个说法，老家的人从来都不会在新年的前 3 天做不吉利之事，也不说不吉利的话，有些人迷信至极，家中有老人病逝，也不肯发丧，硬是要等到初三过后才会通知亲朋好友，开始办理丧事。母亲虽然不会迷信到那种地步，但对于去医院一类的事也是相当的忌讳，所以，尽管这几天她的病情未能好转，但她仍然坚持说："祖宗都没有出门呢，怎么去医院啊？没事，我撑得住的，到初四再说吧！"

今天终于初四了，母亲总算同意去医院了。

一番简单的检查询问后，医生冷冷地说："住院！"我想，大过年的，医生怎么不笑啊？我笑不出来，那是因为母亲病了，可他为什么没有笑容啊？难道他家也出什么事了吗？又想，他天天待在医院，看到的都是些不吉利的事，因此，他很不开心。于是，我就理解他了，不但理解，还同情他，同情他怎么就选了这个职业呢，要是不当医生，他不就可以天天笑了吗？我真担心长期下去这位医生会忘记了怎么笑，那可就烦人了。

然后就是一通烦琐的检查化验，很烦琐、很烦琐的检查化验。

经过一番折腾，母亲终于躺到病床上了，接着就是吊瓶。母亲缓过气来说："这医院怎么回事啊？也没说什么病，就这个那个检查，很多检查不都白做的吗？费钱，还抽了我好多血！"原来，母亲心疼的是我的钱和她的血。我说："不检查哪里知道生什么病啊？"母亲说："以前，我们村里，那些赤脚医生，哪里有什么机器啊？他们摸摸手、搭搭脉、看看舌头、聊聊天就知道你生什么病了，打两天屁股针，吃三天药片，立马就好了！"

我逗母亲："现在，这医生看病，跟我们老家半仙看病是一样的！"母亲颇为不解，她疑惑地看着我。我说："你看，这医生啊，他也不管你得了什么病，只要进得医院，第一做检查，第二吊盐水，然后再告诉你得的是啥病。这半仙也是，第一做检查，第二收银钱。不过，半仙的检查跟医院的检查不一样，半仙眯着眼睛一开口就说病人中邪着魔、得罪了神鬼，他要认真查查，看到底得罪了哪路邪神，可能是外鬼家仙和过路大神，也有可能是社公、社婆和土地公公，还有可能是村前村后的樟树公公。然后半眯着眼摇头晃脑好一阵子，告诉你已经查出结果，说是得罪了什么神、什么怪，还虚张声势地说这鬼神的法力太高，要到南海请观音菩萨前来帮忙才能降伏，但到南海普陀路途遥远，还要漂洋过海，于是病人家属就会把银钱往半仙手里塞，恳求半仙不辞辛苦跑一趟，务必请得观音菩萨前来。你看，半仙靠观音菩萨来打败鬼神，然后让你烧香叫魂，医生靠机器设备来确定病情，然后让你打针吃药，道理都是一样的啊！"

我这一番玩笑，虽然把母亲逗乐了，却把正在打针的护士妹妹给得罪了，她说："哪有你这样说话的？我们的检查是科学，那半仙捉鬼可是迷信，好不好？"我慌忙跟她解释："小美女别当真，我只是开玩笑呢，想逗老人家开心而已！对不起啊！"

第 49 章　送母亲去上海看病

2015 年 3 月 2 日（农历正月十二）星期一

老炳到达 52 栋时才七点半。

老炳真是有心了，他从上饶县八都动身，到广丰至少一个小时。

我们昨天晚上就准备就绪了，老炳一到，我们就把所有要带的物品全部搬上了后备厢。最后，二哥、三哥扶着母亲上车，我坐在副驾驶位，二姐和侄女梦梦陪护母亲坐在后排。老炳的车是凌志越野车，后排坐三个人一点都不拥挤。

穿过车窗，老爹握着母亲的手，颤巍巍的老爹强打笑颜："你放心去看病，我会待在亚光那里，你放心，老佛会保佑的，你没事的，一看就好了，过几天就回来的！"母亲吃力地说："老个，你要听儿子的话，要多吃饭，不要乱走啊！"我不忍直视这样的场面，朝二哥、三哥使个眼色，便转过头去。两位哥哥将老爹的手从母亲的手中抽出，二姐摇上车窗，老炳缓缓地掉转车头，老爹弯曲的瘦小的苍老的身影慢慢地模糊在雨雾之中。

生离死别！一个最可怕，我最不情愿触及的词语忽然自我心底涌起，我不寒而栗。按照广丰医生的判断，母亲患有严重的心脏病、肺炎，从正月初四入院到昨天出院，医生先说是病毒性感冒，后说是气管炎，再后来说是肺炎，最后说是心脏病，说是很严重的心脏病。虽然医生们用尽了所有的招数，但母亲的病情还是越来越严重，最后 3 天更是出现持续性的晕厥现象，医生先后给我们发了三次病危通知书，还郑重其事地让我们做好料理后事的准备。

不知道为什么,我总觉得母亲还能活下去,总觉得母亲某一天要是真的离开我们,她肯定是无疾而终的,肯定是毫无痛苦的,肯定不像现在这样。因此,我决定不听广丰医生的话,决定冒着万一有事进不了祠堂的风险,决定带着母亲到上海的大医院医治。我委托在上海生活了20年的同学老炳联系了最好的医生,决定前往上海。前天,我询问母亲,说带她去上海看病,母亲开始不肯,说:"万一没了,回不来了,魂灵进不了祠堂,享不了香火,就成了孤魂野鬼,那还不苦死?"我说:"人死了变鬼,鬼苦死了变什么?"母亲回答不出来,便不再作声,算是同意去上海了,其实她老人家才舍不得死呢,她常说:"多活了几年真好,什么都看到了,想不到现在的共产党会这么好,现在的人会这么厉害,造出了这么多稀奇古怪的东西,活着多好!"她可留恋着这滚滚红尘呢。即使如此,母亲仍然怕我花钱过多,她说:"去上海看病,要花很多很多的钱吧?"我已经铁了心要带母亲去上海医治,根本就没考虑钱的事,我忽然想起一句台词:"在亲人的生命面前,钱就是狗屁王八蛋!"是的,只要能换来母亲病情好转,我愿倾尽所有。

于是,就有了今天的上海之行。

大姐在上海跟儿子女儿一起过的年,我们今天直接到外甥女夏晔家,我们于下午四点半赶到上海,大姐一家已经候在那里。老炳也已经联系好长海医院的心血管专科的专家,明天一大早,老炳就会来接我们前往长海医院。

第 50 章　上海的医生不是半仙

2015年3月3日（农历正月十三）星期二

从长海医院出来后，我又高兴又生气。

高兴的是，医生说母亲没病。

生气的是，我被广丰的医生吓坏了。

我们一大早就到医院了。主治医生是个 50 岁左右的女大夫，姓吴，她笑容可掬，耐心地跟母亲拉家常，当知道母亲已经 82 岁时，吴大夫称赞母亲高寿，并夸母亲显年轻，完全不像 80 多岁的老人，母亲病恹恹地说："这些天还不舒服呢！"意思说，平常看上去还更年轻。大夫明白了母亲的意思，向母亲伸了伸大拇指。

母亲讲惯了方言，对普通话比较迟钝，于是，我在一边做翻译，跟大夫介绍各种情况，回答大夫的各种提问。之后，我以为大夫要给我们开单子去做检查了，可是没有。大夫叫我们拿出广丰拍的各种片子和病历，她非常认真地看，看了很久，又拿出听诊器，在母亲的胸部仔细地听，不停地变换位置，她听了很久，至少 20 分钟，她边听、边问、边记，然后，在病历簿上写了一段话。大夫最后说："放心吧，老人家挺好，没什么问题。心脏有点积液，但没什么关系，也不是这次生病的病因。这次生病两个原因，一是风寒感冒，二是营养不良，加上之前用药不当，导致晕厥。现在，我已经初步听出心包积液的范围，开个单子，你们去做个检查，验证一下，过 2 天检查报告出来后，再给我看看。"

大夫又和颜悦色地对母亲说："老人家，吃斋是好事啊，少吃荤对身体是有好处的，但是一点都不吃，有些营养就跟不上了，你好好想想，看能不能适当吃点鱼虾，就当药吃吧！"

我们还傻乎乎地坐着，可是吴大夫已经呼叫下一个病人了。我连忙问："大夫，我们没事了？"吴大夫说："没事了，你们去做检查吧，别怕，做检查就是验证下我的诊断，好放心一些！"我问："不住院啊？"吴大夫说："她又没有病，住什么院啊？"我又问："药也不开吗？"吴大夫说："没病，吃什么药啊？"看着我们一个个惊讶的神情，吴大夫笑了起来，说："你们要是不放心，我就给你们开几盒加强营养的药吧！你们自己到医院对面的药店里买几盒金施尔康，心脏的保健药品，很便宜的，可以长期吃！"说着，她拿了一张处方纸，在上面写下"金施尔康"四个字。

"真是个好医生！"母亲边走边说。我说："嬷，这个医生跟我们老家的半仙可不一样吧？"母亲说："完全不一样啊！"做了检查后，我去交钱取药，你猜多少钱？哈，想都想不到，才269元。

听说母亲生病，上海和上海周边的几位朋友都赶来探望，他们是松江的厚火和小雪夫妇、昆山的建荣和云波夫妇、太仓的勤道君，听说母亲没有事，大家都很开心，老炳说："老嬷没事，是新年以来最好的消息，我们得好好庆祝一下，中午，我请大家吃饭喝酒。"

第 51 章　晴天霹雳

2015 年 3 月 25 日（农历二月初六）星期三

对于我来说，今天绝对是个黑色的日子，黑色星期三。

近二十天以来，母亲一直留在上海，住在外甥女夏晔家，由大姐和大姐夫悉心照料着。这些天，我每天晚上跟大姐通一次电话，询问母亲的病情，大姐回说，母亲终于听从医生的话，肯吃点瘦肉和鱼虾了。医生曾说，瘦肉鱼虾不但营养丰富，含铁量还高，补血，对心脏特别好，再三要求母亲把这两样当药吃。因此，大姐每天都要劝说母亲，说以前熬中药，药里面就有蝉的壳和各种小动物，也是荤的，母亲终于被说服，同意了。于是，母亲的身体慢慢恢复，越来越好了。前些天，我跟大姐商量，决定接母亲回广丰，回 52 栋，老爹已经憔悴得不成样子了。

上海的朋友听说我要接母亲回广丰，纷纷赶来探望。又听说我要做体检，大伙商量着，干脆一起做个体检。我想想也好，瞧这些兄弟一个个大腹便便的样子，肯定全都亚健康，做个体检，有个警觉也好。

今天一大早，就赶到长海医院，参加体检的总共有七个人，分别是我、老炳、建荣、勤道、信相、老土和光头，老李他喉咙不舒服，没做体检，只做喉镜。我看体检处人太多，要等，便跟老李一起去检查喉咙了，我因为长期喝酒，喉咙经常沙哑，有时一哑一两个月，这回正好有伴，便一同做个喉镜。可是没想到，专门来检查喉咙的老李只是普通的咽喉炎，医生给开了 200 多块钱的药就万事大吉了。

而顺带着检查的我却出了大问题，给我看病的医生姓周，他看了我的喉镜图，严肃地说："糟糕！非常严重的声带白斑，瞧这里，这里，已经变成坏东西了，声带癌，赶紧给你安排住院，不能耽搁了，明后天就得动手术，切掉！"

什么叫晴天霹雳啊？这就是晴天霹雳！

我完全蒙了！我活40多岁了，我只听过只见过别人得癌症，我可从来没有将"癌"这个可怕的字眼跟自己联系在一起。可是现在，这个姓周的医生怎么这么可恶呢？你怎么能跟一个那么热爱生命、那么富有活力、肩负着那么重的家庭担子的人开这样的玩笑呢？我真想抽他一个大嘴巴并唾他一口："胡说！"

可是，事实就是事实。

但是我不相信周医生的诊断，也没有接受周医生的建议。因为我认为他肯定说错了，所以，我托熟人，换了一个大夫，这个大夫姓温，人如其姓，性格也很温和，他反复地认真地仔细地看了喉镜图，说："依我看，也没那么糟，声带白斑确实比较严重，但应该还没到癌的地步，顶多在声带癌的边缘，手术还是要做的，这样，先住下来吧，我们的床号特别紧张，但你特殊，不能排队等了，我来安排，给你加个急！"温医生的话虽然说得温婉好听，但我仔细揣摩，跟周医生说的意思还是一样的！只不过他的语气相对温软，让人更容易接受而已。

我真的要死了吗？

那一瞬间，我忽然觉得恐怖至极，我出现了幻影，我觉得我已经置身我母亲平常所描述的阎王殿里，我的身边全是牛鬼蛇神，全是黑白无常，全是蒙面夜叉，全是大鬼小鬼，他们正狞笑着向我逼近，一步逼近，我退、退、退，但四处都是鬼，我觉得我已经无处可逃，我想喊救命，可是喊不出声，我觉得我的喉咙被割断了，被他们穿着进去一根铁链，铁链滑过我的喉结，我的声音随着鲜血沿着铁链往外流，不停地流……也不知过了多久，我回来了，眼前的一切又回来了，我被老炳推回来了，一扭头，哇！他们七个都来了，怎么了？

一个个像霜打了的茄子一样！我忽然之间又豪迈了起来，有什么了不起的，不是还不确定吗？就算确定了也是什么早期，那也没关系，不是有几年时间吗？现在科学这么发达，说不定就在这几年里把这个问题给解决了呢？你们犯得着这么一副副苦瓜脸吗？

我提了提气，跟温医生说："温大夫，我是从江西来的，今天星期三，我想明天回去一趟，有些事处理一下，下周一再来办住院手续，好不好！"

温医生凝神看看我："好吧，记得，一定要来啊！"又对我身边这一大帮苦瓜脸们说："下周来住院，不能这么多人了，只会添乱！没事的，你们放心吧，刮了就好的！"于是，我带着一帮"苦瓜脸"下楼，我和他们还得继续体检呢，体检费都交了，可不能浪费。

体检结束后，老炳在长海医院边上找到一个饭店，请大家吃饭。大家都不作声，我觉得这饭吃得真没劲，就叫老炳拿白酒来，说："哥几个，喝点吧！"大家用一种奇怪的眼光盯着我，我摸摸脸："哈，我脸上长花吗？来，听我说，这人嘛，生死由命，富贵在天，都不是自己说了算的，无论发生什么事，都有定数的，所以，兄弟们还是开心点吧，不管能活不能活，我估计，这都是我这辈子最后一次喝酒了，所以，就陪我喝个痛快吧！"受我感染，大伙都端起了酒杯，我直接干掉了一瓶。

酒足饭饱之后，我们又全部来到跟长海医院一街之隔的东方肝胆医院，信相的母亲在这里住院。信相的母亲，我也叫娘，就像信相叫我母亲一样，我和信相是同学，高一的时候，常跟信相走几十里山路，从县城学校到乡下老家，信相的母亲总是要给我炖鸡蛋，有时还加红枣。信相的母亲年前诊断出肝癌晚期，正月十六来上海住的院，给她主刀的卢军华教授是东方肝胆医院的"一把刀"，是我和老炳的好朋友。但是信相的母亲不肯开刀，她说要拜菩萨，开刀养伤会误了时间。信相拿她没办法，说她最听我的话，就向我求救，让我到上海劝说她老人家。因此，我这回来上海，除了接自己母亲回去之外，还有一件重要的事，就是劝说信相的母亲接受手术。但没有想到，这边还没有开始劝说，自己那边就出了状况。

到病房后，信相的母亲拉着我和朋友们的手，一口一个感谢，还说："我们鹰真好，这么好的人要活100岁，几百岁，1000岁。"我逗她："娘，不能活太久的，我一个人活那么久，他们都走了，我会没朋友的！"信相的母亲愣了一下，觉得我的话有道理，就补充说："你们都活几百岁，一起玩，一起玩啊！"我搂住她："娘哎，告诉你一件事，就是这开刀的事，你别害怕啊，这开刀其实是件很简单的事，第一，打了麻药，一点都不疼！第二，在医院里，天天打针服药，只要几天，伤口就好的，一个星期就可以出院了。这样，你过几天开刀，我明天回去一趟，后天又来，下个星期我陪你，你这里开刀，我到对面的长海医院开刀，好不好？"信相的母亲终于被我说服，同意开刀，但她又担心起我了，问我为什么开刀，我告诉她："我喉咙不是经常哑吗？长了个疖子，医生说开一刀，把它割掉去，割了就好的。"

下午四点，弟兄们陪我来到外甥女夏晔家，夏晔夫妇上班去了，只有大姐和大姐夫在。母亲见我酒气大，又数落我："怎么又喝酒了，看样子喝了不少，你的喉咙啊！唉！"我回她说："嬷，我以后，以后不喝了！没得喝了！"我跟大姐说："我跟这些弟兄出去玩了，晚上住外面了，你们把行李收拾好，明天一大早，我们就走，光头开车，送我们回广丰，过两天我又要来的。"

要离去时，大姐把我拉到一边，她焦虑地问："你是不是检查出什么事了？过几天又来，到医院吗？"我说："大姐，你放心，一个小手术，到时，你得到医院陪我几天了！就几天，顶多10天！"

第 52 章　母亲病愈回到 52 栋

2015 年 3 月 26 日（农历二月初七）星期四

路上有雨，母亲又轻度晕车，因此一路慢行，到广丰时已经傍晚。二姐、二哥、三哥，还有大大小小的十几个晚辈早就守候在 52 栋。车子还没有停稳，就被团团围住，母亲像个大明星，被簇拥着，老爹双手紧紧握着母亲的手，老泪纵横："我就说嘛，没什么病的，养养就好的！回来就好，回来就好！"我站在一边，25 天前的场景又浮现在我眼前，那时的老爹，也是老泪纵横，但气氛却完全不一样了。

大家簇拥着母亲回到了屋里，母亲一进门就奔向高柜，这是我意料之中的事，她第一件事肯定是拜她的菩萨。老爹跟了上来，说："你放心吧，清爽的，我每天都来擦，每天都来拜的！"母亲看看佛像，满意地笑了："看来这老头还有点用的啊！这佛像擦得真是挺干净的，不过，你又不会念经，你拜得来吗？"老爹说："怎么拜不来？就跟平时那样拜呗！"母亲问："你跟菩萨都说了些什啊？"老爹说："还能说什么啊，请菩萨保佑你身体好起来，早点回来啊！这菩萨还真听话，当真就保你回来了！"母亲嗔怪说："你都活 80 多岁了，还这么不会说话，菩萨又不是小孩子，什么叫菩萨真听话啊，是菩萨真灵，好不好，记住了！"母亲忽然想起了什么，她问老爹："你刚才说什么？每天都来？你不是住在亚光那里的吗？这天天下雨的，你天天来？你不怕摔坏了啊？"老爹憨憨地笑了。

我将大姐交代我的话跟二姐和两位哥哥复述了一遍后，准备回上饶了，临走时，我说："我明天有些事处理一下，后天我又要去一趟上海，可能有几天的，两位老人就由你们照顾了！"

离开52栋后，我一头扎进风雨之中。我在心中默默祈祷："老天爷啊，可要让我多活几年啊，我还有很多事情都没有做呢，我上有爹娘等我养老送终，下有儿子尚未抚养成人，你可不能那么早就把我给带走了啊！"

第 53 章 不敢告诉家人真相

2015年3月27日（农历二月初八）星期五

我没有告诉妻子真相。

这段时间儿子逆反，妻的心情一直不好，要是我告诉她我声带白斑癌变了，她还不直接急死？

因此，我只是轻描淡写地说："体检的结果不太理想，很多指标不对劲，血糖、血压、血脂、尿酸、胆固醇等，都有点高。"妻子开始埋怨，说我贪吃，管不到嘴；又说我懒，不运动，让我走路跑步就像要我的命似的。要在平时，我早就顶过去了，可是今天，我没有，我让她数落，我由着她，我怕以后再听不到她的数落了。

她数落之后，我又说："我经常喉咙疼声音哑，这回顺便检查了一下，声带上有点白斑，会影响发声，严重的可能变成哑巴，所以，要动个小手术，刮掉这些白斑，明天就去上海，后天就住进去，你不用去，只是个小手术，大姐会去医院陪我的！"我还跟妻子开了个玩笑："其实不刮也没关系，变成哑巴更好，省得跟你吵嘴。"

妻子白了我一眼，然后叹口气，说起了儿子。儿子这段时间十分逆反，迷上了游戏，到了痴迷的地步。我们了解儿子的个性，脾气急躁，性格刚烈，对他，宜疏不宜堵，不能随便跟他说"不"，而是要引导，有时明知不行，但还得顺着他，要改变他，不能简单地套用常规的教育手法，得用时间换成长。所以，当他迷上游戏后，我知道我们已经阻断不了他对游戏的狂热，干脆顺着他，给他开通了宽带，特意给他购买了性能较好的电脑，让他好好玩，玩个痛快。

我知道，要是不让他玩，他肯定会逃学到网吧去玩，那样就可能发生更多意想不到的事故。但是，这孩子越玩越不像话，他居然没有节制了，天天玩到半夜三更，上课没精打采，一到教室就睡觉，班主任已经不止一次通知我们："把孩子带回去！"

妻被儿子的事左右着情绪，没有过多在意我的情况，只是淡淡地说："那你动了手术，就好好养着吧，出了院就赶紧回吧，你这儿子，我一个人真的吃不消！"

晚上，我跟儿子说："易易，奶奶病好了，已经回广丰，你哪天回去看看她吧！她想你了！"儿子说声好，又继续玩他的游戏了。我又说："爸爸的声带出问题了！明天去上海动手术。"儿子无动于衷，我继续说："你已经15岁了，也不小了，要乖点了，爸爸的病可能有点麻烦！"儿子的手停了一下，他似乎想转头，可是顿了顿又接着动他的鼠标了。我叹了口气，站了起来！走出儿子房间那一瞬间，我有点抑制不住自己，心想——孩子啊，你何时才能懂事啊？广丰有句老话，叫做"爹不死儿不乖"，难道真的要我有什么事，你才会乖巧懂事吗？

我来到阳台上，打开窗子，窗外，漆黑一团。

我幽幽地想：唉！这世界要是原本就没有我，那该多好啊！

第 54 章　手术

2015年4月2日（农历二月十四）星期四

今天动手术。

手术前的程序让我很是烦躁，我当然知道医院有医院的规定，医生有医生的顾虑，所有的程式都是为了不引发事后不必要的纠纷。我当然理解这一切，我想尽力去压制这种烦躁与不安，但是没有用，根本压不下去。

幸好大姐在身边，老炳和光头也早早就来了，信相也从对面的东方肝胆医院过来了。信相的母亲是前天动的手术，手术时，我和信相在手术室外面候着，卢军华医生亲自主刀。手术后，卢军华说："出乎预料，非常遗憾！"因此，信相这两天情绪很是低落。我说："信相，过几天，你娘出院了，带她老人家到处转转吧！"信相说："你自己好好做手术，兄弟，我老娘也有你一份的，她一个人把什么灾难都担走了，你一定会好好的！"

躺上推车之前，我说要看看手机，大姐把手机给了我，我翻开手机相册，仔细地看了看父亲、母亲、妻子、儿子的照片，又把其他家人和朋友们的照片粗粗地翻看了一下。就在这时，手机响，是条信息，是儿子发来的，我很奇怪，儿子可是从来都不跟我发信息的啊？今天怎么了，难道他懂事了？知道我今天要手术，发信息来安慰我吗？我疑惑地打开信息——爸爸，跟你商量个事，我发现我的状态极其不好，这样学习是完全没有效果的，我想休学一个阶段，下半年开学重读高一，反正我比其他同学要小一岁，就当成我一次不懂事的尝试吧！

　　看完信息，我合上手机，交给大姐。然后，我被推进了手术室，护士给我打了麻药，让我盯着对面墙上一个电子显示屏看，电子屏上显示的是我注射麻药后的血压和心跳等指标，但我没有心思看那些指标，我的脑子里全是儿子的信息——休学、休学、休学！慢慢地我就迷糊了，迷迷糊糊中忽然起了一个邪念——我最好再也别醒过来！

　　不知过了多久，事后才知道是三个多小时，手术两个小时，声带黏膜切片化验一个多小时。脸疼，我的脸疼，有人打我，使劲打，可是我不想睁开眼，也睁不开。于是，脸继续被打着，继续疼着，我分明听到了"啪啪啪啪"的声音，我感觉我叹了口气，便有声音传来："患者假休眠，似乎不想醒来。"我听着，听着，我似乎听到了二姐的声音，二姐叫我吃煨番薯，二姐的声音又细又长。又听到了哥哥的声音，哥哥在哭，他怎么了，他为什么要哭啊？我忽然听到一阵乒乒乓乓的声音，儿子？是儿子在玩游戏吧，玩输了不高兴，把桌子拍得乒乓响，这孩子，都深更半夜了，怎么还不睡觉啊？对，儿子还小啊！他还未更事，等着我教育他，抚养他成长呢！又传来一阵非常苍老的声音，很陌生，但很亲切，这声音似乎从天外传来，她说："孩子，这里不是你来的地方，外婆送你回去，回去，回去——"然后又听到母亲的声音："鹰啊，回来吧，回来吧，嬢接你回来，接你回来——"母亲这是干嘛呢？这不是我小时候生病发高烧赎魂邀魄才这样叫的吗？今天怎么又这样叫了？这些声音越来越嘈杂，越来越混乱，越来越响亮，最后乱成一大片。哇！太吵了，我得走！得离开这里！我迈步就走，可是"咣当"一声锐响，是什么东西碰翻了？我寻声望去，结果就看见了一个东西晃来晃去，几个影子晃来晃去，迷迷糊糊的，就像隔着挡风玻璃看窗外——这是哪里啊？我在哪里啊？"这边！这边！开门！开门！让一下！让一下！瓶子提高点！再提高点！"杂乱的声音交错传来。忽然我看见一张脸孔，好面熟！谁啊？我肯定是见过的，我想想，好好想想！噢！是大姐！

对，是大姐，咦，大姐怎么会在这里啊？这是哪呢？好像是医院哎！难道母亲生病了？住院了吗？不好！刚刚哥哥不是哭吗？难道母亲，或者爹爹，他们，他们有事吗？不好！我得问大姐，要问个清楚！我张嘴大喊："大姐，大姐！"奇怪，我怎么发不出声音呢？我的喉咙怎么了？又喝多了吧？烧得可真难受！对，喉咙，我的喉咙！我的喉咙坏了，我的声带坏了，我是来做声带手术的。

一个小时后，我终于完全清醒了。

大姐在。老炳在。光头在。信相和他几个弟弟都在。从苏州特意赶来的好朋友建荣、希华、勤道在。外甥夏庆也在。

我又想说话。张嘴，好疼！声音呢？我成哑巴了吗？我把手伸了出来，往喉咙摸去。大姐拦住我的手，说："小心，别碰着氧气瓶！"又说："医生说，手术很成功，切片化验结果在良性与恶性交界处，基本上是良性，结果明天出来！"我想说："也就是说，一时半会，我不会死了？"可是，什么声音也没有发出来。

大姐说："你暂时不能说话了，我给你准备了写字板，想说什么写在上面。"

我决定坐起来。这一大帮子兄弟围在身边，我可不能躺着。这些兄弟看上去挺高兴，一个个谈笑风生，老炳说："我请大家吃饭，庆贺老鹰手术成功！"说到吃饭，大姐说："是啊，都一点多钟了，是要去吃饭了，老炳，今天中午让外甥夏庆请你们这些舅舅！"夏庆赶紧说："是的，今天我请所有的舅舅吃饭，现在就去！"他们的欢乐似乎不是强装出来的，因此我估计，大姐的话有可能是真的。

大家走后。大姐说："医生说，你这个星期不能吃硬东西，只能吃流质食物，不能吃一点点辛辣的东西，更不能说话！"我斜靠在病床上，心想：我这就算是捡回一条命了吗？我算是运气好的吗？假如医生说是恶性的甚至说是晚期了，那我现在又做何想法呢？

我在写字板上写道："真的是良性吗？如果是，告诉她们！"大姐说："上午就一个个打过电话了，手术结束后，医生说良性的，我就告诉他们了。之前没有告诉老孃，上午忽然说你动手术，她都急坏了！说要去什么庙里拜佛！对，说是去灵江湖庙里。"

一天下来，很多人来电话，我没法对话，只能给他们回信息，说生病动手术无法说话。结果，越传越开，电话越来越多。我想，照这个样子下去，接下去不知道又要有多少人打电话来问询，不如干脆发个告示。晚上，我在微信朋友圈里发了下面这段话：

> 敬告各位敬爱的亲爱的可爱的亲人、朋友、领导、师长、同学、同事、兄弟们，我今天上午在上海长海医院由专家成功开展了声带白斑切除手术，初步检验为良性，未恶化，成功逃过一劫。医生说我运气好，我回医生说阎王爷怕我这个当过城管局长的带着一帮城管到阴曹地府闹阴街、翻阴摊，所以没敢要我。我从今天起一周内只能吃流食或者半流食，没想到像我这样的硬汉，居然也吃起了软饭，真是惭愧！我一周后出院，两周内不能发声说话，今生再也不能喝酒，当真是一件相当没趣之事。人到中年，得此一病，虽只一日，却于我心志与性情都有变化。其中之一是，我越发珍惜我所认识和在乎的你了，你要向我保证，一定要好好活着。刚刚写得打油诗一首，与健康的你共勉，题为《赴沪治病有感》：人到四十一场病，阴阳两界半分间。幸得浮生四十载，功名利禄皆云烟。最后，衷心感谢你，也请你放心，我一定会好好活着，会伴你一路花雨轻尘，会伴你一生圆月朝阳。

不到一个小时，朋友圈的问候就超过了一千条。我在写字板上写道：感动得我话都说不出来了！老土在微信上埋汰我说："拜托，你说不出话来不是因为感动，是因为手术，好不好？"我回说："你个死老土！待我能说话了，一定要狠狠骂你一顿！"老土说："好啊，有本事你赶紧好啊，明天就骂我啊！"我眼眶忽然间就紧了起来，多好的兄弟啊！

第55章　亲友的关心冲淡了我的忧心与恐惧

2015年4月8日（农历二月廿）星期三

长海医院颠覆了我对医院的认识——进了医院就是病人，不管有病没病，都得挂吊瓶，得挂很多的吊瓶；不管这病那病，都得做检查，得做无数的检查；不管病轻病重，都得住院，得住好久好久的院；不管有效无效，都得开药，得开好多好多的药！

可是，长海医院却不是这样的。无论是上个月我母亲看病，还是这回我自己手术，都不这样。人家只让我住了7天医院，人家说："对不起啊，病床实在紧张，你已经没啥问题，可以出院静养了，人家后面排着队等着住院呢！这医疗资源可是大家的，请你们多多理解！"

说得多好啊！因此，本来想多住几天待病情好利索些再出院的我，也就没话说了，当然，我也说不出话来。是啊，医疗资源是大家的，咱可不能霸着！大姐昨天给母亲打电话，说今天要出院，我让大姐免提通话，只听母亲说："求求人家医生，让鹰多住几天，好干净了再出院！"大姐耐心地解释了一通，母亲最后说："从来都没见过这样的医院，有生意都不做的！"我在写字板上写了一句话：我们那里的医院主要是做生意，然后才是看病；人家这里的医院主要是看病，然后才是做生意。可惜，当我写完时，大姐已经挂了电话，不然，我准备让她把这两句话说与母亲听。

既然不让住，那只有出院了。因此，今天从一大早起，我就在微信朋友圈里不停地发信息，感谢并告知那些关心我病情的朋友们，我要出院了，请他们放心。说真的，我活了43年，从来都没有像这回这样，收到了如此之多的关爱与温暖——虽然没法通话，但手机里却收到了数以千计的祝福短信；住院八天七夜，年过60的大姐和大姐夫轮流陪护我，晚上，我躺在床上呼呼大睡，大姐和大姐夫却只能斜靠在椅子上或者匍伏在我床沿边瞌睡一会；外孙女高小米和夏萱赖在我的病床上不肯走，说小舅公开了刀成了哑巴好可怜，要翻跟斗给我看让我解闷；信相则在长海医院和东方肝胆医院两边跑，那边陪母亲，这边陪我；老炳和光头两位兄弟放下了公司所有的活，每天都要到医院来；苏州的建荣和勤道相隔一天就来一趟，赶都赶不走；在上海工作的好朋友如杨巧、林增波、程泳波、杨振、周丽莺、吕慧林、金津、苏冬媛等人根本不听我的劝，我没告诉他们病房号，他们就到医院问，七问八问找到我的病房，于是，鲜花、药材、营养品堆满了病房；还有很多朋友从老家江西、北京、浙江、江苏、福建、河南、陕西、广东等地专程赶来医院探望，我在写字板上给他们写道："你们来肯定是准备见我最后一面的吧？要不然犯不着那么远特意赶来的啊！"朋友们在写字板上打上几个大叉叉，一个个骂我是乌鸦嘴。

朋友们的关心冲淡了我的忧心与恐惧。我有时甚至觉得自己就是到上海休了一周的假，现在假期满了，我该回去了。加上人家医院下逐客令了，我也只有回去了。所以，他们帮我收拾好了行李，文益同学专程来接我回广丰，但是，我还有几件事必须要办，第一件事是到对面的肝胆医院去，我要跟信相的母亲道个别，虽然她也马上出院，也要回广丰，但我知道，她的病情太重，我可能再也见不到她了，所以，我必须再见见这位跟我娘一样疼我的婶娘。然后，要跟给我做手术的温医生道声谢，虽然今后一年里每个月都要来复检一次，还会见到他，但是这声谢谢是少不了的。当然，我还要悄悄问下他，我到底有事没事，我会不会很快就死，虽然我知道从他那里不一定听到真话，但我还是想问问，安慰安慰自己。最后，我要跟那些照顾我一周的美丽的小护士们招招手，虽然，我没能跟她们说过话，但是我得记住她们那明眸善睐的眼睛和温柔多情的笑脸。

最后，我走了，在一大帮朋友的陪护下，我走了。我离开了长海医院，我离开了上海，我把病情与"瘟疫"丢进了黄浦江。我要回到美丽的大上饶，我要回到我日日牵挂的52栋，我要去见我天天想念的妻儿爹娘，我真的可以再见到他们了，真好！我决定，回去以后，我要惯着他们，母亲不是要拜佛吗？由着她去！老爹不是抽烟上瘾吗？由着他去！妻子不是喜欢购物吗？由着她去！儿子不是喜欢上网吗？由着他去！心情第一，快乐就好！尤其是儿子，我要对他说：人生之路，既长又短，既短也长，少年逆反，乃是常态，人生必经，仅当挫折。因此，我决定同意他休学，只要他好好活着，只要他不做违法违规有损社会的事，只要他懂得尊敬长辈能够善待爷爷、奶奶、外公、外婆，就让他玩个痛快，相信他到了时候自然会觉醒的。而我，再也不要拘泥于一时一地之得失了。我问自己为何会产生这样的想法，我自己告诉自己：要是这回，这回那个了！再也出不了医院了，再也回不了52栋了，再也见不着妻儿了，那么，我，还能管得了这些吗？想起这些，我感觉自己掉进一个好大好大的冰窟窿，打了一个老大老大的寒噤。

第56章　母亲说了三件事

2015年4月14日（农历二月廿六）星期二

上海回来后，我一直躺在床上静养。

其实，除了说话的声音轻一点哑一点，我看上去跟常人无异，只要不开口，没有人会将我当成病人。

大家都知道我病了，因此很少来电话，偶尔手机响，我也不去看，都由妻子去接，但大都是房产公司、装修公司、贷款公司或者是推销假发票的。有时有朋友来探望，都会事先发个信息来，我看到信息后，就让妻子去电。今天上午，妻子上班了，电话又响，我想反正妻子不在，我又没法说话，干脆懒得理会。没想到，这电话响了一遍又一遍，我都已经生气了，准备拼着喉咙疼痛、拼着声音嘶哑也要接下这个电话并责骂对方一顿。待我从床上下来，来到客厅拿起手机时，才发现，电话居然是母亲打来的。

怎么回事啊？母亲知道我不能说话的啊！也知道这个时间点只有我一个人在家啊，她怎么可能不断地来电话呢？难道有什么急事吗？就算有急事，也是通知我妻子的啊！到底怎么回事呢？我迟疑着接通电话，开了免提，传来母亲的声音："鹰，我知道你不能说话，我说，你听着就是啊，三个事：第一，我的病好了，跟以前完全一样了，你就放心吧；第二，这两天的日子跟你的生辰八字合，你可以试着开开口、说说话、说轻点、自己跟自己说，要么对着墙壁说，会好得快些；第三，他们两兄弟说你今年生病花了不少钱，养病又要花钱，还不能去挣钱了，所以说好了，今年52栋的水电费、物业费，我们的开销,还有我拜菩萨的钱,你就不用出了,他们俩分摊!"

我有点急,想说:"那怎么行,他们俩收入都不高,日子并不宽裕,平常都节省得很,哪有余钱啊?52栋的开销对于我来说,并不是什么大的负担,但对于他们俩来说,就是一笔大开销了。我今年虽然不能挣钱,难道明年还不能吗?"可是,我张着嘴硬是说不出话来,我那个急啊,真是没法形容,憋了好久,终于吐出词了,然而,语不成句,话难成章,声音极度嘶哑,连我自己都听不清楚说的是什么,最后,只有选择放弃。

一直挨到中午,我边说边写、连比带画好不容易把母亲的话传给了妻子,妻说:"你暂时别管这件,别着急,好好养病。52栋的事,让两位哥哥先担负一下,我看你恢复得不错,已经可以说话了,估计到下个月便能说清楚了,到那时,你再回去跟他们细谈吧。"我想了想,觉得妻子的话很有道理。

忽然想起母亲让我试着说说话,便找出我自己写的书《我是城管》,咿咿呀呀地念了起来。妻子扯下两团药棉塞住了耳朵。我白了她一眼,咿咿呀呀地说:"至于吗?我说得有那么难听吗?"

第56章 母亲说了三件事

第57章 出差到吉安

2015年4月21日（农历三月初三）星期二

我实在闲不住，就去上班了。

当然，我也能轻轻说话了。

当然，他人要是认真地听，也能够大致清楚我说的是什么。

当然，他人听不清楚我说话的内容，手术后声音嘶哑只是原因之一，另一重要原因仍然是我那带有浓重广丰腔的普通话。

当然，我也有事做了，因为我都已经上班了。比如现在，我就斜靠在吉安宾馆的床上，我被涂局长派到吉安开会，会议名称叫作"江西省第二届畲族文化艺术节"。我说我生病了。涂局长说："越大的会越没事，你就负责去听，把会议精神带回来，不用你开口的！"果然，我来一天了，都没有说过一句话。至于会议精神，我把会议材料看了，也就全部领会了，会议还没有开完，我却觉得可以返程了。

吉安市文广新局很是好客，给每位与会者赠送了一套用我们上饶铅山连四纸印制的线装书《欧阳文公集》。对我来说，这个才是我本次吉安之行最大的收获。我正翻看着欧阳修的诗文呢，忽然手机响，是母亲来电。这些天，母亲每天都要来个电话，她的意思是我声带做了手术，就像初学说话的小孩，天天都要练习，每天都要说几句，不能说太多，但也不能不说。所以，她每天都会来电话唠上几句。我觉得母亲可厉害了，因为她说的跟上海的专家说的是一样的。其实，我手术前是个话痨，母亲就是不来电话，我也一定会超额完成"学习说话"的任务的，但是她老人家不放心，她担心我往电脑前一坐就是一天，担心我一天都没人跟我说一句话，所以她要亲自打电话来，跟我说上几句。其实我知道，母亲来电话最主要的原因还不是这个，自我手术前从上海接她回52栋后，她就再也没有见过我，她一是不放心我，二是想我了。因此，哪怕听听我的声音都好，所以就找了个"练习说话"的理由给我打电话。她每次来电话，我都要说："嬷，你放心，我活着呢！"而母亲每次都要说："今天声音比昨天要好一点了！"天天如此。

现在，母亲来电话了，没等我开口，她就一个劲地说开了："鹰，今天是三月三，以前我们在老家时，今天就要浸泡糯米做水酒了。三月三做的水酒好喝，又香又甜，还不会酸！"母亲的话让我想起很多。记得以前，一到三月三，母亲就会蒸一甑糯米饭，伴上酒曲，放在一个木桶里，用棉袄捂得严严实实，再后来七弄八弄，就变成了水酒。然后珍贵得什么似的，不是贵客，是绝对不会拿出来喝的。我小时候，本来不会喝酒，但见母亲和姐姐把这水酒当成宝贝，便以为很好喝，偷喝一点，没想到根本没有冰糖水好喝，便认为母亲和姐姐好傻，拿那么好吃的糯米饭做这个，还把这么不好喝的东西当成宝贝。长大以后才发现，农历三月三酿成的水酒确实要比其他时段酿制的水酒好喝，但到现在我都没有参透其中的原因。中华文化博大精深，中国人民在长期的生活和生产实践中，积累了许许多多的经验，有些到现在还解释不出原因。但是，长大后困扰我更多的倒不是这个，而是另有其事。农历三月三在中国是个神奇的日子，一说跟女娲和伏羲有关，一说跟王母娘娘的蟠桃会有关，一说是道教玄武真君的生日，也有人说三月三是中国情人节。有几十个民族把它当成大节来过，或者载歌载舞相亲约会，比如壮族；或者设为歌圩节，比如畲族。我今天来参加的畲族艺术节，就是一直流传下来的盛大节日。可是，在我的老家，三月三却选择了酿制水酒，这到底是怎么回事啊？我曾经问过母亲，母亲也不知道，只是说："上辈人传下来的！"这个问题令我迷惑了很久，直到今天都没有找到答案。

母亲一直说着，其实我已经走神了，她后面说的我压根没有听见。直到母亲放高声音："鹰，鹰，你听着吗？"我才反应过来说："噢！听着呢？你说啥了？三月三吗？又想做水酒了？"母亲说："做什么水酒啊，现在超市什么都有，水酒也有。"我又说："三月三做水酒，人家要么办庙会，要么对山歌，可好玩了，我今天都要乐坏了！"母亲警觉地问："你说什么？你今天去哪了？"我知道说漏嘴了，干脆说个清楚："我们涂局长让我到吉安开个会，你放心，一不会劳累，二不用说话，没关系的，你就放心吧，我这一天走走看看，很好玩，很开心。"母亲松了口气："开心就好，要注意身体啊，哪有生病了还让出差的，还说你们涂局长不糊涂！"我知道接下去肯定要问我吉安是个什么样的地方又有什么好玩的了。果然，母亲批评完我的领导又问："吉安在哪里啊？好玩吗？"我会心一笑，心想这个说来话长，从何说起啊？但想想还是给母亲简单地说了两个故事："吉安曾经出了个很厉害的人，叫欧阳修，官当得很大，跟宰相一样大；文章写得更好，文曲星下凡。但是，这个人小时候很苦，自小死了爹，买不起纸笔，母亲就用荻秆在地上教他写字。后来，他考上了进士，特别厉害！"母亲听说人家自小死了爹，就起了同情心，唏嘘起来。我接着说："这个欧阳修跟我们广丰还有点关系呢！"母亲一下子来劲了："怎么？他到过广丰吗？在广丰有亲戚吗？"我忍不住笑了起来，这哪跟哪啊，母亲也真是会扯。我喝了口茶，清了清嗓子："欧阳修出生那个县叫做永丰县，我们广丰县以前也叫永丰县，一模一样的名字。清朝雍正年间，调整行政区域，发现了同一个江西省有两个永丰县，决定改掉一个，因为欧阳修的名气大，就保留了他那个永丰县。而我们县，因为当时的上饶叫广信府，就取了个广字，又保留了个丰字，合在一起叫广丰县，我们广丰就是这样来的。县城仍然叫永丰镇。"电话那头传来母亲惊讶的声音："原来我们广丰是这样来的？"我想，要是我在52栋，母亲肯定又要大声将我刚讲的广丰县名的来历转述给老爹听，可是现在，一是路途遥远，电话费钱；二是母亲似乎想起我的病情了，她匆匆地说："你不能讲太多的话，今天已经讲多了。好了好了，不讲了，我挂了，挂了啊。明天我不打电话了，你少说几句啊！"接着，母亲挂断了电话。

放下手机后，我开始想像52栋正要发生的事——母亲附在老爹耳朵边上大声说话，说我在吉安，说吉安出了个很厉害的人，说广丰县以前不叫广丰县，并不止一遍地讲述广丰为什么要改名字。而老爹，肯定又是这副样子——张着没有牙齿的嘴，憨憨地笑着，也不知听懂没听懂，他都会说一句："是不是啊？"当然，老爹这句话并不是质疑，而是他特有的肯定的方式，意思是：原来这样啊！

第 58 章　母亲也懂黑色幽默

2015 年 4 月 24 日（农历三月初六）星期五

　　我已经快一个月没回广丰，没到 52 栋了。时间虽然不算很长，但总感觉上次回去是很久以前的事了。这期间经历了母亲病危送上海医治、自己检查出重症动了手术、好朋友李信相的母亲肝癌晚期手术失利等重大人生变故，加上儿子逆反要休学专门玩游戏。这一切，让我一度产生了活不下去的念头。

　　而现在，我好歹也算是到鬼门关口转了一圈又回来的人。因此，自认为比以前要通透一些了，就算是生死，也似乎看淡了一些，或者说是更加宿命了一些，甚至可以理解为消极了一些。我一路上都在想，要是这次母亲走了，我会怎样呢？或者我走了，母亲又会怎样呢？这些乱七八糟的想法时不时就跳出来，已经影响我驾车了。我连忙把车子停在路边，我得歇歇，我摇摇头、揉揉眼，聚了聚神，过了好一阵，才重新启动车，不一会便到了 52 栋。

　　好多人等着。在 52 栋楼下小广场等着。

　　母亲、老爹、二姐、二哥、三哥，还有很多很多家人和朋友。

　　他们欢笑着，开心地笑着，灿烂地笑着。

　　我下车来，说："就差买挂鞭炮来放了吧！"

　　我被簇拥着回到屋里。我忽然有了泪奔的冲动，刚刚在路上想的事情终于在这里找到了答案，那就是：不管是母亲走了，还是我走了，都将看不到这里的一切了，看不到这里的人和物了，看不到老爹佝偻的背和瘪陷的嘴了，看不到朋友和家人的身影和笑脸了。

而现在，阿弥陀佛，谢天谢地，母亲好好的，我也好好的，因此，眼前这一切，一样一样地映入我的眼帘，不禁让我热泪盈眶。母亲走过来，她轻轻地搂住我，轻轻地拍着我的后背，轻轻地说："回来就好！回来就好！菩萨保佑你百病消除，长命百岁！"母亲这一搂一拍，让我瞬间想起小时候的事。小时候我调皮不听话，不是搅浑了人家的池鱼便是毒死了人家的鸡鸭。怕大人用竹梢打屁股，便躲起来不肯回家，害得家人满山坳野地到处乱找，最后在乱坟堆里找到已经睡着的我，母亲也是这样搂着我，轻轻地拍着我，说："回来就好！回来就好！"

母亲把我拉到高柜前，她让我弯腰礼拜。要在平日，我肯定不干，或者要跟菩萨开个玩笑，但是今天，我温顺得像只羔羊，母亲让我礼拜，我就礼拜；让我双手合十，我就双手合十；让我添加供果，我就添加供果。母亲很是满意，她笑吟吟地说："我就说嘛，我们鹰做了那么多的善事，怎么可能有事呢？"我终于没有忍住，终究还是跟母亲开了个玩笑："我做了那么多善事，那菩萨怎么不保佑啊？怎么还让我生病啊？"母亲瞪着眼说："菩萨当然保佑了，你这孩子真傻，人是吃五谷杂粮长大的，哪有不生病的？关键是，这病有轻有重，有救没救。这人有善根，自有福报。就说你，工作一直那么累，天天加班，还熬夜写文章，又喝酒，还喝那么多。我以前就说过你的喉咙老哑老哑的，可你又不肯去看，我都担心死了。所以这次啊，菩萨让我生个病，知道你孝心重，会送我去上海看病，结果我啥事没有，而你却检查出了问题，再往下拖就迟了！这不是菩萨保佑是什么？凡事都有因果，你劳累是因，生病是果，你孝顺是因，及时发现病情是果，明白了吗？"母亲一会讲菩萨保佑，一会又讲因果报应，虽然有点混搭，但我听着，还真有那么点意思。医生确实说了，再晚三个月，最多半年，如果还不治疗，就百分百的声带癌。而母亲，偏偏就在这个节骨眼上生了一场"假"病，将我引到上海的大医院去了。这难道真是巧合吗？当然，我可以理解成巧合，但是，整天"阿弥陀佛"长、"观音菩萨"短的母亲,当然就认为是老佛之功、菩萨之劳了。我本来想反驳母亲的,但看到母亲一脸的虔诚和欢喜,就打住了。我决定顺着她,让她高兴点,于是我说:"嬷,看来,你的菩萨真的没有白拜,你的经文真的没有白念啊,好像真的显灵了,不然,哪有这么凑巧的事啊?"母亲听了十分欢喜,看来,我顺着她是对的。看到母亲这么高兴,我也十分高兴,我对母亲说:"你放心吧,你以前不是给我算过命吗?说我能活93岁的啊!"母亲忽然生气地说:"那个算命的人乱说的!"我和大家听了一愣,一时间不明白母亲的意思,母亲接着说:"那个算命的人真是乱说的,谁说我们鹰活93岁了,肯定能活120岁的!"

嘿!我这个老嬷,还懂得黑色幽默呢!

第 59 章　为什么不买菜

2015年5月18日（农历四月初一）星期一

前天上午，母亲来电话，说："今天礼拜六了，你要回广丰吗？"我说："我在铅山呢，陪客。"

昨天上午，母亲又来电，我接通电话便抢先说："今天礼拜天了，你要回来吗？要回来我多买点菜！"母亲笑了起来："你客人还没走啊？"我说："我今天要回广丰的！"母亲果然说："那我去买菜啊，你一个人吗？"我连忙说："你少买点，我今天虽然在广丰，但是不到52栋的，我陪阿成老师和杨阿姨去十都看看王家大屋，看完后回上饶，明天要送他们去南昌机场的。"母亲显得很失望："这么说，不回来了？你陪客人啊？可要注意身体了，千万别喝酒！"

今天上午，我把阿成老师和杨阿姨送到南昌机场，现在，已经回来，我在上饶没有停留，直接来到52栋。我忽然出现在母亲面前，她吓了一跳："你，你没说要回来啊！"我说："哎哟，我的老孋，我没说回来就不能回来了？你昨天和前天不是说要买好吃的吗？于是我就回来了！"母亲有点不好意思："你不是说不回来了吗？所以就没有买了，就我们两个老人，对付对付就过去了。"听母亲这么一说，我赶紧看餐桌，一个小盘子，几片柚子皮。再打开冰箱，除了几根葱，几个鸡蛋，就啥也没有了，冷冻层里也没看见啥，只有一个白色的塑料袋，里面是冻结在一起的几片鱼块。我很不高兴，阴沉着脸说："我的老孋，你们就吃这个啊？你们不吃好，会生病的，不要这么节省好不好，省下的几个钱还不够看病吃药呢！"母亲解释说："没有节省啊，就是这雨下个不停，路滑，不愿去超市。"这回轮到我不作声了，我在自责，是我和哥哥们不对，我们应该想到这一点的，这连绵不断的雨水，吓得母亲不敢去买菜，我们为什么就没有想到这一层呢？我们应该给二老买好菜的啊！但是，我们压根就没有想到这一层，这是多么的不对啊！母亲似乎看出了我的心思，马上说："亚光打过电话的，说要给我买菜，我看还有点菜，就让他别买了，怕他骑摩托车打滑，万一摔倒了怎么办？他本来腰就不好！又估计这两天会晴，想等天晴了再去买，安全点。"我说："难怪你天天打电话我，原来我不回来你就可以不用买菜了，是不是？这么说，要是我今天不回来，你们是不是打算吃白饭了？"母亲不好意思地笑笑："不会，不是还有几个鸡蛋吗？"

接着，我拿起雨伞，说："走，我陪你去买菜！"看见我们要走，老爹赶紧挤到门口，母亲说："这么大的雨，你别去了，又不是去玩，有什么好跟啊？"接着对我说："鹰，我不去买菜，还有个原因，就是这个老头，真讨厌，他死活要跟着去，摔倒怎么办？所以我干脆懒得去了。"我把老爹拉到沙发上，把电视打开，调出一个抗日剧，跟他说："你看电视，我们去买菜，家里就一把雨伞，所以，你不能去！我们很快就回来的。"老爹没有坐下去，他朝阳台看去，我顺着他的目光，嘿，阳台上居然有一把雨伞。我连忙走过去，收起那把雨伞，指指阳台外，说："你看，雨好大，我和嬷一人一把雨伞，都会淋到雨，你真的不能去。"老爹不作声，走到阳台上，看了看外面，不情愿地说："那，那你们快点啊，买了菜就回来啊！"就像小时候，爹爹带我去廿四都赶墟，把我往街边角落一放，说："你在这里等，别乱走啊，我去买东西了！"我一定要跟去，爹爹就给我买一片糖糕，我于是惴惴地说："那，那要快点啊，买了东西就回来啊！"

一个小时后，我们回到52栋。我们买了好多菜，有肉，有排骨，有猪肝，有活虾，有白豆腐，有辣椒，有青菜，有绿豆粉丝，有土豆，又买了酱油、陈醋、生姜、大蒜子、糯米酒，还给老爹买了蛋糕和桃酥饼。母亲气喘吁吁地对老爹说："老个，这回够吃了，你看看，多不多？"老爹把母亲给他的蛋糕和桃酥抱在怀里，乐呵呵地进了房间，母亲轻轻地说："你爹真有意思，他会把这些东西藏起来，不给别人吃，有时有客人来，我找不到东西招待，就会把他藏起来的东西拿来待客，他不知道是他的。后来发现没有了，就怀疑自己放别处了，结果到处找都找不着，我问他找什么，他还不肯说，真像个小孩。"母亲这话又让我想起小时候，我因为最小，大人们总会给我一些吃的东西，我呢，舍不得吃，就会藏在某个地方，往往被三哥偷去吃了，我就急得什么似的，到处找，就像现在的老爹，当然什么都找不着了。

饭后，母亲问我："今天星期一，你怎么不去上班啊？"我回她说："我们涂局长照顾我，说我动了手术，把我的工作任务调轻了，让我自由掌握时间，想上班就去，不想上班就在家休养！"母亲松了口气："这样啊，看来你们这个姓涂的局长还不错啊！"我说："你不是说他姓涂，就很糊涂吗？"母亲哈哈一笑："他这事办得可不糊涂！"我说："老嬷，我们这样议论人家，我们涂局长该打喷嚏了吧！"

第 60 章　母亲的叮嘱

2015年5月26日（农历四月初九）星期二

这两天母亲的电话来得特别勤。

前天星期天，我回52栋，说要到上海复检，她就担心得睡不着觉了。我是上个月2号动的手术，上个月29号做过一次复检，温医生说，声带上有白色附着物，但怀疑是刀口未恢复所致，无法断定是不是白斑复发，说要下个月复检后再说。所以，母亲对我这次复检相当重视，她坚持两手抓两手都要硬，一手抓科学，像医生那样嘱咐我不要大声说话、不要吃辣椒、不要喝酒、不要喝太烫和太冷的东西；一手抓迷信，反复向高柜里的菩萨祷告，祈求菩萨保佑我病情痊愈早日康复。

昨天，我来到上海，老炳和光头刚从火车站接到我，母亲的电话就来了："记得，不要喝酒啊！要注意辣的、烫的，少说话啊！"到饭点时，她又来电话了，交代了同样的话。晚上才八点，她又来电，交代说："早点睡啊，明天一早要去医院呢！"今早上才六点钟，她又来电了："起来了吗？早点去医院，不然会拖到下午的！"

今天上午折腾了一上午，排队、挂号、开检查单、交费、做电子喉镜，直到十一点半，才轮到温医生给我看喉镜图，温医生认真地看着，我极度紧张地盯着温医生看，偏偏这时，母亲的电话又来了，我忙不迭地按了拒接，温医生终于笑容满面地说："恢复得不错，没有发现白斑，但声带充血，肿胀得厉害，注意发声，话不宜过多，开点药吃下，下月底还要来复检啊！"

我一走出温医生的办公室，就给母亲回电话了："医生说，没发现什么不好的，但仍然要保养，下月还得检查。"电话那头，传来一声"阿弥陀佛！菩萨显灵！"我摇摇头，挂了电话，心想：我的老嬷，这回你应该睡得着了吧！

没想到，还没完呢！晚饭时，母亲又来电话了："你不要说话，听着便是，不要以为检查了没事就又喝酒啊，下月不是还要检查吗？就是说，还没有好利索，所以，不该吃的东西不要贪吃！我知道你上海朋友多，今天这个邀、明天那个请，你禁得住不喝酒啊？我看你还是明天就回来吧，回来后向领导请个假，多歇几天！"母亲这个电话来得及时，因为当时，上海几个朋友正在商量着留我玩几天，他们准备轮流做东，借我恢复不错这个由头搞聚会呢。我正好拿母亲的嘱咐当作撒手锏，正正当当地拒绝了朋友们的挽留。当然，我话也没有说死，给自己留了条后路，我说："这样，反正今年我每个月都要来复检一次的，当温医生说我彻底没事了，宣布我可以喝点红酒了，我再多待几天好不好，到那时我还可以喝点红酒。现在我才不留呢，光看着你们大吃大喝，我的喉咙岂不更加痒痒了？"

第 61 章　爹娘哎，得给我多活几年啊

2015 年 6 月 21 日（农历五月初）星期日

我前天下午就回到 52 栋了。

不久前接到通知，组织上派我前往北京工作三个月，从 7 月初到 10 月 1 日，协助信访部门，做好信访和接访工作。因此，借端午过节之机，回 52 栋陪伴二老几天，毕竟，这一去就是三个月啊！

昨天是端午，我陪护着二老前往丰溪河边，观看了龙船比赛。虽然官方没有组织规范的大型的龙船赛，但河面上仍然飘荡着三十四只龙船，场面壮观，锣鼓喧天，河岸上也是人山人海、人头攒动。二老像小孩子一样，手里提着粽子和水壶，找到一处好位置，一待就是两个小时。我呢，坐在河滨公园一株柳树下纳凉，玩起了手机。朋友圈里被两大内容刷爆了，一是全国各地的龙船比赛场景，二是父亲节的内容。

看完龙船回到 52 栋后，老爹有点不适，似乎中暑了。我给他吃了八粒藿香正气丸。见老爹不舒服，母亲着急了，她一急便数落起老爹来："这老头现在就是个小孩，从初一龙船下水就嚷嚷着要去看，那龙船都看了几十年了，有什么好看啊？也不知他的瘾怎么那么重，也不怕热，还看一下午，现在中暑了，上瘾了，舒服了吧？"估计是顺风，老爹正好听到了母亲这一段数落，他似乎有点不服气，但也只能讪笑着说："你不喜欢看啊？你数龙船有几只，比我还起劲，你喊青龙加油，比我更大声，你不喜欢看啊？"母亲拿老爹没有办法，就大声说："那你有本事就别中暑，别吃药，别让我给你刮痧！"母

爹娘在祖籍处上孚村祠堂前

亲又转身对我说："鹰，你看，你爹还赖我呢！他要不吵着去，我会跟他去吗？"我忙说："我的老嬷，是我喜欢看，是我要你们俩陪我去看龙船的，好不好？"我这么一说，母亲不作声了。

一夜相安，平静无事。

今天清晨。一缕沁人心脾的清香逼醒了我，是粽子，是小姑姑用黄金根煮的竹叶糯米粽子。我一睁眼，母亲站在床前，手里端着一个盆子，盆子里是褪去箬竹叶后松黄的裸粽，我坐了起来，嘿，老爹也坐起来了。母亲说："鹰，你爹耳朵听不清楚，可鼻子倒是很灵，瞧他刚刚都在打呼噜，可粽子一来，他就坐起来了。"我扭过头，见老爹正在做深呼吸，显然是在吞咽着粽子的清香。

我从母亲手里接过盆子，递到老爹眼前，说："今天是父亲节，请你吃粽子。"母亲问："你说什么？什么节？"我想，这父亲节、母亲节都是洋节，不必说与母亲听，便说："没什么节啊，我说端午节的粽子呢！"当然，也有对这种清香反应迟钝的人，睡在客厅沙发上的儿子就没有感觉到，他对这满屋的清香竟然无动于衷，仍然呼呼大睡，一直睡到八点半，才被我叫醒。儿子最近处于休学状态，专注于游戏，日夜颠倒，很多亲友为此很是担心，但我坚持认为，所谓的调皮、捣蛋、贪玩、逆反，都是孩子成长过程中正常的表现，没有必要大惊小怪，只要孩子的基本面是好的，就不值得担忧，"车到山前必有路，船到桥头自然直"。少年调皮顽劣，长大后大有作为的例子，那可是比比皆是啊。何况，我儿子还不至于顽劣呢，因此，我从来都不会因为儿子休学一事而忧心，只是妻子想不开，经常愁眉苦脸，害得我也受到感染，偶尔会产生烦躁的情绪。今天，儿子倒是挺乖，表现不错，我让他快点洗脸吃饭，说今天是父亲节，要他跟我和爷爷照相合影，儿子居然很愉快就答应了。

儿子左拥着爷爷，右抱着奶奶照过相后，就玩他的游戏去了。我陪老人看电视，电影频道正在播放《父子》，显然是专门为父亲节而放的影片。就在这时，李信相同学来电话，我心中咯噔一下，果然，手机里传来信相低沉但平静的声音："我娘凌晨走了。"信相的声音虽然平静，但我却感受到隐含在其中的疼，深深的疼。我沉吟了一下，说："我马上就来！"

母亲说："你去烧个香吧！"我看了看母亲，又看看正在看电视的老爹，长叹一声："我的老爹老嬷，你们两个人啊，真的要乖点了，真的要好好听我们的话了，不要再节省了，要好好吃饭、好好睡觉、好好保养，得给我多活几年啊！"

第 62 章　你放心去北京，我保证每天买菜

2015 年 7 月 4 日（农历五月十九）星期六

母亲双手用两个湿毛巾垫着，从高压锅里端出一碗热气腾腾的炖鸡蛋，她一边呵气一边说："快吃，趁热吃！"我把老爹也拉了过来，母亲说："高压锅小，放不下两个碗，我另外再给他炖！"我说："我哪里吃得下四个圆鸡蛋，就算吃得下，也不能吃，蛋黄都是脂肪呢！"母亲说："下面的红枣有骨头，就不要给他了。"母亲接着打起了电话，她催促哥哥姐姐快点过来，说马上要吃饭了。我三下两下就吃掉了鸡蛋和红枣，然后到厨房帮母亲择菜。母亲坚持不让我择，说会弄脏了我的白衣服，让我在一边看着，母亲又说："你要是觉得没事做，就跟我说说话，说说去北京的事，说说毛主席的事。"

于是，我就跟母亲说开了，我首先说了天安门广场的事，母亲问我天安门广场大不大，问有没有广丰的月兔广场大？我忍不住笑了，我说："我的老嬷，你这么聪明的人，好好想想，天安门广场，那是什么地方啊，超码放得下几十个月兔广场啊！"母亲惊讶地说："天！那得有多大啊？"然后我说了故宫的事，说故宫就是以前皇帝上班和生活的地方，说有多豪华就有多豪华，说有多气派就有多气派，母亲可不理会它豪华不豪华气派不气派，她居然问我："是不是小燕子生活的地方？"我开始没有反应过来，细细想了一下，才明白她说的是电视剧《还珠格格》，只好摇头苦笑，说："是啊，就是小燕子生活的地方。"我真想告诉母亲，小燕子只是电视剧里编造的人物，压根就没有这么个人，可是实在不忍心扫了她的兴，于是憋着没说。

接着我说起了长城，我刚说"不到长城非好汉"，就被母亲打断了。她说的话比我还多，她说的是孟姜女哭长城的故事，母亲的记性不错，居然能把孟姜女哭倒长城的整个故事讲完，还能说出孟姜女丈夫的名字是范喜良。母亲讲完孟姜女的故事后，才发现是她一直在讲，而我一直在旁听着，于是不好意思起来，说："这孟姜女的故事，我们全村人都知道的，一代接一代往下传的，可惜你们不再说给小辈们听了。"我说："这孟姜女的故事，我是知道的，从小到大，不知道听过多少遍了，不过，现在的小辈们才不会听这些故事了，他们有他们的玩法。"

母亲忽然说："差点忘记了，快给我讲讲毛主席的事。毛主席是不是也在小燕子生活的地方上班啊？听别人说毛主席百年后一直躺在水晶棺里的，是不是啊？"我知道母亲这辈人对毛主席充满了感情，在他们眼里，毛主席是神一样的人物。以前在老家，母亲的香几上就摆过毛主席的像，每逢初一和十五礼佛时，也会在毛主席的像前插根香。我跟母亲说："第一，小燕子生活的地方，以前是皇宫，现在变成了博物馆，叫作故宫，变成旅游的地方了。毛主席和周总理他们在离故宫不远的地方上班，那个地方叫作中南海。故宫门前那个广场就是天安门广场，天安门城楼上挂着毛主席的像。毛主席逝世后没有安葬，一直躺在水晶棺里。天安门广场上建了一幢楼，专门安放毛主席的水晶棺，供全国人民瞻仰。我去过好几次了，每次去都鞠了躬，都敬献了黄色的菊花。"看着母亲疑惑的眼神，我马上解释说："那里不能点香烧纸的，只能送几枝菊花！"母亲忽然说："我们实在是老了，要是年轻点，也可以去拜拜他！"母亲这话让我产生了深深的自责，我居然没有带父母亲去过北京，我以为她只信观音菩萨，所以带着二老专门去过一趟普陀山，但我忽略了父母亲对毛主席的特殊感情，我想，我或许应该带二老去趟北京，了却父母看一眼毛主席的心愿。正想着，敲门声起，是二姐和哥哥他们来了。

母亲烧了不少菜，很是丰盛。二姐说："怎么不早点叫我啊？我

来帮你烧!"母亲说:"又没有很多人,就五六个菜,一点都不费事。"又说:"鹰明天去北京上班,要去三个月,叫你们来陪他吃顿饭。"我说:"吃饭是小事,主要想跟你们商量一下,我这一去就是三个月,所以,你们就要多来这里了!不仅要多陪陪他们,还得监督他们。这两个老人太节省了,动不动就吃酱菜下饭。平常是因为我回来得勤,她才会去买菜,现在,我三个月不回来,她肯定会非常节省的。所以,要天天有人盯着他们,督促他们多买些好吃的东西,鱼啊肉啊不要缺了。"二姐说:"是啊,这老人家也不知道怎么想的,这吃菜要得几个钱啊?就是舍不得!"母亲说:"我们每年用很多钱的,不说别的,光拜菩萨就要花不少钱。"二哥说:"因为拜菩萨要花钱,就舍不得买菜了?"我说:"老孃,你好好听我说,你俩都八九十岁的人了,就算活过一百岁,又有几年?就算你天天拜菩萨,又花得了几个钱?这样,你菩萨当然要拜好了,但是吃也要吃好,两样都不要省,好不好?你们要是不吃好喝好,到时候身体差了,容易生病,一旦生病,什么钱都去了。记住啊,我在北京太远了,别让我担心啊!"母亲说:"你就放心去北京吧,我保证每天都去超市买菜,好不好?"

第63章　儿行千里母担忧

2015年7月7日（农历五月廿二）星期二

到北京才三天，母亲的电话已经来过不止十次了。

前天，我是乘坐高铁G28次列车进京的，这班车的始发站是福州，上饶开车时间为11点24分，下午5点35到北京南站。上午11点，我还在候车，母亲来电话，问我到没到北京，我说："我的老嬷，我会飞啊？还没上车呢！"母亲说："我靠在沙发上睡着了，刚醒过来，睡迷糊了，还以为到傍晚了，现在是几点啊？"我说："你昨晚又整夜没睡了吧？唉！别担心我，不就是个北京吗？我以前不也常来的吗？就像你到菜园子摘菜，来去自如。现在11点了，可以烧饭了！"

大学同班同学滕忠福到北京南站接我，他说先吃饭，直接把我接到405米高的中央电视塔，我们在238米高的观景台极目远眺，放飞心情，然后到旋转餐厅用餐。这时，手机响，滕忠福问是不是我老婆的电话，我跟他说是老母亲的，滕忠福不相信，我笑笑，打开手机，是母亲的。我说，今天已经是第三个电话了，肯定问我到没到，安全不安全；晚上还会打一个，问我安顿好没有。我接通电话后，没等母亲开口，直接大声说："已经平安到达北京，同学接我出来吃饭，这里人多，听不清楚，等晚上到驻地安顿好后再打电话给你！"我怕母亲没听清楚，又重复了一遍，然后挂了电话。

果然，晚上9点，我在整理房间，母亲又来电话，问我做什么，又问我房间大不大，东西齐不齐，有没有电视，安没安空调，又问我吃饭方便不方便，习惯不习惯，最后还再三嘱咐："你北京朋友多，这一待就是三个月，少不得有人请客吃饭的，你可不能耳朵根软了，经不得劝，一定不能喝酒啊！"我知道这才是母亲的重点。

昨天一大早，母亲又来电话，问："你有早起的习惯，现在是不是又到街上去了？"我回她说："是啊，我早就起来了，在街上转转，锻炼锻炼身体，顺便看看这里的街道干净不干净，整齐不整齐。"母亲有点担心地问："这千遥万里远的，移了地、挪了窝、换了床，屋里又是一个人，你睡得好不好啊？"我说："哈，这个你就别担心了，我是老出差啊，你不是给我算过命吗？说命中注定我要走四方吃四方的吗？放心，我不怕生地也不认床，一觉睡到天大亮，二觉睡到米饭香，可好睡了！"电话那头，传来母亲的低语："那就好！那就好！"

类似的电话，母亲在三天时间里来过十多回了。今天是第三天，就在刚才，母亲打来了第四通电话，她说："这几天眼皮老跳，一大家人就你走得远，不放心，就多问了些事。现在，你在北京的情况我清楚了，你的工作和生活也稳定了，从明天起，我没事就不打电话给你了，免得影响你工作，也省点电话费，你自己小心就是，别担心我和你爹，我会去买菜的！今天买肉就花了36块钱，你放心吧！"这几天母亲的电话来得密，我确实有点烦，但现在，当她说不打电话时，我却生出一股淡淡的歉意，母亲肯定是从电话里捕捉到我不耐烦的情绪了。

放下手机后，我靠在床上，却怎么也睡不着。我坐了起来，把桌子拖到床前，打开电脑，翻出文件夹，打开了家人的照片与视频，把母亲80岁生日的视频一遍又一遍地播放，直到我迷迷糊糊地睡去。

第64章 在北京的"苦逼"日子

2015年9月6日（农历七月廿四）星期日

中午，我在房中无聊得紧，便将床、桌、餐具、饮水机、挂衣柜等拍了下来，上传到微信朋友圈，然后写下了以下这些文字——

这几个月离家工作，生活确实有点情况，下面这些图片是我乱糟糟的卧室和杂乱无章的物品。昨天空调坏了窗户开着蚊子飞进一大堆，叮得俺一夜无眠，只好读书作文到天亮。上午，俺认真总结了这三个月的工作，情况是这样的：每晚住房60元，要被蚊子抽血50CC；每天三餐26元，晚一点连汤都没了。这段日子我的工作和生活概括起来是"十个基本"，具体如下：

工作基本靠讲（苦口婆心地做来京上访群众的思想工作）；
交流基本靠喊（我声带手术声音沙哑，不喊别人听不清）；
吃饭基本靠抢（食堂控制成本，晚到的同志只有出去吃）；
睡觉基本靠捱（蚊子成群偷袭难以入睡，经常捱到天亮）；
出行基本靠站（挤公交乘地铁无座位，偶尔有座也让了）；
购物基本靠砍（当家方知油盐贵，我学会了购物和砍价）；
会友基本靠胆（工作任务特殊，不好脱岗只有偷偷出行）；
娱乐基本靠侃（跟工作组几位90后小年轻侃大山取乐）；
老婆基本靠想（夜深人静时便会想家，尤其会想起老婆）；
母亲基本靠瞒（怕母亲担心不敢实说在北京的真实情况）。
你说俺苦闷悲催吗？

哈哈！别听我乱扯，其实是说着玩的。与学生时代相比，我已经幸福多了，起码吃穿不用发愁。与工作组的小年轻们相比，我的待遇好多了，住的是单间，常在外面的小餐馆加餐，常有朋友来宴请，常有各种活动参加。不但能择机到北大清华听讲座，还能到国家新闻出版总局参加读书会，听金一南先生讲国际军事形势，还可以到马连道茶市喝茶聊茶观茶艺，还能够去参加好朋友白荣敏的作品研讨会。工作组的领导和其他同志因为我声带有病还让我减少工作量，不到万不得已，不让我接访。我仔细一想，觉得很温暖，很幸福，于是，便又知足了。

写完上述文字后，我往床上一躺，准备午睡。还没睡着，母亲来电话了，她老人家说："你这两天怎么样啊？我昨晚做梦了，梦见你生病了，你是不是伙食不好、生活不习惯啊？"母亲的问话让我想哭，在家千般好，出门万事难啊，虽然工作不累，生活不苦，但孤身在外仍有诸多不便之处，尤其是孤独，想家！尤其是我刚刚写完这"十个基本"，虽说是调侃玩闹，但母亲这个时候来电话，仍然勾起了我无限的伤感。但是，对母亲，我只能笑着说："没有啊，我挺好的，吃得好，睡得好，身体也好，你不常说梦是反的吗？你梦见我生病，反而说明我的身体很好，是不是啊？"

挂了电话后，我一把扯过毯子，蒙头蒙脸地盖了起来。

第 65 章　北京归来

2015 年 10 月 3 日（农历八月廿一）星期六

北京的工作任务已经顺利完成。

我前天就回上饶了，处理了两天事务，今天才到 52 栋。

52 栋已经聚集了许多人，父亲、母亲、哥哥、姐姐、侄子、侄女、外甥、外甥女，更小一辈的孩子们，还有老土、忠华、信相等好朋友也在。我差点成了外星人，他们一个个用看马戏那样的神情看着我。我大声说："你们怎么了？不认识了？我不就是去了个北京吗？又没有去月球上火星，有这么稀罕吗？"

接着便是发问，你一言我一语、没完没了的发问，问题也是五花八门、稀奇古怪，我都不知道先回答谁的提问好，现撷取部分问题，比如：北京的饭菜你吃得习惯吗？你到全聚德总店吃过正宗的烤鸭吗？你去天安门广场看过升国旗吗？大阅兵时你在现场吗？看得清楚习大大的脸吗？听说你朋友带你进中南海逛了一圈，快说说里面的情况？到北京上访的人是不是都被捉住关在一起的？听说真有人在天安门广场自焚，真的还是假的啊？你在微信上说有上访群众跳进故宫外的护城河里了，是不是淹死了？你在朋友圈说你们在清华大学听讲座，可是人家用英语讲的，你一句都听不懂还得假装认真听是不是？中央电视台是不是又邀你去做嘉宾了？中央电视塔那个旋转餐厅转一圈要多少时间啊？听说你打赤膊、穿短裤到上访村去寻找创作素材了？金一南教授的讲座是不是很精彩？那天晚上朋友聚会，你说十五人来自十四个省，是真的吗？……

面对这一大箩筐的问题,我的脑袋都要炸开了。我根本不知道先回答哪个问题,我一再摆手,终于让大家安静了下来,然后挑了个我认为最有趣的事情讲给大家听——有一个周末,科技部的朋友林涛,邀我和林承杰同学去清华大学听讲座,林承杰同学在江西省人防办任职,是全国人防系统出名的才子,他这回被抽到北京专门为中央军委的领导起草全国防空会议的材料。林涛给我们发来了讲座的信息,说讲座名称叫《麦肯锡课程之全球领导力》,主讲人是麦肯锡公司全球董事长,名叫鲍达民。我当时心里想,主讲人姓鲍,我们广丰桐畈镇鲍坞村就有不少姓鲍的人,该不会是我的老乡吧?那天下午,林涛亲自驾车,我们三人早早就来到了清华大学,林涛请我们在熙春园吃了晚餐。之后,我们围着朱自清笔下的荷塘转了整整一圈,又到清华园参观了清华老建筑,还到工字厅东南侧王国维大师的墓前缅怀了几分钟,然后兴冲冲地来到经管学院报告厅抢到了最好的座位。我们等了半个小时,报告厅已经座无虚席,主讲人鲍达民先生缓缓地走了进来。老天,这位鲍达民先生并不是我们鲍坞村的老乡,他居然是个老外哎!他不会讲汉语,他的讲座全程都是英语,我当时就用广丰腔骂开了:你一个外国人你姓什么鲍嘛?害得我还以为是鲍坞老乡呢,害得我白白地抢占了这么好的座位,现在怎么办呢?听,听不懂几句;走,已经开场了,不好意思再走了,要走,就是素质问题了。那么,就装吧,不但要装听得懂,还要装得像;要认真地听,还要不时地点头,不时地假笑,不时地鼓掌。告诉你们,这是我在北京三个月中最痛苦最漫长的一个半小时。

我们家现在有几个英语老师,她们取笑我:"谁叫你不好好学英语啊!糗大了吧?"

第 66 章　聊着聊着就偏题了

2015年12月20日（农历冬月初十）星期日

　　我知道，我与母亲的对话是经常偏题、跑题的，也就是说，本来我们聊着一个话题，但聊着聊着，便东拉西扯起来，要么丢了主题，要么新增了一堆主题，但无论怎样，聊天的内容总会有点关联性，而跑题跑得像今天这样厉害的，还是头一回。

　　我下午从南昌回上饶，没有回上饶的住处，直接来到广丰，到52栋了。母亲问我怎么会在星期天下午回来？我说我昨天去南昌了，刚下的火车。母亲不经意地问："我看你南昌去得真密，你这次去南昌干啥啊？"我说："到江西师大上课，参加了江西省文化产业发展论坛。"说到这里，我忽然兴奋起来："嬷，我觉得我真是像你呢，胆子忒大，你说，我一个上饶师专毕业的人，竟然敢跑到人家江西师大去做讲座，而且，你知道这次论坛上主讲的都有些什么人吗？"母亲漫不经心地说："都是些什么人啊？还不是两只眼睛一张嘴，一个鼻两条腿啊，难道还有三头六臂的吗？"我向母亲伸伸大拇指："你厉害、淡定，有大将风度，我告诉你都是些什么人啊。我们这次文化产业论坛，包括我在内，总共五个人主讲，另外四个全部都是博导。博导，知道吗？博士生的老师！可是我，就是一专科毕业的。你再看看他们都从哪里来的，北京来的，国家行政学院的、中国社会科学院的、北京大学的、中国科学院的。可是我，一个最基层的文化干部，还是城管出身，嘿，换做一般人，就算不吓死，也要吓坏了，还敢跟他们一起坐而论道！你觉得，我的胆子是不是够大的啊？"

母亲不以为然地说:"谁说书读得多,就一定能讲了?谁说位置站得高,就一定有能耐了?广丰有句老话,叫做茶壶镦扁石——出不了嘴!有些人,肚里有才,不一定能讲。还有句老话叫作"蚁有蚁路,虫有虫路",他们从北京来的,位置站得高,他们有的你没有;但是你从下面上去的,你站得稳,你有的他们没有。所以,他们有他们的讲法,你有你的讲法,不管是葫芦还是宝瓶,只要能捉住妖怪,都是好宝贝。"母亲的话非常的辩证,非常有哲理。这一回,主讲的五位嘉宾当中,虽然没有比谁讲得好,但有一点让我很欣慰,因为我收获的掌声是最多的。

母亲继续说:"你看过刘三姐的电影吗?"我说:"看过啊,怎么了?"母亲说:"刘三姐读过什么书啊?可是同台赛歌,她硬是把三个秀才给赛输了,翻书都没用。"今天我跟母亲聊天,偏题就是从这里开始的,母亲再也不管我在南昌的事,再也不问我在南昌讲学的具体事宜,那些事情她不懂,也不感兴趣。现在,话题既然从同台讲学转移到同台赛歌,既然说起刘三姐,母亲再往下说的话,就全部都是刘三姐了。她把我完全当成不知道刘三姐其人其事其歌的人了,她从几十年前的露天电影说起,把刘三姐的聪明美丽好好地夸奖了一番,把地主老财的恶毒狠狠地抨击了一番,把陶、李、罗三位秀才的无能和势利好好地渲染了一番,然后集中夸赞刘三姐的山歌唱得好听,母亲还背出不少刘三姐的山歌。最后,母亲感慨地说:"像刘三姐这样的人,其实就是天上的仙女,是玉皇大帝派到凡间专门收拾莫老爷这样的恶人的,专门来羞辱陶、李、罗这样的坏秀才的。"

我跟母亲说:"刘三姐的山歌确实好听,但人家刘三姐是广西的。其实我们广丰也有不少山歌呢,当然,就没有一位像刘三姐一样出名的人而已,但广丰民谣中的山歌却并不少呢!"母亲想了想,点点头说:"是的,我小的时候,也听过不少,我们村的南杰姑丈就能唱很多山歌,可惜死了!"跑题从这里开始,接下来,我跟母亲一起聊起广丰的山歌,聊了一个多小时,我说:"嬷,我研究了近20年,我把广丰的山歌、喝彩、谚语和龙船歌全部整理了一遍，合在一起，出版了一本书，叫做《广丰民谣》，里面有几百首山歌呢！"母亲欢喜地问我："那你最喜欢哪些山歌啊，说我听听吧！"我想了想，说："山歌有不同的类别，很多山歌都很好听，这么说吧，我们广丰啊，最好听的山歌，要数《采茶歌》；最苦情的山歌，要数《长工歌》；最凄惨的山歌，要数《哭七歌》；最动人的山歌，要数《十月怀胎歌》；最智慧的山歌，要数《十八对》；最励志的山歌，要数《砍柴歌》；最解恨的山歌，要数《翻身歌》；最长的山歌，要数《十八三姐歌》；最有情趣的山歌，要数《求爱调侃歌》……还有很多很多，说都说不完，我也记不清。"

母亲惊讶得张大了嘴："哇，有这么多啊！你刚说的《十月怀胎歌》，你以前说给我听过；《十八对》好像是唱得最多的，最好玩了。有一些，我都会唱，以前在老家，正月里，会有些吹喇叭拉胡琴唱小曲的人上门讨生活，他们就经常唱《十八对》，也唱《采茶歌》。"说到这里，母亲忽然问我："你刚说的最励志的山歌，是什么啊？说来听下。"我想都没想就说开了："砍柴要砍什么柴？斩竹又斩什么竹？割谷要割什么谷？采花要采什么花？砍柴要砍乌岗柴，斩竹要斩高山竹，割谷要割大冬糯，采花要采牡丹花！高山砍柴又是谁？落龙割谷又是谁？深山采茶又是谁？平地行路又是谁？高山砍柴朱买臣，落龙割谷赵匡胤，深山采茶樊梨花，平地行路薛丁山！"母亲说："这个山歌，以前你南杰姑丈经常唱的，歌中这些人一个个出身贫寒，但一个个都有本事，都是落难英雄，他们最后都成了帝王将相，封王封侯。这人啊，最要不得的就是没有了志气。"

今天跟母亲的聊天到此就结束了，要不是母亲说要做饭，估计又要偏题偏到朱买臣、樊梨花、薛丁山等人的连环故事去了。

我忽然想，母亲最后要我重复的励志山歌《砍柴歌》，估计是她故意要我复述的吧？唉！我的老孃，难道你觉得我还不够励志吗？还是怕我忘记了初心丧失了志气呢？

第 67 章　赎魂

2015 年 12 月 27 日（农历十一月十七）星期日

晚饭后，我胃疼，疼得靠在沙发上呻吟，疼得额头都渗出细汗了。母亲说我脸色白得吓人，急了，她说："刚刚都是好好的，怎么说疼就疼了，准是碰上不干净的东西了，勾走了魂，得把魂魄赎回来！"她快速走到窗前，推开窗户，双手合十，口中念念有词，我听不清楚内容，但肯定是祈求菩萨保佑之类的祷词。对着天空和空气嘱咐了一番之后，母亲又来到客厅门口，打开大门，握着门把，来来回回开合了四十九次，每开合一次就念一句："鹰啊，别吓着啊，跟嬷回家啊！"最后，她把大门"砰"地一声关上了，急速走到我身边，拍拍我的头，连说三遍："鹰回家了，回家了，嬷带你回到家了！"

看着母亲一连串娴熟的诡异的梦幻般的具有神秘色彩的行为，我会心地笑笑。对我来说，这样的举动太熟悉了，从小到大，我和哥哥姐姐们，还有村里的男女老少，如果生病，都是用这种方式治好的。这种方式在我老家叫做"嚎吓"，又称之为"赎魂"，意思是，好好的人忽然间中了邪，或者得罪了樟树公公和社公社婆，魂魄受到惊吓，三魂七魄不知不觉中被勾走了一魂几魄，于是就头疼脑热生病了。这时，就要敬香礼烛、焚烧纸钱、祷告神灵、道歉赔罪、大声呼喊失魂落魄者的名字，有呼七七四十九下的，也有呼九九八十一下的，邪神听了软话、得了钱财便会放回所勾走的魂魄，通过这样的"嚎吓"，算是把丢了的魂魄赎买回来了。

以前，我总爱跟母亲抬扛，说这是迷信，说感冒发烧伤风咳嗽就是常见的小病，是连医院都不用进过了几天自然就会好的小病。我每次反驳都令母亲焦虑，她生怕神灵怪罪，加重我们的病情。我那时年少不更事，完全无法体察母亲心中的悲苦，母亲一双手先后送走过九个亲人，包括两个儿子，都是因为苦难和疾病。所以，只要我们稍有一点不舒服，母亲便如临大敌，于是，便有了我耳熟能详的"嚎吓"与"赎魂"。现在想来，当真是惭愧得紧啊。所以，今天，当母亲摇着大门呼喊我的名字时，我并不把它当成迷信，我觉得这是一种温情，一种来自母亲心底的温情；我觉得这是一种大爱，一种源自母性最原始的大爱；我觉得这是一种精神向度，一种无论多么困难都要坚持活着的精神向度；我觉得这是一种抗争，一种为了活着而不得不以示弱的方式向命运进行的抗争！现在，我就是站在这样的角度想的，因此，我觉得所有不问青红皂白逮住农民就批判他们愚昧落后、野蛮无知的做法都是不对的，都是不负责任的，都是唯心的。

正因为这样，现在，我正温顺地配合着母亲的"赎魂"仪式，母亲是仪式的主持人。这时候的母亲，充满了宗教的神性，母性的慈祥和宗教的神性一旦叠加在一起，居然产生如此巨大的魅力。虽然，我明知对于疾病，比如我的胃疼，用这种方式是一点效果都不可能有的，但是此刻，我却十分享受这种仪式给我带来的温暖与祥和。

母亲很快就结束了"赎魂"的仪式。然后让我喝盐茶。所谓盐茶，就是在沸水里放几片老茶叶片，加半勺粗盐，有时还放几片生姜，其实，这才是真正的药，这种盐茶杀菌消炎养胃，一般的感冒造成的呕吐和轻一点的胃炎，一大杯盐茶下去，很快就会消停。前面的"嚎吓"与"赎魂"，减轻了当事者的心理负担，解除了当事者对于疾病甚至死亡的恐惧，加速了病情的好转。因此，我小时候常见的这种貌似神秘的"赎魂"，为什么会广泛流传便一清二楚了。

果然，这一次又灵验了。

母亲说："说你们听，你们又不信，你看，哪次不灵啊？"我逗母亲："如果只是赎魂，不给盐茶喝，你看有用没用？"母亲说："那可不行，大凡医药，既要医也要药，不能缺一。这看病嘛，把脉是医，丸子是药。赎魂也是治病，'嚎吓'是医，盐茶是药，两个都不能缺的。"说到底，略懂中医的母亲，身上还是有股子科学精神的。在她身上，一般人会因为她的慈祥与善良而认为她是个纯粹的佛教信徒，我却十分清楚，母亲她不仅仅是个佛教信徒，她的精神世界里，远远有着包括我在内的一般人所无法理解的许多东西。比如，她常说，信佛好啊，但她后面总会有一句，信佛的人就应该做善事了。瞧，她的重心在后面的做善事上。再如念经，她会说，念经好啊，又要认字，又要敲木鱼。但她后面一定会有一句，敲木鱼可以活动筋骨，认字要动脑筋不会老年痴呆，她的重心还是在后面。有时，我甚至会呆呆地望着母亲的背影，心想：母亲到底是真的信佛呢，还是利用佛啊？正想着，敲木鱼的声音响了起来，母亲又开始念经了。

　　这时，我手机响，是条信息，湖丰镇的徐冬梅发来的，徐冬梅是我去年救助的先天性心脏病患者徐佳慧的母亲，她不会又来信息说没钱了吧？我疑惑地点看信息内容——天！原来小佳慧今天去世了！忽然间，我的胃又疼了起来，锥心地疼。我告诉母亲，说心脏病女孩小佳慧没了。木鱼声骤然停了，过了好一阵子，木鱼声重新响起，母亲说："我给小姑娘诵经了！"而我，端起那碗没有喝完的盐茶，一饮而尽。

第 68 章　功德大了度众生，功德小了度自己

2016 年元月 16 日（农历十二月初七）星期六

我告诉母亲："嬷，给小剑鸿募集到的钱已经快 7 万元了。没想到，好人会这么多。"母亲很高兴："真的吗？这么说，这孩子应该有救了吧？"她转而关切地问："孩子还没醒吗？"我说："还没醒，但她姑姑来电话，说能够转动眼珠了。"母亲双手一合，低吟一声："阿弥陀佛，真是可怜！"我也双手一合，接过话头："真是可怜，阿弥陀佛！"

我们说的是遭遇车祸昏迷不醒的初二学生汪剑鸿，这是一个没有爸爸妈妈，从 7 岁起就跟着年迈的爷爷奶奶长大的孩子。她于 2015 年最后一天被一辆大货车撞飞，到现在已经 17 天了，还躺在医院的病床上没有苏醒。她伤得很重，可是家里又没钱，靠两个在外打工的姑姑垫付医药费。我是四天前从朋友的微信里知道此事的，而那时，小剑鸿已经在病床上昏迷了 13 天。上个月心脏病女孩小佳慧的去世，让我很是内疚。因此，得知小剑鸿的伤情后，我觉得要写点什么，便写了篇文章，题为《小剑鸿，快醒醒》，发在微信上。没想到，这世上好人真多，只一天时间，你 5 块他 10 块、你 100 他 200 的就募集到了 7 万元钱，其中有几位让我特别感动——曾经得到过众多人捐助的阁楼女孩小潘阅和"瓷娃娃"刘久富说要尽点心意并捐来了几百元钱；在上饶拍过电视剧的著名演员颜丹晨直接转给我一万元让我代转捐；广丰千百味饭店的老板汤传广发起了《爱心外卖》，将营业额的一半捐出，说活动一直到搞小剑鸿苏醒为止；

最让我感动，不，是震动，最让我震动的是小佳慧的母亲徐冬梅。她从我的微信里了解到小剑鸿的遭遇后，马上给我打电话，说我之前给小佳慧募集的资金还有3万块钱没有用完，她说救命要紧，要悉数捐给小剑鸿。我说她的日子很难，让她留着用，小剑鸿的事我另外再想办法。但徐冬梅心意已决，她说以前她陪着小佳慧，没工夫也没心思去挣钱，现在小佳慧走了，再也没牵挂了，过了年可以外出打工了，以后就不会困难了。她还说佳慧没救过来那是没有办法的事，现在要想尽一切办法把小剑鸿救回来，救回小剑鸿，就等于救了小佳慧！我听出来了，徐冬梅是真诚的，虽然我知道徐冬梅的日子确实很难，虽然我知道她非常需要这笔钱，但我没有办法拒绝她作为一名母亲的伟大的母爱，我沉默了良久，才缓缓地说："那，你等我通知吧，到时，我陪你去医院。"

母亲听后，感慨万千，她说："怎么都这么命苦啊？这个孩子没爹没娘了还出这么大车祸，要是能够的话你就多帮帮她吧，好比修心，这人啊，做好事不要怕多！那个谁？女儿没救活的那个？对，冬梅，真是菩萨心肠啊！我看，她的3万块比别人30万块的功德还要大呢，不知道她拜不拜佛？我看她比大多数拜佛的人心肠都要好。有些人拜佛，只求菩萨保佑自己升官发财，从来就没想过付出，从来就没想过要积德行善，哪有这么便宜的事啊？他三根香两沓纸一个空头愿，就让菩萨保佑他全家上下几十口人平安无事、身体健康、升官发财，有这等好事吗？"

我有点莫名其妙地望着母亲："拜菩萨不求菩萨保佑那还拜什么啊？"母亲说："求菩萨保佑当然也是要的，但拜菩萨的主要目的却不是这个！"我奇怪地问："那是什么啊？"母亲说："拜佛主要是为了修心、行善、积德，功德大了度众生，功德小了度自己，你知道什么叫做度众生吗？我以前也不知道，以为度众生是拿钱财去帮助别人，错了，佛哪里有钱啊？佛就是要教化众生都能持善念、修善心、植善根、积善德，要是大家都修心积德了，大家都成为肯去

身着居士服的母亲

帮助别人的善人,这世间就没有了痛苦与孽障,这就叫做度众生。我们学佛的人,就是要通过自己的修行,带头做善事,更多地影响别人,让别人也能跟着做些善事。要是学佛的人做坏事,人家就会说'手中一把香,心中想挖别人头脑浆',那可不好。你刚才说的那个冬梅,要是不拜佛,那就是个大有善根的人,她的善念和善行已经超过很多拜佛的人了,真是很难得!"

我细细琢磨母亲的话,琢磨着琢磨着,忽然想起共产党员一词来,我忽然觉得,按照母亲的说法,这学佛的人跟共产党员是多么相似啊!

第 69 章　看望姚金娜老师

2016 年元月 28 日（农历腊月十九）星期四

母亲来电话时，我正陪同毛敏珍局长和上饶的"百灵鸟"歌唱家程凌昭往豆芽巷姚金娜老师家里走。

姚金娜老师现年 89 岁，她是上饶乃至全省全国都有名气的民间艺术家，有着"上饶民歌天后"的美誉。

电话里母亲担心地说："你说你这些天走访什么家，对，艺术家，每家每户地走。可是，这几天一直下雨下雪啊，还结冰，这天冷得太不像话，你办公室里有空调，可是你这满世界地走，要注意身体啊！别受凉了，不然你的声音又要哑了。还有，雨雪冰冻，路滑，你开车要小心啊！"其实，这段话不是今天第一次讲，因为这几天我一直陪同领导走访、慰问艺术家们，天天在外面跑，她老人家知道我的行踪，于是，每天都会来电话，每天都要说上这么一段话。我不止一次告诉她："你这段话我都能背了！"母亲不管，她每天都要说一遍，还说直到我走访完毕为止，看来，母亲已经将这事当成她每天必做的功课了，就像她诵经念佛一样。

然后，我跟母亲说起了姚金娜老师。因为我觉得母亲和姚金娜老师有很多共同之处。首先，两人年纪相仿，都是八十多岁，都来自旧社会，都经历了无数的困难，姚老师甚至还当过童养媳。第二，两人都有情怀。姚老师喜欢唱歌，她一生自编自唱几百首山歌，歌唱浩浩党恩、歌唱美丽家园、歌唱故土风物，她用民歌传播美，传递正能量。母亲也有她的信仰，她弘扬真善美，用善举感染人，一生做善事无数。最重要的一点,两人都懂得感恩,两人都是共产党的粉丝,而且是铁粉。姚金娜老师无论是在上饶民间的乡野舞台上,还是在市里、省里、甚至是央视的大舞台上,她都要发自肺腑地说一番感谢共产党的话,只要逮住机会,她就用上饶方言演唱她自编的民歌《开口就唱共产党》:"不唱山歌喉咙痒,唱起山歌心舒畅。东不唱来西不唱,开口就唱共产党……"母亲也一样,逢人便讲共产党好,她经常对村里人说:"这个好,那个好,还是共产党好,马路修到你门口,自来水通到你家中,路灯照得红彤彤,墙面粉得雪雪白,种田不但公粮免,还要贴你一笔钱,生病有报销,老人还发老人钱……我们哪,可要记住共产党的恩,记住政府的情啊,可不能做出对不起共产党的事情,可不能给政府添麻烦!"

　　母亲听我说了姚金娜老师的事情后,很是感慨:"这个老人可不简单啊,日子过得好不好没关系,可她舒畅着呢!她这也是一种修行啊!鹰,我以前跟你说过,修行的方法有很多种,我们信佛是一种,有人出家也是一种,像你,虽然不信佛但老想着做善事的算是一种,这位唱山歌的老人一心一意给别人带来快乐,也是一种啊!无论是哪种方法,只要是修行,只要心存善念,口积善德,行有善举,最终的归途是一样的,度己度人度众生。"

　　母亲的话出乎我的意料,让我惊讶,我忽然觉得,电话那端站着的她不是我的母亲,而是一位哲学家,一位高深莫测的让我顶礼的哲思者。

第 70 章　接春

2016年2月4日（农历腊月廿六）星期四

又到立春。

立春是二十四节气之一，也是二十四节气之首，在我老家，立春又叫新春。

我老家有古谚：新春非大节，新春大于年。这个表面看似矛盾的说法，其实有着深刻的含义。从某种程度上说，新春并不是一个非得正儿八经地过，更不是人人都要参与的节日。它不像过年、清明、端午、鬼节、中秋、冬至那样隆重，那样热闹，但由于它是一年之中二十四节气的首节，从这一天起，意味着春姑娘回归大地，万物开始复苏，所以，它又被认为是一年的开始。这样算起来，我们中国人的一年就有三种算法了，第一种是公家的算法，按阳历算，元月1日为一年之首日；第二种是传统的算法，按阴历算，大年除夕之后的春节为一年之始日；还有一种就是按节气的算法，这二十四节气的首节，被认作一年之始。最后一种算法也许并不普遍，但在我老家，就有这种算法，立春一般在每年阳历2月的3日至5日，有时在除夕前，有时在除夕后，如果有人出生在立春之后除夕之前，他明明出生在头一年的阴历十二月，但在算命时，他的生肖就要按次年的计算，为什么？因为立春是一年之始。同样，如果立春比春节晚，这时，如果有人出生在除夕之后，又在立春之前，他明明出生在新一年的阴历正月，但在算命时，他的生肖就要按头一年的计算，为什么？因为立春是一年之始。

我老家所谓的"新春大于年"说法,估计就是这样来的。

关于立春之事,绕来绕去绕了这么一大圈,我们再回到52栋。

自从母亲进城生活后,很多在老家都必须隆重举行的习俗节庆都打了折,这立春也不例外,虽然只剩下个仪式了,但我了解母亲,她对这个节日还是很重视的,她一定会举行"接春"仪式的,即使这个仪式已经大打折扣。因此,我照例起了个大早,在早上七点之前就来到了52栋。

果然,当我推开门时,只见桌上摆着两排物事。第一排是三个塑料杯,杯里装着茶水。第二排五样东西,中间一大碗饭,这饭很有特点,用两碗饭迎面相合,再把上面那只碗移走,看上去像一只倒扣的碗,实际上是一碗饭,这饭有个专用名,叫"春饭",饭上覆盖着一张硕大的白菜叶。饭碗两边是两个塑料杯,一个杯里放着一块豆腐,上面同样相覆盖着一片青翠的白菜叶;另一个杯里装着三个桔子,桔子外面还包着塑料包装膜。最左边有一只瓷碗,碗里装

母亲在忙着接春仪式

着五个香梨，最右边放着一个硕大的柚子，我认得，这是我从自家园子摘回来的那个最大的马家柚，一个半月前摘下来的，没想到母亲一直保留到现在。

　　见我进屋，母亲没像以前那样客气招呼我，而是催促我："鹰，快到下面园子里摘几枝梅花来，插在那碗春饭和豆腐上！"我说："嬷，好像没有梅花树哎！"母亲说："只要没开花的，随便什么树枝都行！"我说："迎春接福，不是要插梅花的吗？"母亲叹口气说："唉！就是个意思，代替一下没关系的！"我就跑到园子里，摘下一大把暗暗地透着青绿的树枝，母亲接过去扯下几枝，分别穿过菜叶插入米饭和豆腐里。我发现春饭里没有黄豆，又问母亲："饭里不是要放几颗膨胀的黄豆，表示发豆发到的意思的吗？"母亲说："这是在城里，不是在老家，没有黄豆，算了，能简化就简化了，不然，还要点香烛、烧纸钱、放鞭炮呢，唉！就是个意思而已！"母亲说完把我拉到阳台上，朝窗外叩首礼拜，说是迎接春神，我走过去把玻璃窗户推开，说："窗户都不打开，春姑娘怎么进来啊？"母亲说："就是个意思呗！"她还幽默地说："那还有栏杆呢！"意思是，即使窗户推开了，春神同样进不来。我说："春神是个美女，叫春姑娘，苗条，腰细，进得来。但是，弥勒佛是个大胖子，应该进不来的！"母亲瞪了我一眼，没有作声。迎接完春神后，我们转回供桌旁边，我说："嬷，看来你心不诚啊，你看，你这个桔子的包装膜都没有撕开，柚子也没去皮，人家春神是个斯文的姑娘，怎么好意思动手啊？"母亲说："唉，就是个意思而已！"

　　哈哈！原来母亲没有当真，但是长期受这种仪式熏陶的我，却当真了！最后，我说："嬷！接春了，给你照个相吧！"母亲赶紧以手掩面，连声说："不照，不照，我头都没梳，头发乱糟糟，脸也没洗，难看得要命！"我说："怕什么？又不上电视，又不去广场，就是个意思而已，来来来，照一个！"

第 71 章　过了正月初三再跟你算账

2016 年 2 月 7 日（农历腊月廿九）星期日　除夕

午饭刚结束，母亲就张罗起祭祖的事宜了。她像个指挥官，有条不紊地分派任务——谁负责三牲祭品，谁负责香烛纸钱，谁负责祭桌器具，谁负责烟花鞭炮，谁负责清洗水果，谁负责打扫场地……她都一一作了安排！看到还有一些人没有分到任务，母亲又说："没分到事做的人别走远了，请太公开始时，每个人都要来跪拜的啊，别走远了啊！"然后，她问："你爹呢？你爹人呢？"是啊，老爹去哪了？

母亲说："你们，快去把你爹找来，他是家主，要点全堂香，别耽误了，今年路远，要去上饶，去亚鹰上饶的新屋过年！太晚了，会堵车！"我赶紧跑了出去，丢下一句："我去找！"

靠老房子那边有块空地，空地上有棵粗大的梧桐树，老爹蹲在

树下,他背对着我,不知道在折腾些什么?

我蹑手蹑脚地走过去,我想知道老爹在干什么。老爹完全没有察觉我的靠近,他仍然专心致志地摆弄着什么。一个红漆还没有褪尽的木畚斗,由于长年未用,散了。老爹右手拿着一个长满了锈的铁锤,左手端着几块散乱的畚斗板,他似乎想把畚斗重新组装好。

老爹是木匠出身,会箍桶、会做家具、会做棺材,我记得我小时候,无论什么木器,在老爹手中三下两下便能搞定,可是现在,几块窄小的木板在老爹手中打转,老爹竟然拿它们没有办法。我轻轻蹲下,从老爹手中接过铁锤,说:"你都要90岁的人了,没力气了,还是我来吧!"40年前,就在这棵树下,当然,当时这棵树还是一棵跟我儿子一样小的嫩树呢,我左手拿着个木板,右手拿着把小弯刀,笨拙地削着,想做一把木手枪,可那时我太小了,木板和弯刀都不听我的话,弄破了皮肉弄出了鲜血都没能把木手枪做好,爹爹走到我身边,从我手中拿过弯刀与木板,说:"你才五岁的人,怎么动得了刀啊?想做个手枪吧?爹爹帮你做!"不到半个小时,一把精制小巧的木手枪便神气地握在我手中了。现在,我把老爹扶起来,说:"开始请太公了,嬷让你点全堂香,招呼列祖列宗!"老爹说:"这么早啊!"我说:"不早,等下要去上饶的,我不是迁了新居吗?这迁新居的头一年,一定要在新屋过年的,这不是老家的规矩吗?"老爹这才想起来,连声说:"噢!是啊!是啊!那,那快点去啊!"

我扶着老爹回到厅堂,母亲刚好在折纸钱,她看见老爹的衣服上有灰,眼一瞪:"你这个老头,越来越不像话了,不知道今天很多事啊?你人走哪去了?还搞得这么脏!要不是今天过年,我得好好地骂你一通,过了正月初三,再跟你算账!"

母亲这段狠话让我想起一些旧事。在我老家,由于人们对命运多舛的无奈,烦恼时多,开心时少,小孩子由于调皮顽劣也经常挨打挨骂,人们将美好的生活寄托在愿望里,寄托在想象中,于是,约定俗成便有了这样一种规定:从除夕起到正月初三,无论大人小孩,要互相说好听的话，说祝福的话，不准说不中听的话，更不能骂人、打架！所以，这个规定最受孩子们的欢迎，因为孩子们可以在这几天毫无顾忌地玩闹嬉戏，就算做了一些出格的坏事，大人也不会责罚，有些大人实在忍不住，就会像母亲刚才那样说："过了正月初三再跟你算账！"记得我六岁时，正月初一，母亲给我穿上虽然破旧但洗得干干净净的衣服，口袋里塞满了炒豆子、番薯干、爆米花等吃食，母亲语重心长地交代我："鹰，今天起要说好话啊，不要哭闹，不要骂人，不要跟小朋友们打架啊！"我说声好，便出去玩了，但我心里记得母亲的交代，我不放心我的大哥，我怕大哥乱说话，说不好听的话，我得去跟我家大哥说一声，他是个疯子，平常就知道乱说话，说不中听的话，可是今天是正月初一，他可不能乱说了，我必须找到他，要跟他讲清楚。终于，我在大屋的风弄口看见了大哥，大哥蹲在地上，流着鼻涕，嘴里嚼着爆米花，我冲上去在他脑袋上连敲三下："你这个短命鬼，害我找你那么久，我有话跟你说，从今天起三天，不准说坏话，要说好听的话，知道吗？要是说坏话，我就打死你！"这件事成为家人几十年来取笑我的话柄，唉！大哥已经去世多年，但这件事，因为家人年复一年的传述，我仍然记忆犹新。我忍不住望了一眼老屋，可是，百年老屋啊，它已经倒塌，已经成为废墟，已经成为断壁残垣，除了一阵风掠过来一阵阴森森的气息，便什么都没有了。

母亲的喊声召回了我。老爹已经点燃了一大把佛香，他逐一分发，每人三根。我双手捧着三根香，对着祭桌，深深地揖了下去，我知道，祭桌周边，围满了安家的、周家的、徐家的列祖列宗，还有我的两位哥哥。他们，这会，正对着我们招手，对着我们微笑呢！我忽然觉得挺对不住大哥的，心中默念："大哥，你就放心吧，我不会再敲你脑壳交代你要说好话了！"

第 72 章　爱的接力

2016年2月20日（农历正月十三）星期六

　　我昨天跟母亲约好的，今天星期六，先回52栋，然后送她去廿三都，办两件事：一是到廿三都万寿宫礼佛；二是到廿三都感谢一个名叫敦兴的表舅。母亲说，以前生活贫困、遭遇厄运时曾得这个敦兴舅舅救助过。母亲说，人要懂得感恩，对于别人的帮助，一定要牢牢记住，有能力时要报答，没能力报答就应该记在心里。

　　于是，我一大早便往广丰赶了。

　　快到洋口时，徐冬梅来电话。徐冬梅说："我准备过了正月十五就去浙江打工，想今天去医院看下小剑鸿，顺便给你带了只家养多年的土番鸭，煲汤喝，对你喉咙好！"我说："好的！我在上饶中学这边等你，小剑鸿住在平安医院，你来到后我陪你去医院！"

　　然后，我给母亲打了个电话，把事情说了个大概，便掉转车头回上饶了。

　　小剑鸿是元月29日苏醒过来的，她昏迷了整整30天。之前，徐冬梅已经将大家捐给她女儿徐佳慧看心脏病的3万元余款悉数捐给了小剑鸿。年前，徐冬梅几次说要来看望小剑鸿。由于小剑鸿一直没有苏醒，后来苏醒了又在重症病房封闭了几天，再后来就过年了，于是，徐冬梅看望小剑鸿的心愿一直没有达成。现在，徐冬梅已经走出了失去女儿的悲痛，重新振作了起来，而且就要外出打工了，我当然要成全徐冬梅作为一个母亲的心愿了。

　　母亲虽然煮好了粥等我回52栋喝，而且她还等着我陪她去万寿宫礼佛，但听说了此事后，表现出了宽容与大度，还说："冬梅这孩子心肠真是好！你带她去吧，我们要去的地方可以改时间的，没关系！"

大约十点钟。徐冬梅搭乘亲戚的货车来到上饶中学门前，她左手拎着一个蛇皮袋，里面准是那只土番鸭了，右手提着两个塑料袋，估计是给小剑鸿的礼品。我一点也没有推托便收下了她送来的土番鸭，也没有说更多的感谢的话，我知道，我这样做才能让徐冬梅高兴，因为她是真心实意的。接着，我们来到平安医院，小剑鸿斜靠在床上，正在翻看我送给她的书《我是城管》，这书是过年前一天我去医院时带给她的，她看得挺认真，她的状态看上去不错，瞧！边看边笑呢！徐冬梅一看见小剑鸿眼眶就红了，我知道，她准是想起自己过世不久的女儿了。她半抱着小剑鸿，拉着小剑鸿的手不放。我看不得这样的场面，就转到走廊里去了。

半个小时后，我和徐冬梅离开了平安医院。我说要送她，徐冬梅说她会跟亲戚联系，搭乘亲戚的货车回去。临走时，我本来想安慰一下徐冬梅的，却不知道怎么开口，没想到徐冬梅先说话了："周局，你放心吧，你这么好的人，就喉咙那点小病，一定会没事的！"

徐冬梅的身影消失后，我拨通母亲的手机："嬷，我现在回来，下午陪你去礼佛吧！"母亲说："傻，礼佛要上午的。没关系了，你忙吧，有事就别回了，佛是慈悲的，不会嗔怪我们，我们下次再去，记得就好！再说，心中有佛，常做善事，比到庙里朝拜的功德更高！"

第73章　当跟班的老爹

2016年3月5日（农历正月廿七）星期六

二姐来电话说："看你微信，好像是在52栋，如果没有别的应酬，就到华丽世家吃饭吧，省得老嬷烧饭，这天阴冷，水冰凉的，容易受寒！"我捂着手机，大声喊："嬷，二姐说，天阴冷，水冰凉，叫我们都去她那里吃饭，省得你烧，应不应她？"母亲想了一下，又去打开冰箱，看了看，说："冰箱里没什么菜，那就去她那里吧，顺便出去走走。"我挪开手掌，说："二姐，我们都去华丽世家，你多烧两个菜！"然后跟母亲说："先陪你们去逛下超市，然后去华丽世家，那小区人多，拥挤，不好停车，咱走路吧！"母亲说："反正没几步，慢慢走吧！"

母亲对超市的熟悉程度超出我的预料，而老爹，永远是个跟班，母亲走到哪，老爹就跟到哪，有时老爹跟得太紧，妨碍母亲看货，母亲便斥责老爹："你又没事，跟得那么紧干嘛啊？碍手碍脚的，不就是个超市吗？难道还丢得了人啊？"对于老爹来说，这种责骂早已司空见惯，他一点都不在乎，憨憨地笑着，退到一边，可是眼睛却瞄着这边，只要母亲一挪脚，他跟着就移步。但也有跟丢的时候，有时在人多处，跟着跟着人不见了，母亲四顾无人，着急了："这老头，到哪去了？可别丢了！"于是四处去找，往往在一些货柜的转角处找到慌里慌张的老爹，母亲又生气了："你这个老头子，走哪去了，你又没事，叫你跟都跟不上啊？怎么这么没用呢？丢了倒好，省得我烦，烦了60多年了，真是烦透了！"老爹又憨憨地笑着站到一边，像一个犯了错误的小孩,两只手不停地搓着,也不知道在搓什么?

我说:"嬷,其实你挺难讲话的!跟我以前一个领导还挺像!"母亲嘻嘻一笑:"这老头现在就是个小孩,越来越不懂事了,不骂就要犯错,要么走丢了,要么摔伤了!去年,他说出去抽个烟,嘿!人不见了,找了一整天,结果在地下室里找到了,满脸的血,都不敢告诉你,也不知道他怎么走下去的!"母亲忽然想起什么似的:"你刚说我跟你领导像?你领导也这么不讲道理吗?"嘿!母亲还真有自知之明啊,居然承认自己没来由地责骂老爹是不讲道理的,也真是难得啊!我便将我领导不好相处的事情说给她听——我们去一个陌生的地方,迷路了,领导斥责我:"怎么这么笨啊?还不下去问路?"我心中虽然不服,不是有司机吗,凭什么我去问路啊?但是没办法,还得去。便下车了,呼地一声关上车门,上车后,领导又斥责我:"刚下车时心中有气啊?干嘛把车门摔得啪啪响?"过了几个路口,又下车问路,这回吸取了教训,轻轻关上车门,没想到领导又斥责了:"你没吃饱饭啊?车门都不关紧,才上一道锁,万一甩开了车门怎么办?"

母亲安安静静地听我讲完这个故事。她没有作声,良久,母亲问我:"这事是真的还是假的?"我说真的。母亲又问:"那是什么时候的事啊?"我说:"已经多年了,类似这样的事还有很多!"母亲忽然显得十分心疼,她走到我身边,揽住我:"我就知道你不容易,人家都说你当干部,享福得很,嬷就知道,你最苦了,这些年,也不知道你受了多少气啊!也没听你说出来!"我没想到母亲会来这一出,赶紧说:"走走走,去二姐家,十一点多了,饭都熟烂了!"

第 74 章　想起去年今日

2016 年 4 月 4 日（农历二月廿七）星期一　清明

　　母亲哀声说："唉！我们老了，走不动了，踩不了田塍路、爬不了山，就不跟你们去了。要记住啊，外婆坟前要烧花边，她可是我的娘哪！外公（母亲的继父）坟前要说清楚，说你小姨在南昌没空回来，这些纸钱都是她寄回来的钱买的！毛猴坟前要点支香烟啊，他生前就爱捡人家烟头抽，想想也真是可怜！还有，还有，还有——"母亲说着说着就忘记后面的内容了。我接过话："还有，要记住啊，二外公家几个坟也要去祭请啊，不要忘记了最远处那个孤坟啊！"母亲连连点头："对对对，就是这个，二外公名下没有一个人了，我们不给扫墓，就成野坟了，我们不去祭请，他们就真成孤魂野鬼了！"

　　我们当然会也必须按照母亲交代的去办，其实，二老没跟我们一起前往野地里上坟，我们反而更认真更严肃，以往二老一起同往，像点香烧纸祷告嘱咐一类隆重庄严的活都由母亲来完成，我们三兄弟在清理完坟头的杂草后就没事可做了，便嘻嘻哈哈地开起玩笑来，有时甚至会说类似这样的话：躺在里边的人，肉体早已化作泥土，灵魂已经转世，因此，扫墓只是个仪式，认个祖、归个宗而已，不必要太过认真。母亲便会老大的不高兴，但她也不责怪我们，只是幽幽地叹气："我跟你爹百年之后，你们也是这么不认真的吗？"母亲这话让我们惭愧万分，也让我们伤怀不已。

　　而我的心情，要比这个还要沉重。原因有两个，第一，母亲主动提出不参加扫墓，这是第一次。以前，母亲曾也不参加扫墓，那都是因为我们怕她累着而不让她去，而这次是母亲自己提出不去。我知道，母亲的身体已经大不如前，她是真的去不了了，不然，以她的性格，是不会不去扫墓的。因此，我的心情十分沉重。第二，我自己我想起了去年的今天了。去年今日，我正在上海长海医院的病床上躺着，医生说我"声带白斑，基本癌变"，刚刚做了声带白斑切除手术，可以说是凶吉未知，生死难定！要是病情再重一些，或者手术不那么成功，那么，今年的今天，我还能在蹲在这野地里给逝去的亲人除草培土吗？我还能给逝去的大哥点燃这根中华香烟吗？肯定不能了，反而有可能是爱着我的亲人们站在我的新墓前泪水涟涟了吧！这么想着，我情不自禁地打了一个厚实的寒噤，惊出了一身冷汗。我抬头看两位哥哥，二哥正在奋力挥动锄头，他挖了好多泥土填实了大哥坟头上一处塌陷；三哥正在围着墓界标撒白纸，他一脸的认真。我知道，三哥小时不懂事的时候，可没少欺负过残疾的大哥，他在用他的认真向大哥致歉呢！两位认真作业的哥哥显然没有注意我神情上的波动，而我，也在最短的时间里恢复了平静，像什么事都没发生一样，但是，我的心底深处，却波涛汹涌。

两位哥哥继续作业，而我，蹲在大哥的墓碑前，看着大哥的大名"周树水"三个字，思维回到了从前——大哥周树水（其实是二哥，真正的大哥早已夭折）已经去世16年了，大哥五岁时患脑膜炎，落个残疾，手脚残了，脑子也残了，人称"老疯子"，又称"毛猴"。大

大哥墓前

哥经常大小便失禁，常有屎尿包在裤裆，我小时经常拖着他去池塘里清洗，有一次因为太臭，一时间脾气上来，便直接把他推进塘里，说淹死算了，省得老嬷烦心。眼看着大哥就要被淹没了，我又急了，跳入塘中把他拖了上来，那年，我9岁。大哥因为傻，就有很多人捉弄他，给他烟头抽，没想到，大哥竟然有了烟瘾，于是，大哥便有了捡拾人家烟头的习惯，我不让大哥捡烟头，便吓大哥："你个毛猴老疯子，要是我再看到你捡烟头，就推你到塘里淹死了去！"但大哥是个不更事的傻子，他继续捡拾别人的烟头抽，一直到死。大哥虽然傻，但亲人却都还认识，他甚至能保护子侄辈，当侄子们受人欺负时，他居然能瞪圆双眼、龇牙咧嘴地对着别人怒吼："这是我家的人！"这句话到现在在我的脑海里仍有回响并浮现出他愤怒的神情。大哥40岁的时候走了，母亲哭得不行，几次快哭晕过去。母亲拿自己备用的棺材给大哥用，将自家最好的一块自留地给大哥做了坟地。这还不算，年年清明，母亲都要亲自来给大哥扫墓，偶尔一次把有事未能前往，她总要反复交代："毛猴那里要多待一下，他手脚不便，吃得慢，逢年过节时他也抢不过别人，就在他坟前多烧点纸钱吧，没人跟他抢！"

"走了！"两位哥哥的喊声中断了我的思绪，临走时，我将一根点燃的香烟轻轻搁在墓碑之上，碑柱边上一棵青葱的腊肉草向我左右摇摆。我伸过手去，"大哥，是你吗？"

回到52栋后，虽然我尽量装出一副踏青归来愉悦的样子，但是，母亲仍然感觉出我的异常，她悄悄问我："你怎么了？不舒服吗？是不是吹风着凉了？"我双手一摊，故作镇定地说："没事啊！我能有什么事啊？"母亲叹了口气："别多想了，我和你爹双双活到八十多岁了，已经很难得了，稻子熟了要掉粒，南瓜熟了要落蒂，总有那么一天的，你也不要忧心了。你也没事的，你做了那么多善事，得有多少福报啊？好日子可长着呢，你会好好的，别想多了！"

唉！我那点心思啊，自以为隐藏得挺深，可是在母亲眼里，却是毫无遮蔽、一览无余，真是知子莫若母啊！

晚饭，我看着坐在我左边的老爹，又看看坐在我右边的儿子易易。我忽然心念一动，觉得自己似乎明白了清明上坟的意义。此前，我一直是没有真正明白清明节的意义的。小时候，于我来说，清明只是一个玩闹的机会，是一个逃学的借口，是一个解馋的希冀。而现在，因为父母的年迈，因为孩子的成长，因为自己病痛的出现，我的脑海中忽然跳出两个字来——延续！

易易每到 52 栋，都要与爷爷奶奶相拥几分钟

对！就是延续！

延续真的是一个相当沉重的词！延续真的不是一件轻松的事情！为了延续，活着的人要完成很多很多的作业——得把孩子养育好，得把长辈服侍好——无论你多么不情愿，无论你的心情多么不好，无论这作业有多么艰难，你都不能打退堂鼓！因为，年迈的父母还在努力地活着，因为少不更事的孩子还在滋滋地成长着，而清明、端午、中元、冬至、除夕等需要祭祀的日子，都是作业过程中疲惫不堪、意欲瞌睡时给你的一个个提示与警醒，为的是什么？是让你端正态度，好好地做决定，更好地延续人生。

这么看来，我的作业还得继续做，不管愿意不愿意，都得做好，因为，那是责任，也是义务。所以，我必须活着，好好活着！

第75章 我是个"坏人"

2016年5月27日（农历四月廿一）星期五

上海。长海医院。温武医生办公室。温医生神色凝重地看着我刚刚输出来的电子喉镜彩色图片。我惴惴不安地盯着温医生，屏住了呼吸。温医生忽然灿烂地笑了起来："祝贺你，恢复得非常好！"我迟疑不决地问："这么说，我的病——好了？"温医生果断地说："好了！你放心吧！"我迫不及待地问："那，那我以后可以喝酒吗？"温医生笑了起来："当然可以，红酒适量，白酒还是不要喝了，喝白酒容易复发！不过，慎重起见，建议你今后每年来检查一次，放心点！"

我欢天喜地地离去了，陪我复检的上海朋友老炳和光头高兴地说："走，吃饭去，喝红酒去！"

还没走出医院，我想着给母亲打电话，拿出了手机，哈！六个未接电话，两个是母亲打来的，两个是妻子打来的，还有大姐和二姐的。她们准是询问我复检结果。我先拨通了母亲的电话，兴奋地说："嬷！已经检查了，医生说我的病好了，都可以喝酒了！红酒！"电话那头传了一声重重的叹息："噢——那就好！阿弥陀佛！"接着我给姐姐和妻子分别去了电话，报了平安。。

不一会，手机响，是母亲的。刚刚通过话了，又会是什么事呢？我有点纳闷，迟疑着接通了，母亲的口气显得着急："是不是有上海的朋友陪着你啊？"我说："是啊，怎么了？"母亲说："我就知道，他们是不是中午要请你喝酒啊？记住，可不能再喝了啊！别好了伤疤忘了疼啊！你这病，让多少人担心啊！现在好不容易好了，你自己要管住自己啊！嬷老了，跟不了你一辈子。"我缓缓地放下手机，跟老炳和光头说："老嬷的电话，不让我喝酒，这样，今天你们既然高兴，你们喝，我只喝一杯红酒，表个意思，好不好！"幸亏母亲的电话来得及时，不然，以我的性格，中午一定会喝个酩酊大醉的，因为，老炳将我病愈的消息告诉了好多上海朋友，他们也都赶来了，嚷嚷着要庆祝一下。

我本来已经买好了回上饶的高铁车票，但是，苏州昆山的俞建荣、颜希华和太仓的李勤道、钱耀忠等好朋友非得邀我到昆山、太仓游玩，他们要进行隆重的庆贺，我推托说已经买了车票，可没想到，俞建荣夫妇居然从昆山赶到上海，生拖活拽地将我弄上了车，直奔昆山而去。害得我连忙给母亲打电话，说被建荣拉到昆山了，过两天再回去。母亲这回倒是没有表示异议，只是说："你平常做人不错，对人真诚，所以大家知道你病好了，也是真的高兴，去就去吧，开心开心，只是这酒——"我最怕听到那句"嬷跟不到你一辈子"，赶紧打断她："你放心，中午十几个人喝酒，我也就喝了一杯红酒，朋友们都照顾着我呢！你就放一百个心吧！"

晚上，我一个人待在房间里，回想这些年的生活历程，心潮起伏，辗转反侧，难以入眠，干脆坐了起来，海阔天空不着边际地写下了这么一段文字，并发到微信朋友圈里，既有警醒自己之心，也不乏劝谕他人之意啊。内容如下：

敬告亲友：

　　经复检，我的声带病症终于好了，医生明确告诉我可以好好地活下去了，虽然声带的质量仍然不如人意，但是终究不会变成哑巴了。

　　当然，声带病症好了并不能证明俺就是"好人"了，养病的这一年多时间里，我经过反省，发现自己居然是个"坏人"。

原因有四：一是好酒，俺长期坚持奋战在酒场第一线，奋不顾身地豪饮，每有饭局，以"不管你们喝多少反正俺认一瓶"为傲；二是熬夜，俺长期自恃身强力壮，坚持数十年如一日地熬夜，白天做主业忙政务，晚上做副业写文章，以"主业副业双丰收"为傲；三是话多，俺是个话痨，话多，废话尤其多，骂人、劝架、聊天、讲话、做报告、开讲座，硬是说破了喉咙讲坏了嗓子，还以"普通话虽然不好但口才不错"为傲；四是好吃，俺进口关没把严，好吃、贪吃，终于把自己吃成个"坏人"，回想大学毕业时才108斤，可现在已经180斤。因此，纵观我的现状，已经彻头彻尾地变成了一个"坏人"。

有医院的体检数据为证：血压过高。高得不好意思说出来，我还不肯吃药，有医生说到时别后悔。哈，医生居然威胁我，我最讨厌别人威胁我了。血脂高得让我血浓于水十几倍了。但我还在老婆一转身时偷偷吃块肥肉，回广丰时一顿早餐要干掉两碗炒粉，真讨厌，广丰炒粉怎么可以那么好吃呢？血糖指标比大多数糖尿病患者还要高，可我还喜欢吃甜的，还说广丰腔说得好，"吃到甜用脚舔"，哪个不爱美谁人不喜甜啊？医生警告我要控制摄糖量，我说："这真是苦尽甘来，连尿尿都甜的了"！胆固醇也高得不得了，我其实是不知道胆固醇是什么玩意儿，也不知道它与身体的关系，只是人云亦云，装懂，怕人说俺没文化，装懂这毛病都是当干部养成的。医生说我胆固醇高，叫我以后不要吃咸猪脚和泡凤爪了，但我往往禁不住美食的诱惑。害得老婆好几回抹泪，说："你太不注意身体了，就算不考虑自己还要考虑我们娘俩呢！"我假装沉重地告诉她："今后的路，你们娘俩要好好走，而我，而我，哈哈，我当然坐车了！"除此之外，还有结石、囊肿、息肉、胃炎、耳道过敏、颈椎突出、甲状腺结节、前什么腺增生等等等等，我对着体检报告发了好好一阵子呆，然后长叹一声："唉！俺从头到脚就是一'坏人'啊！"

坏人就得改造！我决定：从现在开始，我要洗心革面，痛改前非，刻苦努力，争做好人，一定要做个身体倍儿棒的好人。

祝天下人身体健康！

写完上述这段话后，我给远在广丰卧龙城52栋的母亲发去一条信息："我的老嬷，我很快就要变成一个好人了，你放心吧。"虽然，对于手机，母亲只会使用一种功能，那就是打电话，但我，还是给她发去了。

第 76 章　我将瘦小的老爹揽进怀里

2016 年 6 月 9 日（农历五月初五）星期四　端午

按照惯例，端午下午，二老是要去看龙船的，除非这天下午因为大雨河里没有龙船或者因为有些领导怕出安全事故不让划龙船。

今天天气好，河里有龙船。我决定三点钟陪他两去河边，步行。我阳伞都准备好了。现在才一点钟，老爹几次走到门边，问："差不多走吧！"老嬷斥责老爹说："你知道现在几点吗？爬船还没下水呢！你去这么早，又没有水果糖分给你！天这么热，你去煎泥鳅啊？来，先看下电视，鹰说了，三点钟带我们去。"

老爹不情愿地往回走，嘴里嘟哝着："三点，三点钟去，人家爬船都上岸了，还看什么看？"这话被母亲听到了，她生气地说："哎呀！你这老头现在是越来越不听话了啊！这爬船年年看，不都是三四点多钟才会比赛斗港（广丰方言，争上游之意）的吗？去早了有什么用，除了人头有什么可看的？还要热得半死！"

老嬷边说边调节电视频道，忽然停下了。我一看，是央视戏剧频道，在播放越剧《梁山伯与祝英台》，母亲赶紧说："老头，快来看，快来看，是梁山伯与祝英台！"老爹一听是祝英台与梁山伯，一下子来了劲，连声说："是不是啊？是不是啊？"

三分钟后，刚刚还在为去看龙船起了争执的两位老人一同入了戏，老爹的表现还算平静，他只是睁圆混浊的老眼盯着电视看，老嬷就不一样了，她表现得有点痴迷、有点沉醉，她会点头、会摇头、会拍手、会哼唱、会欢呼、会击桌、会捶胸、会顿足、会掩面、会低泣⋯⋯

母亲虽然认识很多繁体字，比我认得还多，但她却听不太懂普通话，因此，她看电视主要靠看字幕，但是有些电视剧没有字幕；有些虽有字幕，但是字体却太小，母亲年纪大，看不清楚。所以，她便经常问我："鹰，跟我说说，这电视讲什么？"我往往不耐烦，就不跟她讲，或者简单讲几句应付她一下，母亲便说："你没有你二嫂子好，她会讲我听！"我就说："我声音不好，不能多讲！"母亲说："你以前声音好的时候也不讲我听！"我一听，便暗暗惭愧起来——是啊，我确实很少给母亲讲解电视里的情节，一是对于大多数的电视剧，我往往是逮住便看，看了几集便走，很少完整地看完一部电视剧，实在无法完整地讲给母亲听。二是我确实不情愿边看边讲解，即使是母亲，我也没有做到。结果呢？母亲"自学成才"了，她连听带看字幕大约听得懂一半，还有一半靠猜，有时猜对了，有时没猜对，但她很会自圆其说，连猜带蒙，她硬是用自己独特的方式将剧情硬生生地编译了出来。然后，她会煞有介事地讲给老爹听，有时我坐在边上，听她将自己所理解的半对半错、似是而非的故事情节说了出来，往往会忍俊不禁，没头没脑地笑出声来，母亲知道我笑她，便说："我讲错了吗？你要不讲我听下？"我马上说："没有没有，我是看电视看笑的，你刚刚讲什么啊？"母亲呆一下，又转头向老爹继续讲解她所理解的电视剧情了。

但是，有一种电视，母亲是不需要讲解的，不但不需要讲解，她还能指出电视里的错处，说人家电视编得不好。比如《梁三伯与祝英台》《五女寿拜》《天仙配》《珍珠塔》《女驸马》《宝莲灯》《白蛇传》等等。这些传统戏剧的内容，对于母亲他们这一辈人来说，可谓是"滚瓜烂熟"了。每每看到戏剧频道播放这些传统戏剧时，母亲便会放下手中的活，甚至会改变念经的时间，拉着老爹一同端坐在沙发上观看，一边观看一边哼唱，一边观看一边欢笑，一边观看一边伤情。她对剧情早就烂熟于胸，根本不用我讲解，她甚至还会点评，说里边某某演员唱的没有她多少多少年前在乡下大戏台上看的那个演员唱得好。现在电视里播放的传统戏剧可能略有改编，也会被"眼尖"的母亲看出，她会说："演错了，不是这样的！"然后大声跟老爹说："这里边有个演员没演好，把戏演错了！"老爹永远都是那句话："是不是啊？"虽说是疑问，但他实际上是肯定，母亲总是回说："是的，错了！"然后继续摇头晃脑地观看着。

今天的越剧《梁三伯与祝英台》演的是全剧，差不多两个小时，一直演到三点半，中途几次我想打断二老，提醒他们要去看龙船了，可是我试着轻轻说了两遍，母亲都不理我，她沉醉在剧情里不能自拔，老爹又耳背听不见。我实在不忍心惊醒老孃，便决定让二老听完《梁三伯与祝英台》再作计较。没想到，当戏看完时，二老又闹了起来，说："都三点半了，还看什么龙船？"二老埋怨我不早点提醒他们，我笑笑，说："龙船哪里有祝英台好看啊？"母亲看龙船的瘾本来就不重，她想了想，说："也是啊，龙船有什么好看，还热得要死！"老爹纠结至极，对他来说，看龙船的兴致要大于看《梁祝》，但现在已经三点半了，等走到河边，快四点了，人家龙船真的要上岸了。因此，他在客厅里转来转去，显得有点焦虑。母亲见他这个样子，又斥责他了："噢！龙船年年有，非得今年看啊？以前在老家过，到城里几十里路，难得来看一回龙船，不也是一样过啊？现在生活在城里，住在这河边，年年看龙船，你怎么就看不厌呢？只要你好好活着，看龙船的机会还会没有啊？"老爹马上分辩说："我又没说一定要去看船，不是先前说好了三点去的吗？我又没说一定要去，不去就不去！"说着，老爹拿出一支烟，走到窗台边，打开窗户，抽他的烟去了。我看着老爹瘦小的身体，忽然间心疼起来，我轻轻地走到他身边，拥着他，凑近他耳边，大声说："我们广丰有习俗，除了端午节划龙船外，五月十三也要划龙船的，只是船要少一点，但也会有几十只爬船的，也很热闹的，你别急啊，五月十三，我一定回来，带你去看龙船啊！"

老爹忽然兴奋起来，他忽闪着迷离的一只睁开一只半眯着的眼睛，非常期待地说："真的？"老爹的神情让我很是伤怀，我紧紧地将瘦小的老爹揽进怀里，就像我小时候，老爹将瘦小的我揽进他的怀里一样。

第 77 章　凡事要往好的方向想

2016年6月19日（农历五月十五）星期日

说实话，自从换了个姓郑的经理后，信江府小区物业人员的态度还是很不错的。刚刚来电说南昌总部的工程师今天要到信江府，要到我家去检测墙体渗水的症结所在。之前，小区的技术员也很卖力，但费尽周折也没止住渗漏，这墙体似乎跟雨水有约似的，一逢雨天便渗漏不停，就像我小时候的"百日咳"，无论求医问药还是求神拜佛，总是不见好转！

物业公司的服务虽然不错，可今天是星期天，又是父亲节，我在52栋陪伴爹娘呢，我本来想搂着老爹皮包骨头的身躯睡上一宿的，本来想跟母亲聊聊给老家的社公庙捐款打醮的事情的，可这个电话让我很是纠结，于是我就没有好声气："你们也真会选时间，专挑我不方便的时候找我有事，你们家没老没小的啊？跟你们说过的啊，这星期六、星期天我要回广丰陪伴爹娘的！"母亲赶紧过来："可别火气太大，凶了别人，气坏自己，别人难过，自己伤肝，两不划算，两不划算啊！"然后问我是谁，我回说工程师来修理墙体渗水。母亲说："那得感谢别人啊！还发火？你可不对了！你要这样想，人家或许就想着你平时忙，才挑星期天来的。再想想，人家星期天都不休息，不陪老人孩子，专门来帮咱们干活做事，你还忍心凶人啊？人家可是好心好意哪！"

被母亲这么一说，我不但气消了，还不安了起来。越想老嬷的话越有道理，于是拿起电话，拨打过去："对不起啊，刚刚心情不好，话说重了,请问,你那工程师什么时候到啊?我可不可以吃了中饭再去信江府?大约两点钟,不,一点半前保准到!"对方说:"可以的,工程师从南昌坐高铁来,也要两点半左右到你家,只要你三点前能赶到,就不会有问题。"我放下电话,嘟哝一声:"这还差不多,起码可以陪着老人吃个中饭!"母亲走过来,夸我说:"鹰,你的脾气不太好,过急!但是你天性善良、正直,脾气来得快,认错也认得快。当然,这跟你小时候我的教法有关,你小时也爱跟村里的孩子们吵嘴打架,而我每次都是不问情由,更不与别人的家长争辩是非,每次都是当着别人的面,打你两下屁股,然后拉回家来盘问根由。如果是你错了,我会拉着你上门道歉;如果你是对的,我也拉着你会前去解释清楚,并要求对方家长不要打罚孩子,你每次认错的态度都很好!就像刚刚,态度跟小时候一模一样。"

母亲的话让我顿时回忆起儿时的很多事情,尤其是跟小伙伴们打架的事,那些事到现在都历历在目,一提及便浮现了出来,现在想起来都觉得特别有趣。母亲又说:"其实,人之初,性本善。这人从来都没有天生就是坏的,刚从娘胎里出来就是一个肉团团,哪能说他就是个坏人呢,这人啊,变坏了,就是爹娘没教好,或者没有爹娘教!"母亲这句"刚从娘胎里出来就是一个肉团团"说得太形象了,这是我听到的最形象最管用最让人信服的解释"人性本善"的一句话了。母亲为了更进一步证明她的说辞,又跟我讲了一个"放下屠刀立地成佛"的故事。话说有一屠夫良心发现,决定不再杀猪宰牛,可是他常用的那把屠刀却没地方安放,放高处怕掉下来伤到人,放低处怕人碰到受伤,埋起来又怕人踩到受伤,丢池塘里又怕人们干塘之时伤到。他为此事翻来覆去、睡不好吃不香,天天忧心,只好随身带着,刀不离人。此事被佛祖知道了,佛祖说这位屠夫善念大发,醍醐灌顶,佛心已具,觉悟顿开,便引度他成佛了。母亲说,这位屠夫天生是个善人,杀猪只是他的职业,当初选择这个职业肯定有多种原因。虽然他宰杀了很多生命,从积德修心来理解,没有比杀猪宰牛的屠夫更坏的人了吧，但是，当他决定不再杀猪时，他却会因为怕伤到人的善念，致使一把屠刀无处安放，他心中善良的天性一下子暴发了出来，这就是善根！

母亲还说："所以说，无论碰到什么事，你都要往好的方向想，不要一开始就把事情想糟了，更不能一开始就把人给想坏了。你要是把事想糟了，事就会越来越糟；你要是把人想坏了，这人就会跟你使更多的坏；你要是把人给想好了，人天性里的那点善念就会被你的善言善语、善行善举激发出来，他的善根就会活过来。嬢这一辈子，以前苦的时候漫山遍野、绕山爬坞做小生意，吃百家饭，走到哪吃到哪，走到哪劝到哪，劝人莫做冤家要避祸，劝人夫妻相敬、婆媳和睦、兄弟相亲、妯娌相帮，教人行善、修心积德，这一路上不知做了多少善事！人家对我可好了，后来我们家落难，没少得过这些人的帮助。可惜有些已经过世了，有些忘记是哪里的了，不然，真的要好好感谢一下这些帮助过我们的人啊！"

母亲的话是有道理的，我们在街上常常看到这样的场景，一些无意中的磕磕碰碰，如果一方先说声说不起，一般情况下会获得谅解而和平解决。反之，则少不了一场嘴仗，或者拳脚相向，甚至引发流血事故直至伤亡亦未可知。

这么一想，我得感谢母亲啊，她的教育方法，让我学会了认错，养成了主动认错和敢于认错的习惯，就算我的脾气再不好，但我会在事后冷静分析，一旦发现问题出在自己身上，错在自己，便会毫不犹豫地向人认错致歉，从而获得谅解，或增进了认识，或巩固了友谊，当真是受用无穷啊！

第78章　去安吉是因为两个人

2016年7月12日（农历六月初九）星期二

这几天，母亲没少为我担心。

因为台风，因为台风肆虐时我在外地出差。

这次台风源于台湾，8号登陆闽浙沿海，风狂雨骤，飓风将大树连根拔起，将瓦屋顶盖掀翻，将电杆拦腰斩断；大水漫过山塘水库，冲毁田园山村，淹没道路交通……

8号上午，上饶高铁站，人头攒动，数以千计的人滞留于此，妻子送我到站，我说："看样子，火车停运了，你别急着走，我可能去不成了！"果然，从福建方向来的列车全都停运了。

回家的路上，母亲来电，说："鹰，今天风真大，我担心老家的老房子被风吹翻了！"又说："这么大的风，你开车要小心点！"我说："我本来去浙江安吉的，火车都停运了，我刚到了火车站，白跑了一趟！"母亲的忧心顿起："这么大的台风你还出门啊？能不能不去啊？"我说："这台风是从台湾来的，到我们这里远，就没啥力气了，明天就基本上没有了，你放心吧！"电话那头母亲嘟哝说："总算知道为什么叫台风了，原来是从台湾来的，难怪叫台风！"我第一次听说台风的定义是这样的，哈，这可是我老嬷的独创啊，我忍俊不禁："老嬷，还是你厉害，我都不知道为什么叫台风，你却知道它为什么姓台。我再告诉你，每个台风都有个名字，这次台风的名字叫做尼伯特。"母亲说："什么？还有这样的名字啊？你爸的？"我忍不住哈哈大笑："好吧，老嬷，你的耳朵比老爹好用多了！"

结果，我买了第二天的火车票，从长沙方向过来的火车，到湖州站，然后，由安吉的朋友接站。虽然台风已经渐渐势弱，但我在安吉的三天时间里，母亲一天几个电话，问这问那，生怕我被台风刮跑。直到昨天傍晚我回到上饶，她才放下心来。为了让她彻底安心，我今天特意请了假，上午一下班就往52栋赶去了。到52栋时，已经十二点四十五，二老双双在楼下等着我，我一下车，就围了过来，左看看右看看，我说："看好了没有？一根毛发都没丢！"母亲说："回来就好，这台风可真要吓死人的啊！我活八十多岁也难得见上几次这么大的风！快去吃饭，饭菜都凉了！"

饭后，母亲很好奇地问："你去的是什么地方啊？这么大的台风都不怕，有什么重要的事情吗？"我没有直接回答母亲的问题，反问她："你信佛，佛讲因果，也讲缘分，你说，有些事是不是缘定的，比如人与人的相识，人与一个地方的结缘。"母亲说："我也说不上，感觉有时是，有时又不是！"我说："比如我这次去安吉，要说事情嘛，倒不是很重要，可去，也可不去。但是，安吉这个地方有两个人，却促使我非常想去。你看，我买好了票，到了车站，却因为台风，去不成了，我以为与这个地方没缘了，可没想到，第二天，我阴差阳错坐上了另一个方向开来的火车，缘又起了。所以我说，有些人，你注定了要认识；有些地方，你注定了要前往，是不是理啊？"

没想到，母亲对我说的有缘没缘没有兴趣，却对我说到的安吉的两个人饶有兴味，她问我："你说那个地方的两个人引得你很想去，这两个是什么样的人啊？"我想了想，说："先说一个你不感兴趣的，安吉这个地方出了个大大的名人，这个人名叫吴昌硕，是个大艺术家，他写的字他画的画可贵了，一副这么点大的画，要买几十万几百万甚至几千万元钱，我现在不是做文化工作吗？就很想去这个人的故居走走。"母亲果然对吴昌硕没有啥兴趣，她轻描淡写地说："一幅画几千万元？俗话说，唐伯虎卖字，一字值千金，这么算，他的画不是比唐伯虎卖字还贵了吗？能当饭吃吗？换作我，钱再多都不会买!"我知道这个话题跟母亲肯定说不到一起去的,就说第二个人了:"第二个人,名叫陆羽,他是唐朝的,是茶圣,也有叫茶神的,你不是有本经书叫《药王经》吗?药王名叫孙思邈,也是唐朝的,两个人名气一样大,一个叫药王,一个叫茶圣,都很厉害!"

母亲对茶圣还是有感觉的。她说:"开门七件事,柴米油盐酱醋茶,这茶确实很重要啊,平常要喝茶,待客要好茶,小孩出生满月要煮茶叶蛋,娶亲嫁女要三茶六礼端茶为聘,人死后要用茶叶净身入棺,茶的作用可大了。这个人既然称作茶圣,自然很厉害了,应该有他的庙吧?你看大凡厉害的人都有后人立庙敬奉的,孔子有文庙,关公有关帝庙,药王有药王庙,这茶圣有没有茶圣庙啊?"别说,我还真不知道有没有茶圣庙或者陆羽祠,但为了让母亲对陆羽产生敬意,我就随口一说:"这个陆羽的老家在湖北天门,那里的人给他立的庙可大了!"母亲说:"这还差不多,既然叫茶神了,连个庙都没有,那像什么话?"我告诉母亲:"再跟你说一下,这个茶圣,曾经在我们上饶待过三年,我们上饶是全国最好的产茶区,他在一千多年前,到上饶研究茶叶,他写了一本书,叫《茶经》,就跟药王孙思邈的《药王经》一样,可厉害了。这本《茶经》是全世界最早写茶叶的书。这个茶圣,后来去了浙江的安吉,一直生活在那里。最后,死在那里,也葬在那里。我这次去安吉,一半是因为这个人。"

母亲呆了半晌,说:"那这么说,这个茶圣跟咱们上饶可是大大的有缘了!我们应该在上饶给他建个庙,好让那些做茶的、卖茶的、喝茶的人都去拜拜他!"听母亲这么说,我心中一动,说:"庙是不会建了,我们上饶市政府在我上班不远的地方建了个公园,名叫陆羽公园,也算是纪念他了,相当于建了个庙,只是没法焚香朝拜。不过,这个公园没有建好,要是里面多个茶圣纪念馆,那就好了!"

母亲着急地催我:"那就赶快给他建啊!"我两手一摊:"我的老嬷,你以为你儿子是市长啊?我顶多能够提提建议啊!"母亲不好意思地笑笑,说:"如果有人给茶圣建庙,我一定要助缘,捐钱!"

第79章　把荤肴当成中药吃

2016年7月23日（农历六月廿）星期六

我算好了，今天是农历六月廿。我一大早就回到了广丰，我没有去52栋，直接去了南屏菜市场，我买了具有补血功能的猪心、猪肝和河虾。母亲连续19天未进荤肴了，我得给她补补心脏，补补血。

农历六月十九，也就是昨天，是传说中的观音菩萨的第二个生日，母亲从六月初一开始吃斋，一直吃了19天。虽然母亲在2014年初到上海看病后，听了医生与我们的劝告，把部分具有补血功能的荤菜当作药物，偶尔会吃一些，但她心中的结还未完全解开，还是以吃斋为主，这观音菩萨是她最尊敬的神佛之一，所以，观音菩萨三个生日的三个月（二、六、九月）的前19天，她还是坚持不进荤腥的。

今天星期六，我五点钟就起床了，六点就到广丰了。现在，我已经买好了菜，到52栋了，才七点十分。我想，我肯定比母亲早，她肯定还没有去买菜。

果然，当我打开房门时，二老正就着一小碗豆腐干在稀里哗啦地喝粥。见我进来，呆住了，母亲惊奇地问："你没打电话说回来啊？怎么这么早呢？"我说："不对啊，我打了电话你的啊？"母亲有点发懵："打了吗？早上打的？还是昨天啊？瞧我这记性，一点记不得了！我最近不行啊？老记不住事，认不得人了，在小区里，很多人跟我打招呼，可我怎么记不得人家啊，只觉得面熟。唉！真是老了，没用了，想想真是对不起招呼我的人啊！对，前天，老土的老婆来了，买了好多水果，还有牛奶。可是我居然忘记人家了，没认出来，直到她说是小云，我才想起来。唉！真是对不起她啊！"

我心中暗暗发笑，我怕母亲不让我买这些补血的荤菜，所以我这次回来根本没打电话给她，是突然袭击，但母亲居然记不起来，没有怀疑我的谎话，而是觉得自己忘记了。借这个机会，我很严肃地告诉母亲："你知道你最近为何记忆力衰退吗？"母亲紧张地问："为什么啊？"我说："不是年龄问题，有人90多岁的人还有好记性呢，可有些才60岁的人就老年痴呆了，这个跟年龄虽然有关，但关系不大。你以前记性那么好，最近差了，是因为你心脏不好，缺血，血气不足，就会头晕、气喘、胸闷、烦躁，是不是啊？一个人整天头晕胸闷的，还能有好记性啊？"母亲按住胸口说："是啊，最近连上个楼梯都要歇个三四次，去个超市要走好久！气喘吁吁的！那，那怎么办呢？"我把手中的塑料袋高高举起："怎么办？补血啊？你又不听话，让你吃点猪心、猪肝、瘦肉、河虾补补血，你不肯吃，说了当药吃，你却当药引子吃，每次只吃那么一点点，这回观音斋，十九天，十九天没吃一点补血的东西，你觉得你的心脏会好吗？你觉得你的记性会好吗？我看，再这样下去，你真的要连我都不认识了！"母亲忽然惊呼："是真的，昨天亚光送来一袋米，都进屋了，把米都放下了，我还没认出来，问他干什么，直到他自己说是亚光，我才想起来，你说要命吧？"我赶紧逮住机会："所以，听我的，从现在开始，每天都要吃点补心脏补血的东西，不然，不出三个月，等到九月的观音生日一过,你就把我们全都忘记了！"母亲不再作声，从我手中接过塑料袋，进了厨房。

第 80 章　我好像得了健忘症

2016年8月6日（农历七月初四）星期六

前些天，母亲说自己健忘，我骗得她天天吃补血的猪肝与河虾。可是这两个星期，不知道为什么，我特别健忘，整天丢三落四，没少遭到妻子的嗔怪。

上周，我居然连续3天忘记带手机，到了办公室后，才发现手机未带。因为我总是七点半左右到办公室的，我就让还未上班的妻子给我带手机。到第三次，妻子终于责骂开了："你怎么回事啊？老忘事情，儿子回来说，你送他上学时，他在车上眯下眼睛，你就开过校门不停车，说你这周已经两次开过头了，有一次还一直开到了带湖花城，整整多开了两公里！你怎么回事啊？再要忘记了，自己回来拿，让我兼秘书啊？"我只好涎着脸，讨好地说："我明天一定记牢，明天一定记牢！"

上周四早上六点二十分，我给儿子买了早点，回到屋里，心中牢牢记住要带手机，于是，一放下小笼包就把手机和充电宝放进了包里，按了按，硬硬的，在，于是放下心来，跟妻子说："老婆，我已经把手机放进包里了，今天，保证不烦你！"六点四十分，我把儿子叫醒，催他洗脸刷牙。六点五十分，我与儿子下楼，我送他上学。七点十分，我去机关食堂用早餐。这里说明一下，儿子念高中，我因为声带手术后熬不住夜，但早起是我多年的习惯，所以，儿子早上那点事，归我负责，其他事，包括陪儿子做作业之类学习与生活上的事，一律由妻子负责。就在我兴冲冲地来到小区停车场时，我才发现，车钥匙没带下来，忽然想起，刚刚去买早点时穿的是睡衣，现在已经换了上班装，车钥匙却还躺在睡衣口袋里。这回责怪我的不止妻子一人了，还有儿子，他大叫："哎哟，我要迟到了！"待我急匆匆回到 11 楼时，硬着头皮敲响了家门，结果可想而知了，自然是妻子愤怒的脸色了。送儿子上学后，我到机关食堂里吃了早餐，然后来到办公室门口才七点半，糟了——办公室钥匙没带！这才想起，刚从睡衣口袋拿车钥匙时，明明看见了一串房门钥匙的，但当时头脑里只有车钥匙，于是只取走了车钥匙，怎么办？叫老婆送来吗？打死都不敢！回家拿？也不行，肯定要挨上一顿臭骂！思来想去，我决定等，科里的小赵有我办公室的钥匙，但年轻人好睡，上班磨叽，没九点钟一般不会到办公室，没办法啊，只好等了。我将包放进车里，然后到办公楼对面的市民广场绕圈圈，一直绕到八点半，绕了五个圈，看了一下计步器，好家伙，7852 步，厉害！然后给小赵打电话，让她快点到办公室来开门。九点，我终于进了办公室，第一件事就是拿起笔在手心写了一句话："一回家就拿钥匙！"中午下班了，我一进家门，便跑进卧室找睡衣，不见了，不停翻找，还是不见，妻子走过了，不屑地问："找什么呢？你怎么进的办公室啊？"她边说边摊开手掌，哈，不是我的那串钥匙吗？

　　丢三落四的事还不止这些。上个星期，我还掉了身份证，我的稿费从来都是妻子去取的，上周有几张稿费单，我让妻子去取，才发现我的身份证又丢了，何时丢的怎么丢的一丁点印象都没有，少不了挨妻子一顿臭骂。还有，朋友送的一个银胆水杯，我前几天到南昌出差，把它丢宾馆里忘记带回来了。而且，我还经常性的忘记吃药，直到嗓子又哑了才想起已经隔好几天忘记吃药了，弄得妻子责骂我的同时还起了担心："你才 40 出头的人，怎么就有这么多老年痴呆的症状了啊？要不要到医院去检查检查啊？"我回她说："大凡有成就的人都是这样丢三落四的！估计我要出大成果了！"妻子不屑地白我一眼，但她拿我也没办法，总不能因为我健忘就不跟我好好过吧。

今天是星期六,我昨天就打电话母亲了,说好了今天回52栋的。早上,我送儿子上学时,妻子一骨碌坐起来:"记住,送儿子后,直接去广丰吧,别又忘记去哪里了啊?"我连连说:"不会,全世界的人都忘了,爹娘肯定忘不了!"不到八点,我就到了广丰。我没忘记在卧龙城美食街吃一碗炒米粉,我也没忘记到邮政局门口的包子摊上给爹娘买了四个包子。到52栋时,才八点出头。

用过早餐后,我问母亲:"嬷,你这两周吃了不少补血的东西,感觉怎么样,不会再心塞胸闷老忘事了吧?"母亲说:"那些东西还是有用的,好多了,不会老忘事了!"我说:"嬷,你不会老忘事了,可我这两个星期却老忘事!"然后把怎么忘事的情况跟母亲说了一遍,母亲听我讲述之后哈哈一笑:"放心,你没事的,你准是最近事多,心思放在某些特别重要的事情上了,才会丢三落四!"然后又故作神秘地说:"该不会是菩萨怪你了吧,怪你让我吃那些补血的荤肴,让我破了斋戒,于是我不会忘记事了,你却老忘事。"我说:"哎哟!我的老嬷,能有这样不讲道理的菩萨吗?这破斋戒的人是你,又不是我,凭什么你的记性好了,我反而忘事了?"母亲笑笑说:"也是啊!开玩笑呢!哪有这样的菩萨啊!"

接下来,母亲跟我讲了几个忘事的笑话,说老家有一老人嘴里叼着旱烟筒,弯着腰弓着背闷着头到处找东西。老人固执得很,问他找什么他又不作声,找了一上午一直到中饭都没找着。他儿媳妇实在忍不住了,几次叫他吃饭都不理会,最后凶他:"我的祖宗呀,你就说说看,到底找什么啊,你再不吃饭就不让吃了啊!"老人才一张嘴,说:"我找烟筒!"说着烟筒掉了下来。虽然我从小就听过这个故事,现在重新讲起,仍然觉得好笑。

我给母亲讲了几个更好笑的忘事笑话,把母亲笑得喘不过气来。说有一秀才,记性极差。一次朋友聚会,妻子给他配了一马,并配上一张弓、数支箭以防身。秀才路上内急,便在路边林地里方便,他把马拴在树上，把箭插在地上。由于方便时过于用力，待起解后忘记自己是谁要干什么去了。焦虑间一转身踩到了自己刚屙的秽物，气急大骂："是谁这么没德行啊，在这里大便，害我踩到屎！"骂完后又见几支箭插在地上，他大吃一惊，说："哎哟，我的妈啊，好险啊！这是谁要害我啊，向我射箭，幸亏没射着！赶紧逃命啊！"刚走两步，见一马拴在树上，大喜："虽然受了些惊吓，但捡到一匹马，也算是一种弥补啊！"然后骑上马，但他早就忘记要去哪里了，便迷迷糊糊地信马由缰，但老马识途，七转八弯，这马就把秀才驮回家了。但秀才已经忘记那是自己家了，只觉得这房子面熟，似曾相识；这时，秀才妻子出来晾衣服，见秀才围着自家房子打转，知道老公健忘病又犯了，她大声斥责："你个死鬼，去哪里忘记了，连自己家都记不得了吗？还不死进来？"没想到秀才说："这位娘子，你好没道理，我与你素不相识，你干吗劈头就骂啊？"这个笑话让母亲笑得前仰后合，连眼泪水都笑了出来，老爹走过来问："什么事这么好笑啊？"母亲又笑着将这个故事大着声音向老爹复述了一遍，把个老爹也笑得上气不接下气。见二老笑得这么开心，我心中甚是不安。平常二老单住，哥哥姐姐们虽然也会常来，但很少会给他们讲故事，平日他们应该很少这么开心快乐。因此，我决定再给他们讲个好笑的跟忘事有关的笑话。

　　说从前有一解差，押着一个和尚犯人去边关。这解差是个健忘的人，他怕丢了东西，出发前家人帮他编了两句话，让他背熟，这两句话包括事由和随身所带的物事，叫作：包袱枷锁伞，光头和尚我。他每次出发时总要念一念，念到一样物事，就摸一下，然后才会放心说："出发！"几天后，和尚发现了这个规律，他知道这解差是个健忘的人了，便心生邪念。某夜在酒店打尖时，他用自己的钱请解差喝酒，贪点小便宜的解差喝高了昏睡过去。和尚从解差身上取下钥匙，解了枷锁，又给他剃了个光头，把枷锁架在解差肚子上，然后逃之夭夭。第二天，解差醒了，他又开始做功课了，他念：包袱！

第80章　我好像得了健忘症　243

摸一下，包袱在，放心了！他又念：枷锁！摸一下自己脖子上的枷锁，枷锁在，放心了！他接着念：伞！摸了一下，伞在，放心了！然后念到光头，他抬头没看见光头，就下意识地摸了下自己的头，哈，光头，光头在，放心了！再念到和尚，他没有看见和尚，便自言自语："光头就是和尚，和尚就是光头。"又摸摸自己的光头，说："光头在，和尚就在！"嗯！放心了！最后念到我，他糊涂了，到处找我，不停地自言自语："我呢？糟糕！我不见了？我去哪了？"这个解差硬是把自己弄丢了！这个故事让母亲笑得更厉害了，母亲说："都说有忘事的，可没见过这么会忘的，能把自己弄丢了，前面那个秀才起码还知道自己是谁，还能回家，这个公差可惨了，连自己是谁都不知道了！"说完之后，母亲忽然说："鹰，别说，这公差虽然把自己弄丢了，但他的办法还是不错的，你说你最近老忘事，可以学学他！"我没明白母亲的意思，说："我才懒得学他，他把自己都要弄丢了！"母亲说："我说的是学他的办法，那两句话，你把要带的东西也编成两句话啊，出门时一念，不就不会忘带了吗？"我高兴地说："哎哟！我的老嬷，你可比我聪明太多了，我怎么就没想到呢？是啊，我也编两句话！"然后，我就想开了：早上买早点，要带车锁匙、门锁匙，上班时还要带包包、手机、杯子，还要记得按时吃药。于是，就编了这两句：车锁门锁包，手机杯子药。

母亲说："你把这两句记牢，只要离开一地，就念两遍，对照一下，肯定错不了！"我跟母亲说："嬷，我现在成了健忘的秀才，却采用丢人的解差使用的办法！"母亲笑得很开心："没事的，你是这段时间事多，过几天空下来，就好的！先这样试试，这公差的办法肯定有效，你老婆想骂你都没机会了！"我心想，我的老嬷，你当真是童心大发了啊！怎么看上去像个顽皮的孩子呢？

第 81 章　在乡村小庙里排演红色大戏

2016 年 10 月 22 日（农历九月廿二）星期六

我屁股都还没有坐热，母亲就问开了："前两天打电话给你，你说在花厅，在一个庙里，你们大晚上的跑到乡下一个庙里干什么啊？"

我不知道如何回答母亲的问话，我想说看戏，似乎不妥，想说演戏，还是不妥，又想说排戏，仍然觉得不妥，一时之间找不到合适的词句概括那天晚上的事情，便沉默不语。

见我不作声，母亲笑了起来："总不会大晚上的跑到一个乡下的庙里拜老佛吧？你不是共产党员吗？可不兴这个啊！"我说："我的老嬷，这哪跟哪啊，你想哪去了？"

但我最终还是没能找到一个恰当的词或者一句合适的话来概括，便向母亲详细地讲述了那天下午和晚上的事情。

上饶县有一个名叫"信河赣剧演艺公司"的民营剧团。说实话，此前我是有点瞧不起这个民营剧团的，我甚至不承认它是个剧团，认为它不过是一个在乡村野地里，靠为老百姓的红白喜事演戏挣钱的普通戏班而已。但是，就是这个被我曾经看轻的民间戏班，却做了一件让我十分刮目相看的事情。前天下午，这个剧团的团长杨善东来到我办公室，嗫嚅了半天才说出原委，说他的剧团编创了一台赣剧大戏，邀我前去观望指导并慰问一下演员，给演职人员提提气、鼓鼓劲。我当时还有点不信，严格来说是不屑，我轻描淡写地说："大戏？什么大戏啊？你一个戏班排得出大戏吗？"杨善东有点窘迫地说："我们排的戏叫做《斧头将军》，是个红色题材的大戏，戏长两个小时,说的是黄开湘的故事。这个黄开湘是弋阳人,是方志敏的表弟,他是我们上饶县第一任县委书记和苏维埃主席,后来被方志敏派往井冈山,跟着毛主席干革命。他的功劳很大,长征期间担任红四团团长,新中国成立后的大将杨成武当时还是他的政委。遵义会议时负责安全保卫的就是他的部队,电影《飞夺泸定桥》里那个指挥勇士爬铁索的人就是他,第一个带着队伍爬雪山过草地的人也是他,在腊子口带着神兵从天而降的那个人还是他。这个黄开湘在家乡是箍桶匠出身,学过武术,武艺高强,擅使一把大斧,被毛泽东和朱德誉为'斧头将军'。他是长征途中的真正的开路先锋!可惜他死得早,不然新中国成立后就算评不上元帅也能评个大将或者上将。"

  杨善东的话让我沉默了,我心里产生了认同感,觉得用古老的弋阳腔把本地的英雄人物搬上舞台,确实是件很有意义的事情。而且,明年是建军九十周年,这种红色题材的主旋律大戏正是我想要打造的。但是,我产生了疑惑,忍不住发问:"老杨,打造这么一台大戏,且不说需要演员五六十个,单单经费至少两三百万,你行吗?"没想到老杨胸脯一挺,豪迈地说:"我虽然草根出身,但我却有英雄情结,这个黄开湘不但是个长征英雄,还当过我们上饶县最早的苏维埃主席,如今我正好有个剧团,我必须把他搬上舞台,不然,我觉得对不起英雄,我自己也过不了这个坎。至于经费,我相信,只要我把事做好了,你们各级领导一定会帮助我的,我要把这台戏打造成舞台精品,争取各有关部门的项目支持。万一不行,也没关系,我剧团每年演出四五百场,多少有点利润,就算用光老底,我也要把这台戏打造出来,争取明年进京演出!"杨善东的话虽然豪迈,但我更多地感到了悲壮,他的豪言壮语让我彻底改变了之前对他和他的团不屑的看法,还让我产生了深深的歉意与愧疚——本来,打造红色题材大戏是政府的事,是我所在的文化部门的事,是我所分管的国有剧团的事。但是,我们却片面强调客观条件不成熟,过分强调自己所遇到的困难,而没有真正有所作为,没有将其纳入工作计划并付诸实施。而杨善东，就是一农民，一草根，带着一帮以唱戏卖艺为生的民间艺人，在没有舞台、没有名角、没有资金的情况下，却因为心中的英雄情结，就立志打造这样一台难度极大的舞台大剧。而且，杨善东有可能会因为这台舞台大剧而蚀光老本甚至倾家荡产。但是，杨善东却不管不顾，撸起袖子干了起来——这让我这个分管文艺与戏剧的文化部门的副局长情何以堪！现在，杨善东来邀请我前去观摩，去给演员们鼓劲，说明他的这台戏雏形已具，我还有什么理由不去呢？

　　我忽然对杨善东起了钦佩之心，产生了赞赏之情。我抬头看了一眼杨善东，杨善东已经褪去刚才的豪气，又变回一个小心翼翼的人，见我看他，还以为自己刚才说错话了，回头看了看同来的管事周新来，投去了询问的目光，并露出了一丝胆怯的神色。老杨的表情让我愈加愧疚，我说："老杨，很好！在哪里排练啊？我跟你去，把它做好，做成艺术精品，我帮你一起争取资金！"

　　没想到杨善东又嗫嚅起来了，他支吾了老半天，非常不好意思地说："周局，排练的地方有点远！"我性子急，大声说："好你个老杨，刚刚的豪气丢哪去了？怎么这么吞吞吐吐啊？有点远是多远啊？不就是上饶县吗？还能跑到广丰去吗？"没想到杨善东说："周局，还真的要到广丰了，排练的地方在花厅，广丰廿四都隔壁，离这里三四十公里，比去广丰县城远多了！"我哑然失笑："还真的这么远啊？你上饶县就找不到一个剧场吗？"杨善东又嗫嚅了半天："县里剧场是有的，但租金太高，就算租一两天我都承受不了，何况我们这个戏要排练好几个月呢，怎么用得起啊？花厅有个庙，庙里有个戏台。我这个剧团年年都要给庙里演几场戏，今年说好了，我们给庙里多演几场，不收钱，条件是庙里的戏台给我们免费排练！"我默默地听完老杨的话，心中难过，五味杂陈！

　　我忽然大声说："快五点了，走啊，还愣着干什么？"我说着，拿起包就走。

六点钟，我们经过近四十公里乡村公路的颠簸，来到了花厅镇枫岭村平安山庙。在庙里简单吃过斋饭，演员们就摆开了架势。戏台前有一空地，空地中间搭了两个帐篷，帐篷中间放着两张木桌、数张长凳，我和老杨、周新来，还有我的同事、国家一级演员李小英坐进了帐篷。接着，台上便叮叮当当、乒乒乓乓、锣鼓喧天地开始了表演。大概演到一半时，下雨了，还是飘洒的斜雨，帐篷并不能完全挡雨，杨善东怕我淋着，要我离开帐篷，我说："离开帐篷那还看个鬼啊？离开帐篷了还给你的演员鼓什么劲啊？你们要是怕雨淋着，你们走，我待在这里，我要陪着演员们，我要看完他们的演出。"结果，大家就都留在帐篷里了，一直待了两个多小时，直到演出结束。然后，我们到台上跟演员们聊天，也算是慰问，就在那会儿，我才知道，所有的演员晚上就睡在戏台上，打地铺，大通铺，男的一堆，女的一处，其中还有几对夫妻，就睡在角落里，没遮没拦。就在那一瞬间，我心酸至极，我眼眶极紧，我想哭，想大哭。

回市里的路上，我默默地想，一出以歌颂英雄为主题的红色题材主旋律大剧，居然由一个连生存都艰难的民营剧团担纲编创；一部弘扬长征精神的爱国主义大戏，竟然因为没有资金租用剧场而躲在一个偏远的乡间小庙的戏台上排演，我感到酸楚的同时，更感到了滑稽与讽刺。

这就是那天下午和晚上发生的事情，就是我无法用一个词或一句话回答母亲问话的事情。现在，母亲听完我的讲述，她也不说话了。良久，母亲才嗫嚅地说："那个戏班的老杨可是个不错的人啊！"我苦笑着说："是啊，老杨是个不错的人！"母亲又说："鹰，人有善心，常发善愿，必结善缘，定有善报，你放心，这个老杨一定能将事情做好的，也会有贵人帮他，他肯定能成功的！"

我心中没底，又不好悖于母亲，便言不由衷地说："但愿吧！"

第82章 汪山土库和海昏侯墓

2016年10月30日（农历九月卅）星期日

母亲问我："今天不是礼拜天吗？你怎么来了？"我说："前两天在南昌，今天上午才回来。"母亲有点好奇地问："鹰，我看你经常外出，都干些什么啊？是什么工作呢，要跑到外地去做啊？"我不知道如何回答母亲的话，因为这真的不是一个三言两语就能扯清楚的话题，便笼统地说："反正是工作，说了你也不懂！"说完后我觉得心虚，又补了一句："当然，有时也顺便游玩一下。比如说这次，我星期四去的南昌，星期五开会，本来星期五晚上或者星期六上午就可以回来了，但南昌的同学李国峰和林承杰非得留下我，说星期五晚上师院的校友聚会，星期六去新建县看海昏侯墓和汪山土库。于是，我便多待了一天。"

说到海昏侯墓和汪山土库，我心中一动，觉得应该把这两处地方讲给母亲听听，虽然母亲对这两个名称一无所知，但是对于这两处事物的内容，母亲一定很感兴趣，因为，海昏侯墓是刚刚发现并发掘的帝王坟墓，是死人居所；而汪山土库则是一处非常宏伟壮观的建筑物，是一个家族的住宅老屋，是活人居所。这两种居所是母亲一直很感兴趣的，经常念叨着老家的老屋，常说数百年的祖屋就这样倒塌了真是可惜；说当初实在没钱，要不然应该好好修缮一下。她还动不动就回到老家满山遍野地跑，说要给自己和老爹寻找一处安稳的身后居所。于是，我理了理思绪，将大概的情况说给了母亲。

我先说的是汪山土库。汪山土库位于南昌市新建区。汪山是个地名，土库在南昌话里意为"大型的青砖瓦房"。这汪山土库是个建筑群，由 25 幢砖木结构的青砖大瓦房组成，房子的外墙连成一体，东西长 337 米，南北宽 180 米，总占地 180 亩，共有 1443 间房，规模浩大，气势雄伟，全国罕见。在民间素有"江南小朝庭"之称，是个巨大的城堡式建筑群，用了 70 多年方才建好。这幢大屋的主人家姓程，程氏三兄弟皆官居一品，兴旺发达后回乡建设这幢大屋。数百年后的今天，这便成为一处名气不小的旅游景点了。

说了汪山土库，我再说海昏侯墓。就在离汪山土库不到五公里的地方，人们发现了一处古墓，这个墓主人名叫刘贺，两千年前，曾当过二十七天的皇帝，被废掉后又被封为海昏侯。这个人生前的生活自不用说，肯定是相当的奢华了。这个人死后，仍然想过着生前一样的生活，便将大量的财宝带进了坟墓。这个墓里发掘出来的文物有数万件之多。海昏侯墓的发现被列为 2015 年度全国十大考古新发现，其出土文物的全国巡展，影响巨大。现在，海昏侯墓也成为热门的旅游区了。

讲完之后，我跟母亲说："这人啊，无论是生还是死，最后都要归于尘土，你房子建得再大，要么倒塌了，要么成为后人的看点；你坟墓修得再好，财宝埋得再多，要么被盗墓贼偷盗了，要么被考古队发掘了，甚至连一具变得无比狰狞的皮囊都可能成为后人的看点。所以说，这人啊，无论是生前事，还是身后事，都要顺其自然，不必过于执拗！"母亲说："是啊，还是佛说得好，万般带不走，唯有业随身。无论是大屋还是大坟，无论是官位还是钱财，都没有意义了，只有生前多积善业，多做善事，才能轮回于后世，往生极乐。"母亲下意识所说的这段话道出了佛教对于死亡的看法，其实对于人类的死亡，佛教与科学的看法是不谋而合的，佛教说的肉体与灵魂就是科学说的物质与精神——人死了，作为物质的肉体归还于尘土，但作为灵魂或者精神，却是永续的，可以延续、传承或者轮回。

母亲忽然悠悠地叹了口气："我本来想，在我死后，你们把我送到庙里，一把火给烧了，一个瓦罐给装了，放在佛塔里，可是你爹怎么办？他要埋到土里的，没了伴，落了单，黄泉路上孤苦伶仃，不陪着他，真不忍心啊！我为什么要回老家选坟地啊，主要是因为你爹！"母亲说着就指指老爹，老爹以为有事叫他，赶紧过来，问："什么事啊？"母亲嗔怪说："什么事？死人棺材事！"老爹听不清楚，又问："什么？哪个要服侍啊？"母亲不再理会老爹，转头对我说："你瞧，你爹这耳朵，唉！"

看来，母亲把自己的生死已经看透，可是，她却逃脱不了亲情的牵挂与羁绊啊！或许，人类存活的意义也正在于此吧！

第83章 这么早啊！这么晚了！

2016年11月12日（农历十月十三）星期六

在卧龙城美食街吃完炒粉后，我来到52栋。八点半。

母亲正在厨房里摸索着，她在煮粥。见我推门进屋，母亲仿佛有点恍惚，她说了一句很是自相矛盾的话："这么早啊！这么晚了！"

哈哈！如此自相矛盾的一句话，换个人肯定是听不懂的，可是，做了她四十多年儿子的我，当然明白她的意思了。其实，母亲这句话完整地说应该是这样的——你从上饶回来的吗？怎么这么早啊！唉！你都从上饶回来了，而我的粥都还没有煮好，难道就这么晚了吗？这完整的一段话本来是两层意思，可是恍恍惚惚的母亲自言自语，结果就出现了这句听上去自相矛盾的话了。

果然，母亲问我："鹰，几点钟了？"我说："八点半了！"母亲叹了口气："唉！真的很晚了！要在平时啊，我早饭都吃过了！这几天变天，我老腰发酸，起不来，站不直，连经文都没念。唉！真是老了，不中用了！"母亲边说边朝供着佛像的高柜看去，眼里充满了愧疚。我赶紧安慰她："我的老嬷，你都多少岁的人了？83岁了，你已经很厉害了，比我厉害多了，像我，都不知道能不能活到83岁呢！"母亲脸色大变："你又说瞎话了，要发好的意念，知道吗？你心地善良，做了那么多善事，一定能长寿的！今后一定要发好的意念，往好的方面想啊！"我捂捂嘴，连连说："好好好，我能活100多岁，活100多岁！"母亲笑了起来："这还差不多！"又说："鹰，你帮我看看锅啊，粥要是煮好了，你就把电关了，我抢点时间念几遍经啊！"我说："我看着呢，你放心念吧！"母亲接着从房间里拿出她的居士服，说："我腰痛，弯不过来，你帮我穿上吧！"我小心翼翼地将宽大的居士服给母亲穿上，扯平整，然后扶她坐下，又去拿经书，却被母亲拦住，她急促地说："别动！"我一脸愕然。母亲说："你早上吃了炒粉，手上沾荤，不清净！"我忙缩回手。不一会，母亲摆弄好了她的行当，叽叽呱呱地念了起来！

我没事可做，就打开了电视。把各个频道过了一遍，发现几个电视台都在播放抗日剧，我正在为看哪个电视剧而犹豫时，只听见母亲说："你刚刚跳过去的那个好看，几个姑娘搞炸弹打鬼子的那个。"我将频道调回去，果然，播放的是《女子炸弹部队》，这是一部以"战争、暴力、女人"为题材的抗日神剧，虽然手法很是夸张，但没事时看看还是比较带劲的，我家二老就很喜欢看。我说："好吧，那就看这个吧！"直到这时，我才反应过来，说："哎哟，我的老嬷哎，你原来是小和尚念经——有口无心啊，你这么不专心念经，就不怕菩萨怪罪吗？"母亲也不回应我，扭过头去，半眯着眼，又叽叽呱呱地念了起来。但是，当电视里的声音很大时，尤其是枪炮声密集和爆炸声很重时，母亲就被会吸引过来，扭头看着看着就忘记了念经。等到激烈的情节过后，母亲又转过头念她的经文去了。

老爹从里屋出来，他似乎饿了，他说："还没念完啊？什么时候吃饭啊？"天！我才想起灶台上的粥，赶紧去厨房——我的天哪，电饭煲里的米汤已经溢了出来，沿着厨房台板流到地上了。我急忙拔了插头，再看，还是稀饭吗？基本上变成了干饭。母亲见我跑往厨房，她也反应过来了，赶紧放下经书，看了看电饭煲："也好，就当成饭吃吧，你爹吃正好，不用嚼！"

我看了看电饭煲，又看了看母亲，说："老嬷，还是你比较好，要是华凤啊，这回不把我头骂大了才怪呢！"母亲宽容地笑笑："骂人有什么用啊？又不是故意的。"正说着，电视里传来非常激烈的枪炮声，母亲急急地说："快去看，又打仗了！"我一乐："哈！看来，这看打鬼子比念经和煮粥都重要啊！我的老嬷！"

第 84 章 母亲的自律精神

2016 年 11 月 27 日（农历十月廿八）星期日

锅盆瓢铲交响的声音轻一阵重一阵的传来，我知道是母亲在厨房里忙乎。因此，我一直闭着眼，一动不动地躺着，我甚至憋着尿，我要是这时候起来撒尿，母亲一定会十分内疚地认为是她把我吵醒的，然后会自责一整天甚至更久。但我实在是憋不住了，见母亲背对着客厅，便轻轻地坐了起来，轻轻地移开沉睡中的老爹搁在我身上的手，然后轻轻地下床，再轻轻地穿过客厅，最后轻轻地溜进卫生间，可是，冲马桶的声音终究还是惊动了母亲，她走出厨房，不好意思的神情中夹杂着些许疑惑："我还是太响了？吵醒你了？"我忙说："不不不，易易要上学，我要送他，我每天都起得很早的！"母亲走进卧室："你爹不知道是耳朵聋听不见还是真的好睡，你看他，睡得可香了！"

我问："嬷，你那么早起来干嘛？现在才六点钟啊！"母亲说："煮粥啊！炒菜啊！煮好了念经！天亮了去南屏菜场买点新鲜蔬菜！去得早就能买到乡下菜农挑来的菜，跟咱们以前自己种的一样新鲜！你今天在家，老土和忠华他们不是会来打扑克的吗？中午要在这吃的啊！我还得多买点。"我苦笑着摇摇头——嘿！这个老嬷，倒把我的一天都给安排好了！

六点半，母亲就煮好了粥，接着她开始炒菜。她忘记开油烟机了，一股油烟夹着呛人的辣味弥漫了过来，我猛然狂咳起来，睡梦中的老爹也被呛醒，他一边咳嗽一边探出头来。母亲听到我的咳嗽声，

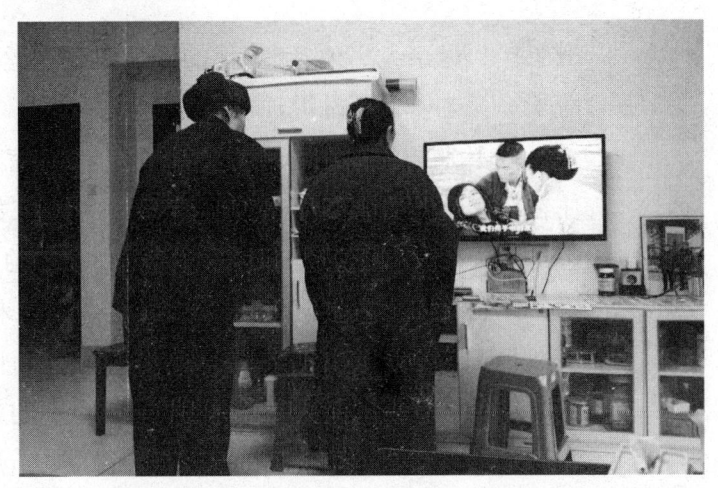

二老边礼佛边看电视，被我笑曰"心不在焉"

慌忙打开油烟机，又打开客厅大门和阳台上的窗户，然后跑进卧室，"忘了忘了，唉，真是老糊涂了，老忘了开油烟机，你二姐不知道讲过我多少次了，可我就是记不起来！"

老爹歪歪扭扭地下床，他说去卫生间。母亲说："你爹说去卫生间，去了又没尿，等下回来了，上了床，又说有尿了，真是烦人！"我说："老年人都是这样的！"果然，老爹很快就回来了，不过这回他没有再上床，而是直接穿上了衣服，我说："还早着呢，再睡下吧！"他摇摇头，自顾自地穿他的衣服。母亲说："他想出去抽烟。"又大声说："等一下，我帮你穿，没有我，你能穿得好衣服？你有这么厉害吗？"老爹不作声，躬着腿、弯着腰、驼着背、歪着头抖抖索索地穿着个丝棉袄。显然，他已经没有办法摆平这件皱得极为严重的丝棉袄了，他的双手和脑袋已经无法做到步调一致，丝棉袄在他手上似乎十分调皮，还粘手。我看得很是焦急，很想去帮他，母亲拦着我："让他试试！"结果，五分钟过去了，丝棉袄仍然在老爹手里打滑。母亲走过去："老个，怎么样？没有我，是不是要苦啊？没有我，你连一件衣服都穿不好，还不对我好点？"老爹憨厚地笑笑："这丝棉袄太

第84章　母亲的自律精神

滑了！"母亲大声说："是你的手太滑，这丝棉袄在我手里怎么就不滑了？"老爹翻了翻混浊的老眼，不再作声。

接下来我扶着老爹去喝粥，刚动筷张嘴，敲门声响起，以为是住在楼上202室的大侄子周有为，结果是二姐。二姐提着一塑料袋包子馒头，还有麻籽馃。二姐说："刚出笼的，趁热吃！我已经吃过了，你们全都吃了去。"又说："嬷，中午我来烧！"母亲正在念经，仍然是《金刚经》，她似乎害怕分心，胡乱地应了声："嗯！"又眯着眼念经了。由于客厅小，她把一尊小小的如来佛像供奉在电视柜左侧的高柜里。佛像前放着一对很小的电蜡烛，两根电蜡烛之间摆着一个小瓷碟，瓷碟里有时是花生、瓜子，有时是桔子、苹果，还可能是广丰产的天桂梨和马家柚，反正不会空着。高柜里没有足够的空间可以放得下需要打开翻页的经书，母亲就把经书放在电视机前的矮柜上。一般情况下，母亲念经时是不允许老爹看电视的，我有几次看见老爹在看电视，母亲说："老个，我要念经了，你把电视关了！"我一直以为母亲念经关电视是出于虔诚，可今天似乎觉得不完全是那么回事了。母亲念经时，我打开了电视，是个抗日神剧，我自语一声："是日本鬼子！"母亲听见了，转过头来，眼睛也睁开了，她开始盯着电视，看着看着便停下了念经，看了一会似乎记起来了，又转回头眯起眼念念有词起来，等到枪炮声很响时，她又睁开双眼转过头来，嘿！老嬷明显三心二意了吧，明显不专心了吧！我笑笑说："嬷，这枪炮声会不会把你的老佛吓跑了！"老娘啧我一下："真不会说话！"接着连声念："阿弥陀佛，阿弥陀佛，小孩不懂事，乱说话，菩萨莫怪，菩萨莫怪！"

但老娘终究还是有着让我佩服的自律精神的，她发现自己似乎难以抵挡抗日神剧的诱惑，便果断地让我关了电视。我说："不看了？"母亲说："不看了！"于是，我关了电视，母亲又摇着头眯着眼富有节奏地念起了她的《金刚经》。

第 85 章　所有的事都要计较是很不划算的

2016年12月3日（农历冬月初五）星期六

　　母亲来电话时我正在生闷气。
　　樱花半岛和信江府小区门前这条道真是让人心烦，让人生气。
　　2015年9月中旬，这条崭新的宽敞的平整的沥青马路上出现了许多挖掘机和装载车，以及垒成山一样的管子，不几天，这马路就被挖得面目全非了。一打听，原来是污水处理工程。后来，我在槠溪河和信江交汇处的绿化带上看到一块牌子，上面的文字已经被污水泥浆溅得分辨不清，大意是项目名称和工程介绍之类的内容。我发现，该项目完成时间是2016年6月。
　　可是现在呢？已经是公元2016年12月3日了！
　　进展情况呢？据我当过城管局长有着一定工程管理经验的眼光看——工程量还没有完成一半。也就是说，按照这个进度的话，整个工程至少要到2018年3月份才有可能完工，还仅仅是有可能！
　　再来看看工地现场——整条沥青马路变成了坑坑洼洼的沙石路，时不时便看见各种车辆陷在坑洞里喘着粗气爬不出来，满裤子泥水的车主在一边咬着牙咒骂（我也遭遇过）；路边花岗石铺就的人行道几乎破损殆尽；行道树被大型机械碰翻无数，倒在地上已经枯死；路灯杆被撞倒了很多，电线外露也不知道会不会漏电伤人；信江河堤被切断多处，不知雨季来时会不会河水泛滥；滨江绿地被连片破坏，樱花公园已经名不符实——雨天无法通行、晴天尘灰飞扬、路人叫苦连天、居民骂声不绝——老实说，这是我所见过的进度最慢、效率最低、管理最烂、扰民最多,最不人性化的城市工程(没有之一)。我非常生气,给它作了一副对联——上联:他说是民心项目宗旨是为民利民亲民便民还有爱民我听了就笑;下联:我看像豆腐工程到底是损民害民扰民伤民还是欺民你看了便知。横批:什么东东。作完对联我还不解气,又跑进书房,裁了张宣纸,把它写成一副竖幅。

母亲就是这个时候打来电话的。

母亲听出了我的气愤情绪,她也不问缘由,只是说:"鹰啊,嬷跟你说,人活一辈子,如果所有的事都要计较,是很不划算的!你今天要回来吗?"

我愣住了。

划算?

哈哈,母亲用了一个最简单最朴素最现实恰恰又是最有效果的词语——划算!不划算!对,不划算!我咀嚼着母亲的话,嚼着嚼着就笑了。对,我得收拾好心情,回广丰了,回52栋陪伴老爹老娘了!不然,窝在这里面对这么一条烂路,看着这么一个烂工程生闷气,既影响身体又损害心情,那就太不划算了!

第86章 我决定骗母亲一回

2016年12月10日（农历冬月十二）星期六

一大早，妻说："你既然决定今天不回广丰，就早点给你妈打电话，不然，她又要担心你的身体了！"

于是，我拿来一个大靠枕，从床头柜上拔下充满了电的手机，拨通了母亲的电话："嬷，我这儿有事，今天和明天都不回广丰了！"母亲问："是不是又要出差啊？要多带点衣服啊，这天阴冷得不像话，可别受寒了！"我说："没有出差，就在上饶呢！"母亲显然生疑："没有出差？"在母亲看来，只要没出差，双休日我是一定会回52栋的，因此，她听说我没出差又不回去，就起了疑心："你是不是喉咙又疼了？"我清清嗓子："没有啊,你听,嗓子好多了。"母亲没听出异样来，只好将信将疑地说："没事就好，没事就好！"

我知道在见到我之前，母亲的疑心是不会消除了，怕她担心猜度，我干脆说了原委："是这样，下个星期我要到鄱阳和横峰开两次讲座，这两天我得准备准备，要找资料，修改课件，要费我不少时间，所以就不回广丰了。"这回母亲终于释疑："原来是这样啊！"但是，疑心去了，担心又来了，母亲说："又去讲课啊？你的喉咙吃得消吗？"我说："没事的，最近恢复得不错！"母亲说："儿啊，咱还是身体重要，这钱，怎么挣得完呢？这名，也出不到头啊！上海的医生可是再三再四的交代过，你喉咙动了手术，不能多说话。可你倒好，动不动就去上课，上课，唉——"

我知道这回惹祸了。

妻子在一边嗔怪:"谁让你说去上课的事啊,让你告诉她不回去,省得她老人家担心,可你倒好,连讲座的事也跟她说了。这回,不是更担心了吗?"

嘿!我两头不是了。

我想了想,做出决定——回广丰,回52栋。

十点半,我出现在52幢102室门口,出现在老爹老娘面前。母亲一愣:"不是说不回的吗?"我笑笑:"我的老娘啊,逗你玩的了,打你电话时,就已经出发了,出去讲课更是骗你的了!这不是回来陪你们了吗?"

母亲抹了一下眼角,露出开心的笑容。

而我,赶紧摆好电脑,拿出资料,在电脑上继续修改和完善去鄱阳和横峰做讲座的课件。

第 87 章　我们没几年了，管不到你一辈子

2016 年 12 月 15 日（农历冬月十七）星期四

上午下班时，我向领导请了下午的假，便往广丰赶去。

我忽然出现在 52 栋，母亲高兴之中略显惊疑："今天不是礼拜天，怎么回来啊？"我说："从明天起，我会很忙，一直要忙到元旦，特地请了一下午假回来陪陪你们，晚饭在家吃，晚上要回上饶的，明早出差。"母亲说："我们好好的，有什么好陪的，你可别误了工作！再说，你二姐和哥哥会陪我们的！"我说："他们是他们，我是我。你放心，我工作可努力着呢，领导很满意，常夸我！"母亲很是开心，笑得脸上皱纹都挤在了一起。她又好奇地问："你明天去哪呢？怎么这么忙呢？都忙些什么啊？"我想了想理了理思绪便细细地告诉她："明天上午坐火车去北京，明天傍晚到。我的一篇文章，写你的，就是上次给你看的那篇《母亲的电话》，获得了一等奖，我去领奖。大后天飞回南昌。大后天晚上，我们单位排的一台大戏在南昌演出，参加省里的艺术节比赛，是我分管的，必须到场。所以这个星期六、星期天就不能回广丰了。下个星期又要到南昌开几天图书馆的会，星期天才能回，再下个星期事情更多，天天都有活动安排，连晚上上都有，走不开，一直要忙到元旦。"末了补一句："我的老嬷，我这回说得够仔细了吧！"母亲惊叹说："这么多工作啊！要开这么多会啊？要跑这么多地方啊！"她忽然语气一变，关切地问："会不会累啊？医生说你手术后不能太累的！"我说："不会累，又不是种田作地，不要耕地挑担，也不要插秧割谷，都是些动动嘴皮子的事，

哪里会累啊？不会累，真的不会！"母亲斜着眼看我，将信将疑地说："你这样说，我这样听，做这么多工作，哪有不累的？那种田作地是呆事，这花心思动脑筋的工作才更累更烦呢，别以为我什么都不懂！"我只好笑笑："也不是都那么忙的，就是年前年后忙点，瞧我平时，不是每周都回来一趟吗？"母亲想想也是，便幽幽地叹口气："反正要注意点，我们没几年了，可管不到你一辈子！"我把头点成鸡啄米一样："好好好，我注意点，注意点。"

老爹凑上来："你们说什么啊？"母亲大声说："说什么？说天上掉下水果糖，叫你去捡，去不去啊？"老爹显然没听清楚，但接话接得挺好："是啊，过几天就要冬至了，是要去老家后村塘了。过了冬至无时节，一场霜，一场雪，冬至到了，要备三牲拜祖宗了！"母亲说："鹰，你看这老头聋的，你说天，他接地；你说东，他接西；我说天上掉下水果糖，他说咱们老家后村塘。嘿，接的还真像啊！你别说，还真是的，冬至是要到了，咱是要回一趟后村塘了。"母亲说着说着便停了下来，她掰起手指算了起来："这么说，冬至那天你还出差在外，不回来了。那也没事，我跟亚光、有为他们回去便是。有为开车，我们中午去，祭完祖就回城里。你年年冬至都回了的，这回有公差，祖先知道的，不会生你气的。"母亲的自言自语让我笑出了声音，这老人家真有意思，我说："我才不怕祖先生气呢，我只怕您老人家生气！"母亲连连摇手："乱说话，乱说话！"并急急走到阳台，双手合十，对着老家方向："祖上不生气啊，孩子不懂事，乱说话，他心肠可好了，祖上不生气啊，不生气！"哈哈哈哈！我笑得直不起腰来。

第88章　永远操不完的心

2016年12月31日（农历腊月初三）星期六

上高中的儿子易易终于有了完整的两天假。

他挺乐意随我们一起回广丰，回52栋，因为52栋除了有爷爷奶奶之外，还有wifi。来到52栋后，他用了五分钟跟爷爷奶奶拥抱亲热，之后便迫不及待地拿出他游戏专用的笔记本电脑，戴上耳机，畅游在他欢乐的游戏海洋中去了。

二老快三个月没见过孙子了，上次见面还是国庆节，因此，刚刚五分钟的亲热显然是不够的。这不，奶奶先后拿出十多种好吃的东西，一股脑儿地堆放在易易眼前，把一张桌子都要堆满了。爷爷怀抱暖水袋一直站在易易身边，盯着易易和他的游戏画面看得津津有味。

二姐一手拎个小包，一手提着一袋子菜出现在门口："冷死了，冷死了！"我赶紧接下她的菜袋子，放到厨房里。二姐知道我们今天回来，所以她早早就去南屏菜市场买了菜，今天吃饭的人多，她负责掌勺。母亲问："金彩，你都买了些什么菜啊？"二姐说："你别问，我知道易易喜欢吃什么，他喜欢吃的我都买了，你就别操心了！"母亲不再作声，但她显然不放心，蹲在地上翻看菜袋子，翻了好一阵子，似乎比较满意，于是一手压着腿，一手撑着腰，缓缓地站了起来。

二姐一进门就喊："易易，让小姑看看，是不是又长高了？"我看易易正玩得高兴，便拦下二姐："你现在找易易说话，不正好撞枪口上？"二姐当然知道易易的脾气了，便没把易易强拉起来看身高，她把老爹推到一边，站在老爹刚刚的位置上，对着侄子前看看后看看左瞧瞧右瞧瞧，摸摸易易的头发，又拍拍易易的棉袄，易易忙着游戏，冲二姑笑了一笑又专注于电脑之中。我不知道二姐根据什么得出的结论，她说："三个月，至少长高了两寸！"我说："是啊，也不知怎么的，他不长肉，专长身高，都过一米八了！"母亲有点惴惴地说："他这么爱打电脑，成绩如何啊？"我说："嬢，这个你就别操心了，今年下半年起，易易已经懂事多了，成绩也不错，从目前情况看，考上一本应该没什么问题，平常是不打电脑的，放假时让他放松下。"母亲对别的事不太上心，但家族之中读书人多，所以她对二本、一本、硕士、博士这样的词十分熟悉，听说易易的成绩够得上一本，她便十分开心，马上把老爹拉到一边，大声告诉他："鹰说，易易的成绩能够考上一本呢！"老爹这回顺风了，居然听得真切，连声说："那就好，那就好！"

很快到了午饭时间，人挺多，二哥和外甥占远涛也来了。妻匆匆扒完一碗饭："你们慢慢吃啊，我找教育局老同事玩去了！"

易易的游戏是团队游戏，他一时下不来，我们便先吃，母亲着急了："易，吃饭了，等下没菜了！"过一会又叫："易，易哎，快吃饭！"易易戴着耳机听不见，她就去拉易易，易易抬头，母亲就指指饭桌又指指嘴巴，易易明白了，就说："打完这一盘！"母亲走向饭桌，她把易易喜欢吃的几个菜端进厨房："这几个菜，你们不准动啊！"我说："嘿！老嬢，你这几个菜一端，我们还要不要吃饭啊？易易就一个人，吃不到多少，我们会留够他吃的菜！"母亲犹豫了一会，把菜端了回来，但还是把易易最喜欢吃的一碗瘦肉豌豆藏了起来。

晚上，一直聊到十点半，二姐、二哥、三哥他们才回自己住处，二姐和二哥的房子都在华丽世家小区，走路只要五分钟，三哥的房子就在卧龙城小区，离52栋就隔几栋楼。母亲对我说："你们也睡吧，

第88章 永远操不完的心

被子、床单前两天洗过了，清爽的。"我说："易易说他睡沙发，反正沙发宽，还有大空调，就让他睡吧。那边床小，让华凤一个人睡，我跟你们睡。"

母亲从大柜子里抱出两床棉花被来，一床对折铺在沙发上，做垫子；一床摊在上面，做成圆筒状，说易易睡时钻进去即可。又拿来两个大衣，一个是我之前在预备役部队发放的，另一个是在财政部门上班时配发的制服。母亲说："要是冷了，就把大衣压上！"说完又去推茶几，她把沙发前的茶几往里推，跟沙发靠在一起，我说："你干吗？"母亲说："怕易易掉下来，拦一下。"我说："易易又不是小孩，不会掉下来的，再说，这沙发才那么点点高，还怕摔着？"母亲不理我，自顾自把茶几上的物品清理了，又擦得干干净净，然后站在那里喘气。我说："现在安全了，你也去睡吧！"母亲往房间里走，可在房门口又停住了："易易个子高，腿长，这被子短。"我立即打断了她的话："嘿，你也真有操不完的心啊，这腿长被子短，他不可以缩着睡吗？照你这么说，易易不是天天都要着凉感冒了？看你往沙发上都堆了多少东西了，他怎么可能冻得着呢？以我看，易易冻坏是不会的，但压坏倒有可能啊。"被我这么一说，母亲只好作罢，悻悻地走进卧室。

我跟妻说："你看，这老太太，先前为我们操心，现在为我们儿子操心，往后，我看她还得我们易易的孩子操心。你说，这人，是不是永远都有操不完的心哪！"

第 89 章　今年不在 52 栋过年

2017 年元月 23 日（农历腊月廿六）星期一

中饭时，妻说："我们有多少年没回我妈家过年了？你总说你父母年纪大，没多少年好陪，可是，你家那么多兄弟姐妹，一个大家族五十多口人，还不热闹啊？再说，你平常回得那么勤，陪你爹娘的时间真的不少了。我家那么点人，小弟在美国，几年回一次，大弟一家三口，偶尔还到他丈母娘那边过个年，有时候过年，就我爸妈两个人，那才叫孤单。尤其是今年，我小舅舅刚去世，那么多舅舅，就小舅跟我妈感情最好，我妈这些天一直心情不好，要不，今年，我们到漆工跟我爸妈一起过个年吧！"

妻的一番话入情入理，我找不到任何可以反对之处，便说："好吧，今年到漆工过年，顺便吊唁一下方志敏同志（妻家跟方志敏故居相邻）。"妻幽幽地叹了口气，我有点自责。想想也是，当初，妻不嫌我家贫如洗，大学一毕业就跟我来到广丰，一晃 20 年，起初几年还会到她娘家过个年，可后来，我总说我父母年纪大而且多病，因而十多年没到漆工过年了。

见妻仍在发呆，我想逗她开心，便说："其实我真的很喜欢你老家弋阳的，多好一个地方啊——山好，有龟峰，世界自然遗产，现在是 5A 级景区了；水好，有弋江，还有葛溪，葛玄都在那里修炼呢，所以才叫葛溪；腔好，有高腔鼻祖弋阳腔，百戏之祖啊；人好，有你。"妻白我一眼。我笑笑，接着说："我说的是真的，这弋阳人还真的不错呢，弋阳这片丹霞红土，真是培养了好多人啊，尤其是汉子，铁骨铮铮的硬汉，宋朝那个当过宰相的陈康伯，跟秦桧对着干，力主抗金至死；宋末元初那个跟文天祥齐名被誉为文山叠山两座山的谢叠山，也是一个顶天立地的硬汉，他不但与当朝大奸臣贾似道交恶遭贬充军，还在宋亡后五度却聘，宁死拒做元朝之官，绝食而终；说近的，方志敏，是个硬汉，不用多说了；还有一个你不知道的，也是你老家隔壁村的，方志敏的表弟，黄开湘，你知道湘江保卫战吗？知道保障遵义会议顺利召开的警卫团吗？知道飞夺泸定桥指挥二十二名勇士爬铁索的人吗？知道是谁第一个踩进松潘大草地的吗？知道是谁第一步登上大雪山的吗？知道神兵从天降攻陷腊子口的那个英雄吗？告诉你，这个人就是被毛泽东、朱德誉为斧头将军的黄开湘。黄开湘木匠出身，当年在你老家漆工镇磨盘山砍树箍桶，那把斧头还是从漆工带走的呢！我真的很佩服你们弋阳人的，我一直在研究本土文化，很想知道弋阳硬汉的基因到底是什么？"

我说得带劲，妻也听得入迷，她的心情已经完全转好，我逗她说："傻姑娘，你知道吗？当年你就是这样傻乎乎地被我骗回广丰的！哈哈哈哈！"妻子发现上当，抢白我一句："懒得理你！"然后说："说定了，今年到漆工过年啊！"我说："说定了，不过，我晚上要回下广丰，既然不回去52栋过年，要当面跟老人家说下，有些事还要处理一下。"

快下班时，我给母亲去电："嬷，我现在回，一个人，你多弄点饭，我回来吃的。"母亲说："你口禄好，我刚准备洗米下锅，正好！"

晚饭后，二姐、二哥、三哥和侄子有为、有念都来了，大家一起商量过年有关事宜，最后商定——过年那天早上，有为继续守店做生意，念念开车送二老和三哥回乡下老家祭请年神、灶神、社公和祖宗，待所有的年俗仪式完成之后于傍晚回城，二老到二哥家过年。二哥年前得一孙子，二老升级为太公太婆，去过年给玄孙添点福气。正月初一继续待在二哥家，我正月初二携妻儿从弋阳回广丰。初二，家族所有人全部到二姐家聚集；初三在三哥家聚集；初四在二哥家聚集；初五之后另行安排；正月十一老爹90岁正生，我安排家族人员和部分朋友聚会。

母亲听说我不回家过年，显得很是落寞。我说："那边舅舅没了，我丈母娘心情不好，我过年头一天去，初二大清早就回来的，你就在二哥那里安心待两天吧，才两天！"母亲笑了起来："没事，我在想春喜的事，你去吧，应该的，那边人少，你去吧。"母亲说到春喜的事，大家又说开了——这春喜是一个智障女，60多岁了，她老公徐顺南与我母亲同一个爷爷，只能算是同族堂亲，但没有兄弟的母亲一直把徐顺南当成亲哥哥，一直照顾着这夫妻俩。顺南死后春喜便成了我家一分子，吃住都在我们家。可是母亲年岁越来越高，身子骨越来越弱，我把她接到县城后，便把春喜安顿在村人那里搭膳，每月600元，由我负担，已经多年了。这些年，母亲每回老家一次，都要帮春喜里里外外清理一遍，并给春喜洗澡更衣，然后回到城里小病一场。最近，搭膳的徐茂火说，来年要外出打工，通知我们另外找人搭膳，母亲因此很是烦恼。我说："别烦了，以前政府没有老人钱（年过60岁的老人每月有几十块钱补助金），我们都养着她，现在她每月还有一百多块，我们就加点钱，在村里另外找个人，一年1万元，总有人肯搭膳吧，万一不行就再加点，一定会有的，你就别担心了，反正饿不死春喜的！我保证养她到老，好不好？"母亲终于又高兴起来："那就好，那就好，我回去问下爱南，她人好，给她8000，或者1万，她应该会让春喜搭膳的。"

大家把过年的事安排妥善之后，便各自回家了。

第90章　到二姐家做客

2017年元月29日（农历正月初二）星期日

八点，手机响，响了两声便停了。

我正在洗脸，妻提醒："电话！"我说："不用看，准是母亲，她是想问我们何时动身，能不能赶上中饭，又怕我还睡着，所以响了两下便停了。"妻不再作声，转身跟她母亲叽里呱啦的去了。

洗漱完毕，我走到门前晒场上。天气很好，大晴，一缕阳光从对面两个错落的山峰罅隙中穿透过来，打败了飘浮在空中薄薄的雾和浅浅的霭，没头没脑地撞上这栋两层的小楼，又一股脑儿地散落在院子的水泥地板上，碎得一地都是。冬阳虽然无力，但寒气毕竟是个欺软怕硬的货色，遇到阳光也只有退却的份。我借着这一地散碎的金光，制造出一份新年特有的好心境，我抖一抖外套，把灰尘与寒气一并抖落，然后从屋里搬出一张凳子，坐定，掏出手机。

电话果然是母亲打来的，我拨了回去，嘟嘟两声后便传来母亲的声音："你起来了？这么早啊？易易起了吗？我跟你爹在52栋，今天大家都要到你二姐家吃饭，你几时回啊？赶得上中饭吗？"我说："我们都收拾好了，等易易吃过早饭就出发，中饭能赶到。"

我们是九点半出发的，没想到路上的车辆少得出奇，结果，不到十一点，我们就到52栋楼下了。母亲很是诧异："才歇下电话多久啊，你们就到了，会飞的啊？"我说："老嬷，今年我肯定运气好，这一路通畅无阻，简直是专用车道，就差个警车开路了，多好的兆头啊！"母亲顿了顿："好好好，兆头好，好兆头！"

客厅里多了一张圆桌,正月客人多,一张西餐桌是不够用的,但母亲摆放圆桌,还有另外一层意思——她要获得乡下老家的感觉,获得新年的味道,获得团圆的快乐!易易看到这圆桌很高兴,他把笔记本电脑往圆桌上一放,把手机耳机书包往圆桌上一搁:"嘿,这桌子真好,刚好够我用,你们打牌在那饭桌上啊,可不能叫我搬来搬去了!"母亲摆这张桌本来是用于待客的,可现在被孙子占用了,她有点矛盾,但短暂的思想斗争之后,还是觉得孙子重要,她说:"易,你就在这桌上打游戏、写作业,家里要是客人多了,一桌坐不下了,你就搬一下,好吗?"易易正在安装设备,也不知有没有听清奶奶的话,就一个劲地点头。母亲回头跟我说:"你们硬要说易易不乖,我看他懂事得很,我无论说什么,他都点头,每次回来都要抱着我和爷爷不放,谁有这么乖?"我发现母亲对于孩子乖不乖的认识跟我不在同一频道上,便打个哈哈:"好,你孙子乖,懂事,好不好?"

外甥涛涛来了,他是来接外公外婆的。母亲让我们先下去,她说她要关门,不但要关大门,而且要关卧室门,我很好奇:"你干嘛要关房门啊?"母亲说:"我房间里好多东西呢!"她忽然凑到我耳边:"还有钱呢!这正月里,人来人往太多!"我不以为然:"你能有几个钱啊?再说,这来来往往的都是自己人啊,你这门关得真让人难堪。"母亲说:"这小区人太多了,听说年前隔壁一栋有几家进了贼,下面有一家……"我没让母亲说完,我知道,她下边准能说出十几个小偷入室的案例来证明自己为什么要锁房门,我说:"锁吧,锁吧,双保险。"母亲锁上了卧室门,还不放心,推了推,推不开,才放心说:"好了,走吧!"

很快就到了华丽世家。二姐住五楼,四房两厅。客厅不小,两个圆桌满满都是菜,餐厅里的西餐桌成了临时案板,堆满了各种各样的菜肴。屋里都是人,该有二三十个吧,我数一个点下头,二姐端一盘菜出来:"别数了,大小三十五个,还有些中午来不了。"

中饭在一片欢乐声中开始,团圆和幸福的气息随着菜肴的香味和老爹吞吐出来的烟云弥漫在空中,直往每个人的血脉里渗透。

第 91 章 "菜篮公"的故事

2017 年元月 31 日（农历正月初四）星期二 清晨

我被母亲的呵斥声吵醒。

我迷迷糊糊地从枕头下摸出手机——天，才四点二十分。

我双脚一蹬，上身就半靠在床背上了。往右一瞅，二老居然站在床前，老爹上身只穿个灰色的内衣，没穿裤子，整个人像一棵枯树，应该说是一段枯枝，母亲蹲在地上，手持毛巾，在老爹腿上不停地擦，边擦边说："这只脚放前面点！"老爹没听清，反应迟钝，母亲用手去移老爹的左脚，没移动，母亲一用劲，老爹一个趔趄，差点摔倒。母亲喘着粗气，放高声音："你这个老骨头，怎么这么笨呢，叫你移下脚，你偏偏像个铁钉，钉得牢牢的，真要你钉牢钉稳的时候，你又头重脚轻骸打辫，真让你给烦死了！"我拍拍床背板："怎么了，深更半夜的？"母亲抬起头："嗯，把你吵醒了？都怪这老头，屙屎屙在裤子上了。"我赶紧下床，说："我来，我来，我扶他，他耳聋听不见，你要叫他动哪就跟我说，我来搬动，你擦就是。"接着，娘俩整整忙了十五分钟，换了三盆水，终于把老爹的身体擦洗干净，又拿来干净的衣服换上，我把老爹搬到床上，又去帮母亲打扫"战场"，母亲说："别，脏死了，你别沾手，我会来的，你再睡会，才五更呢！"母亲边说边推我，并迅速把老爹换下的脏衣裤卷成一团，径往卫生间走去。接着便听到卫生间传来哗啦啦的水声，我循声而去，问："你干嘛呢，等白天让华凤她们洗吧。"母亲说："这大正月的，哪天没有客人？到白天再洗，这家里还不要臭坏了？没事，很快就洗好了，你轻点声,别把华凤、易易他们吵醒了!"

半个小时后,母亲走进卧室,她忧心忡忡地说:"鹰,你说怎么办啊,这老头现在问题可大了,他经常屙到裤子上,自己都不知道呢!"我说:"毕竟90岁的人了,有点问题是正常的,只是,你太累了,你也84了,怎么吃得消呢?"母亲忽然转身,拍拍躺在床上睁着双眼的老爹:"你这个老头啊,要是我哪天死了,你可怎么办呢?"老爹显然没有听清楚,否则他就不会露出笑容。母亲忽然破涕为笑:"鹰,你看,我都要烦死了,他倒笑得很好,好像我们在说别人的笑话一样。不过,他这种人自有他这种人的福气,我在想,他要是在我前头走了也就是了,要是我先走,估计他也快的,应该不会受什么苦的。"我说:"呸!呸!呸!好你个老嬷啊,大过年的也不说点吉利话,什么死啊活啊的,你俩不可以努力点,争取活过一百岁啊?"母亲说:"想倒是想,谁不想啊,可是活过百岁的人有几个啊?"我说:"怎么没有啊,活几百岁的人都有呢!"母亲不相信地说:"哪有活几百岁的,除非是神仙!"我忽然想起一个真实的故事,说福建闽侯县有一村庄全部姓陈,有一个人生于明朝,一直活到清朝,活了468岁。活到后来,全身萎缩得如婴儿一般大小。全村人都是他的子孙后代,大家把这个祖宗放在一个垫着棉絮的菜篮子里,每家每户轮流奉养,一代又一代过去了,已经没有人知道他的名字,后人都叫他"菜篮公"。我把这个故事说与母亲听:"你看老爹,都90岁的人了,能吃、能喝、能走、能抽烟,神清气爽,啥病没有,只是身体有点萎缩,可像那个菜篮公了。再看你,一生修心积德,做了无数善事,虽然病病怏怏的,不还是活到八十多了?你常说,这寿年是可以修来的啊,我估计啊,你真的要活成个菜篮婆也说不定呢!"

母亲对这个故事很感兴趣,她想想就觉得有趣,她断断续续地把这故事讲给了老爹听,老爹惊奇地说:"有这等事?"母亲看着老爹,忍不住说:"别说,你这瘦壳壳的样子,还真的像个菜篮公呢!"

第 92 章　我们是按天计算的人了

2017年2月2日（农历正月初六）星期四

　　妻早早就吃过早餐，坐在沙发上发呆，她的脸色明显不快。儿子还在蒙头大睡，昨晚显然玩得太晚了。但是没有办法，他说马上就要开学了，一定要玩个痛快，只好由着他。我知道，妻的不痛快源自儿子易易——马上开学了，可是儿子的寒假作业还没有完成。

　　母亲显得很是忧心，她走进去说一句："孩子还小，所有的孩子都是贪嬉的！"走出来又说一句："其实易易是懂事的，有些小孩那才叫淘气呢！"我说："你就别再说了，我们知道的。"

　　易易终于醒了，他一根棍子一样出现在客厅里，睡眼惺忪，头发蓬松，怀里抱着一块正方形小被子，这块小方被从他出生时就裹着他，一直随他到现在。见妈妈不高兴，他叫一声："妈妈，你怎么了？"妻没作声。我说："你整天上网玩游戏，妈妈担心你的学习呢，你瞧，这都要开学了！"这回轮到易易生气了："这有什么好担心的，放假不就是玩的吗？学习学习,开学了自然会学的啊！"妻有些按捺不住，便开始抹眼角。我说："大正月的，你干什么啊？搞得一家人不高兴，孩子贪玩，这很正常啊！再说易易的成绩不是还不错的吗？你想想那谁，网瘾才叫一个重，我们易易开学后一周只玩一个下午，现在是假期，他当然要玩个痛快了！等会回去时要好声好气啊，稳稳情绪，车子开慢点。我今天不回了，南昌一动漫公司来洽谈《我是城管》的动漫制作权转让事宜，我明天一大早再回上饶，直接去上班！"

　　母亲十分焦虑，她苦着无奈的脸，想说什么又吞了回去，吞回

去了又张嘴想说,当她看到易易已经洗漱完毕,就去拉易易:"易,过来吃饭!"易易坐下后,她又坐在易易身边:"易啊,都比爸爸高了,要多吃点啊!易易回去要好好读书,读大学,读博士,要到北京去读,到上海去读!"对爷爷奶奶甚是顺从的易易边吃饭边点头,母亲于是很开心。回头说:"易易是个乖孩子,慢慢就会懂事的,我们要耐住性子,教孩子,急不得。"这话是对我说的,但主要是对妻子说的。

妻终于调整好了情绪,脸上挤出了些笑容,她走过去理了理易易凌乱的头发:"你今天回上饶后要好好整理下学习资料了,马上开始补课了,虽说是补课,上的可是新课啊,真的要注意了!"易易照例是边吃饭边点头,应该是听进去了。

易易终于吃好饭,要走了,爷爷奶奶要送上车,易易不让,说外面下着雨,特别冷。他弯腰抱住奶奶,又抱住爷爷,无论爷爷奶奶说什么,易易都一个劲地点头。直到我说:"好了,好了,下次再回来看爷爷奶奶,只要你乖点,懂事点,爷爷奶奶就高兴了!"

待易易下楼后,二老又急急来到客厅阳台,拉开窗户,对着已经发动的车子又喊又叫,一个喊开慢点一个叫懂事点,还使劲摇手,乱成了一团。我摇头苦笑:"又不是出远门,更不是三年不回五载不归的,不过是个上饶嘛,至于这样吗?"

母亲一句话让我沉默不语:"我们这个年纪的人,是按天计算的,今天过了,明天还在不在只有阎王爷才知道!"我顿时黯然伤神。

第92章　我们是按天计算的人了

第 93 章 老爹 90 岁

2017年2月7日（农历正月十一）星期二

一

母亲轻轻地把左手从老爹的颈脖底下抽出，又轻轻地把老爹的左手从自己身上搬开，然后像侍弄婴儿一样把老爹整个身躯往床中间推移。我被惊醒，母亲说："还早呢，我起来煮粥，你再睡会。"

我赶紧帮忙把老爹往我这边拉，母亲说："不用，这老头都瘦成个人干了，一身骨头，没几斤，我推得动。"我轻轻地将右手伸进老爹的颈脖底下，把老爹整个揽了过来，还在熟睡中的老爹下意识地依偎了过来，左手曲在身侧，右手箍在我身上，右腿呈 7 字形搭在我双腿之上，整个人就像一片膏药贴在我身上。对，整个人就像一片膏药贴我在身上，这话是 40 年前老爹说我的，也是十多年前我用来说我儿柔易的，没想到现在我居然将这句话还给老爹了。

母亲把被子重新拾掇好，说："鹰，我觉得你爹肯定能活一百岁，人家老了睡不着，你看他多能睡，像个婴儿，一天睡十几个小时，还睡得香，我这样推他都不醒。"是啊，有道是有钱难买老来瘦，有钱难买睡得香啊。我也觉得老爹真的能活过百岁，瞧，都 90 岁的人了，身体还是杠杠的。

我仔仔细细地打量着这个贴在我身上的膏药老爹，这个我小时候把他当成大山的人，今天已经变得如此的瘦小、孱弱、干瘪，头发是早就没有了，偶尔几根，也是分布在偏远的山区，又白又瘦，

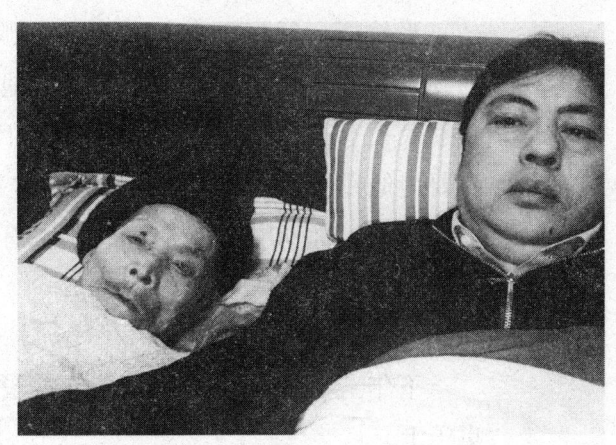

我与老爹

稀稀拉拉的不引人注意。头皮不再发亮,皱得像张揉搓过且有年份的宣纸,上面有斑,星星点点,或黄豆般大,或芝麻般小。几根白发和密布的褐斑让这片90年的头皮看上去像幅抽象的油画。我忍不住去触碰他,捋捋白发又摸摸褐斑,就像我小时候他摸我头上磕伤的疤一样。他似乎被我弄痒了,脑袋往下缩,我欠了欠身子,再把被子往上拉了拉,这样,他便完全钻入被窝,完全躺在我怀里了。就像小时候,听完鬼故事的我,完全钻入他的怀中那样。我紧了紧怀里的他,估计产生了挤压感,他动了动身子,把头探了出来,仰起了脸,卟卟卟卟地吐了几口粗气,接着又安静下来。我端详他的脸,没有牙齿支撑,嘴巴地陷一般凹着,我觉得他的脸好小,便伸出左手,用手掌去盖,居然能盖得住。我忍不住叹了口气——唉!这张脸啊,90年了,脸面上的事脸面下的事经历过多少了啊!

他又仰了仰头,我急忙收回盖在他脸上的手,放回被窝,顺势搂紧他的身子,天!都是骨头啊,骨瘦如柴。手臂、胸脯、肩膀、腰间……硬、硬、硬、硬,真硬、真硬……真的是硬啊!这倒符合了我印象中的他——挥舞着大斧,斫、斫、斫、斫,再斫,再斫……不停地斫啊,木屑横飞,不一会,手中的木头便成了家具的粗胚——典型的硬汉啊!可是,那是斧头的硬,这是骨头的硬啊,能一样吗?

第93章 老爹90岁

当然能一样！没有斧头的硬，哪有这骨头的硬啊？没有这骨头的硬，那斧头又怎么能硬得起呢？他硬不起，又怎么能撑得起我和我家人头上这片天呢？嗯，他把他的硬骨头传给我了，所以，今天，我要为他撑起一片天，要呵护好他这一身又老又脆的硬骨头。

今天，你90岁了，祝你生日快乐！祝你多活几年！活过百岁！

二

下午五点，卧龙城美食街红茶餐厅三楼，五十多人挤在四张大桌子上。

我和大姐夫、两个哥哥、两个能喝酒的外甥女婿小晖和灵邦、大侄子有为，还有老土、祥文、建荣、小虎、光头、初九等朋友陪老爹坐在主桌上。妻刚从上饶赶回广丰，她和大姐、二姐，还有小云、大头、云波、徐英、小雪等朋友陪着母亲坐一桌。小姑一大家子挤在一桌，家中其他晚辈们全部围坐一大桌。总爱迟到的李信相夫妇在酒宴正酣时赶到，他俩身后跟着三个帅小伙，是他们家老二、老三、老四，三个都在上大学。信相迟到，老土放话："你这人总是迟到，平常也就算了，可今天老爹90岁正生，你居然也敢迟到，你必须罚酒一杯！"我看信相满脸通红，显然之前已经喝了不少，便打圆场："相信他不是故意迟到，看他的脸，肯定喝了不少，就减半吧，但有个条件，必须一口干掉，如何？"信相自知理亏，赶紧举杯喝掉了一半。老土不屑地白他一眼："又给你赖掉半杯！"

老爹的九十岁正生庆宴就这样简单而又热烈、低调而又温馨地进行着。喝酒敬酒的场面喧闹而不杂乱，祝福祝愿的话语温暖而又真挚，这样的场景就不必过多描述了，反正一句话——老爹很高兴！

七点半，所有人都回到了52栋，小辈们勤快地烧水泡茶，搬桌移凳，又是花生、瓜子，又是苹果、香蕉，但牌瘾极重的老土可等不了，他大声喊："大姐二姐，还是抓紧时间吃蛋糕吧！"他老婆小云抢白他说："我看你是想抓紧时间打牌吧！"老土嘿嘿一笑，向小云伸出个大拇指："抢答正确，不愧是我的老婆，就是聪明！"

接着进入点蜡烛、许愿、吃蛋糕程序。老爹被簇拥着，蛋糕盒里写有生日快乐的皇冠戴在他的脑门上，很是宽松。他对着蛋糕一个劲地笑，大伙叫他许愿，他也不作声，只是笑，灿烂地笑，也不知他是没有听见，还是不知道许什么愿，反正除了憨笑老爹再也没有别的表情。母亲在一边说："这老头高兴得发懵了，咱们吹蜡烛吧！"老爹鼓起他干瘪的嘴，对着蜡烛使劲一吹，才吹灭了身前两个火芯，我心里很是酸楚——真是老了，没力气了，连个蜡烛也吹不灭了！外甥孙犇犇鼓起他的小嘴，一口气吹灭了所有的蜡烛。接着，在一阵热烈的欢呼声中，灯亮了，我向老爹瞧去，他又恢复了灿烂的笑容。

宴席散后，小姑一大家十几

2016年10月3日，老爹89岁，按照老家风俗，我们为他做了生日，易易给爷爷奶奶敬酒，祝他们身体健康长命百岁

口人要回霞峰石碧山老家,三哥约了一辆中巴车已经楼下候着。临行时,我塞给小姑一个红包,说是给她拜年。老土拉着建荣、厚火、忠华迫不及待地在西餐桌展开了"五十K"大战。二哥、三哥他们在圆桌上也开了一桌。一帮小孩一直在做蛋糕的文章,跟甜滋滋的奶油较上了劲。信相喝高了,往沙发上一坐,拉着母亲的手不放,开始像个女人一样张家是、李家非、上屋长、下屋短地说个不停,把他如何从一个摆地摊卖气球的小混混变成亿万富翁的奋斗史又回了一次锅,吸引了我大姐夫、大姐、二姐和云波、小雪、小云等一批听众。见听的人多,加上母亲时不时就叫晚辈们向他学习,于是,他越说越起劲,直说得唾沫横飞。

九点左右,妻跟大家道别,说儿子快下晚自修,要回家吃宵夜,得先走。然后大伙陆续散去,只留下要睡在52栋而且明天早上跟我一起去上饶的大姐和大姐夫,还有就是老土这一桌打牌的人。由于次日建荣夫妇要回江苏昆山,厚火夫妇要回上海,因此,这牌才打到十一点便告结束。我最后总结了一下,说:"今天有两个人不高兴,一个是老土,牌瘾没过足;一个是信相,吹牛没吹够。"

众人散去之后,我和大姐一道把屋子里里外外整理了一遍。然后跟母亲一起,帮老爹洗了个澡,又把老爹搬上床,拿出药膏帮他敷了一遍——嗯,还好,老爹皮肤上的湿疹已基本退去了。

关灯前,母亲问老爹:"老个,幸福吗?"这问题是母亲从中央电视台学来的,且听老爹怎么回答:"那还用说,这样的世道,做梦都想不到啊,巴不得活到120岁啊!"

第 94 章　老爹不服老

2017 年 2 月 25 日（正月廿九）星期六　下午

下午两点半，我回到广丰。我先把车子开到"申子辰汽车养生馆"做保养，然后火急火燎地赶到 52 栋。

我连叫几声"嬷、嬷、嬷——"没人应。我急急地掏出钥匙，一个人也没有。还在医院里吗？我拿出手机。母亲很快就接了电话："你回来了，我在打针，马上打完了，你别来了，医院里到处都是伤风感冒的人。你别来，有为会来接我们的！"

我问："爹呢！"母亲忽然间有了力也有了气："这个老头，叫他不要跟，他偏要跟，还不是在医院里啊！"

我就在 52 栋等着，等着母亲他们回来。我去开电视，提示插卡，没有信号。我去开父母亲的房门，锁上了。我去厨房，灌满一壶水，烧水吃药。

我从果盘上拿起一个苹果，刨了皮，苹果很脆。我以前很少吃苹果的，不知听谁讲的，说一个生了重病的人坚持每天吃一个苹果，居然把病吃好了，于是我在生病后便买了十五个苹果，一天一个，昨天刚吃完，也因为苹果吃完了我才知道自己已经咳嗽了整整十五天了。

我坐在沙发上发呆，偶尔干咳两声，没电视看，时间过得好慢。

四点，手机响，我看也没看拿起就说："嬷，是不是回来了？"结果闹了个乌龙，原来是"申子辰汽车养生馆"的小姑娘，她说："错了，错了，我是申子辰的，你的车保养好了！"我赶忙下楼，申子辰汽车养生馆就在小区大门口，我三分钟就到了，正要跟柜台的小姑娘致歉，见老板黄旭也在，他说："周叔，你何时回的啊，这车是你的啊？"转身跟小姑娘说："周叔的保养费记我账上！"我正要说些推辞的话，黄旭就走了，小姑娘死活不收我的钱，说收了钱老板会骂她的。我想想一乐——不错啊，居然还有人帮我买单，这黄旭挺义气啊，居然没有人走茶凉，我忽然间就温暖了起来。

回到52栋，母亲还是没有回来。我打开空调，抱着一个靠枕，准备在沙发打个盹。

没多久，开门声响起，母亲终于回来了。我一抬头，便见三哥抱一床棉被；老爹由大侄子有为扶着；母亲由二哥搀着，正在门口脱鞋，她显得憔悴、虚弱、老态。脱完鞋后她直起腰，却靠在门上没有进来，直喘粗气。我问："心脏的药有没有吃？"母亲点点头。三哥进来把棉被往沙发上一放："店里有事，我先过去，你们等下都过去吃饭。"

母亲终于在沙发上坐定，我递上一杯热水："这个样子能出院吗？"二哥说："病基本好了，检查没问题，呕吐停了，现在就是身子虚，明天再打一天针巩固下，打完后就可以出院了，慢慢调理。"母亲已经缓过气来，说："鹰，这次的伤寒太厉害了，满医院都是这样的病人，所以我不让你去医院，听说你也打针吃药很多天了，现在好清爽了吗？"我说："好清爽了！"话还没说完，又是一阵急咳，连续咳了十几声，干咳，咳得我双手抚胸弯下了腰，母亲神色大变："还说好清爽了，怎么还这么咳呢？山都要咳塌了，脸色都咳变了啊！"我说："好得差不多了，还留着个尾巴，明天约了徐氏中医徐院长，开点中药，调理调理，应该就没事的！"母亲缓缓地说："中药治根，是要开点中药了。"

五点，三哥来电，说饭熟了。三哥家跟52栋同在卧龙城小区，直线距离不超过两百米，可是小区道路弯弯曲曲，绕来绕去要走五六百米。我说："嬷，我带老爹去那边吃饭，三嫂煮了粥，等下我端过来你再吃啊!"

我跟老爹出门,下楼时,我去扶他,没想到老爹双手一甩,不让我扶,哈!这老头厉害啊,都不要我扶了!见他跌跌撞撞的样子,我又去扶,他还是一甩手,冲我一瞪眼:"不用,我又没老!"我忍俊不禁——老天,你都90岁的人了,还不老啊?有本事就不要像前些日子那样一个人走丢了还摔得头破血流,这还真是应了那句老话:越老越不服老啊。但是没有办法,这个老头有点倔,我只好跟在他身后,他的步子居然迈得比我快,一会儿就到了楼下小广场上,我一阵小跑才追上他,把他拉上了车。很快就到三哥店前的停车场,我车还没停稳,老爹就径自开门下车。三哥抱着他的外孙女糖糖在小店门口等我们,见老爹下车,让外孙女叫太公,糖糖跟老爹显然很熟,她满脸的笑,咧开小嘴含混不清地叫着:"太冬太冬太冬——"三哥又抱着她转向我:"叫小外公。"她跟我陌生,笑容顿收,头往三哥怀里钻,很迟疑地轻声叫:"小—外—冬—"。她这一声小外公叫得我全身一抖,我的脑海里迅速掠过无数的画面,从我记事起到我的童年到我的求学生涯再到我的工作经历,一瞬间全部闪了一遍,一种前所未有的沧桑感蓦地从心底深处滋生并迅速茂盛起来——真的就做外公了?难道自己真的就老了?难怪这个病啊、那个疼啊、这里难受啊、那里不舒服啊,此起彼伏!但我很快就回过神来:"糖糖好,小外公抱一下!"结果可想而知,小朋友认生,我毫无悬念地遭到了拒绝。我转向老爹,心想:他都90岁了,怎么还不服老呢?而我,怎么就产生了那么强烈的沧桑感呢?我这是怎么了?看着老爹佝偻的瘦小的身影,我忽然间产生了愧疚——我还得给他和老嬷养老送终呢,还得陪他和老嬷走好最后一程呢,我可不能如此的低沉和萎靡啊!

第95章　把钱给你，我就没负担了

2017年2月25日（正月廿九）星期六　晚上

三嫂一边往饭盒里装粥，一边诉说："老人家真是固执，叫他们住过来，就是不肯，好像52栋真有什么宝贝似的！住过来多好啊，日夜有人陪着，我们服侍起来也方便点！"

我接过饭盒，喊一声："爹，走了！"

三分钟就回到了52栋。

母亲打开饭盒："菜太多了，又要浪费！"我说："你多吃点嘛！"母亲说："怎么多吃，当饭吃啊？"我过去一看，确实是太多了，便说："三嫂心疼你，怕你没菜吃！"母亲便没作声，我顺势说："嬷，我在上饶上班，没法照顾你们，二哥那边人多不好住，三哥两个女儿出嫁了，房子空，三嫂让你住过去你咋不去呢？人家的媳妇都嫌弃公婆，三嫂人这么好，你就住过去吧！"母亲说："又不是什么大病，这样的伤寒咳嗽只是小病，不几天就好的，我跟你爹都硬朗得很，照顾自己一点问题都没有，他们要做生意的，住过去给他们添乱啊！"母亲讲的也有道理，于是我不再坚持。

晚上，电视仍然黑屏，父母亲早早就上了床，我坐在床沿。母亲让我从柜子下面拿出一个塑料袋，红色的；我打开，又是一个塑料袋，仍然是红色的；我再打开，还是一个塑料袋，还是红色的——我忽然间想起央视一档节目，出来一个美女，叫姐姐出来，出来一个姐姐；又叫，又出来一个姐姐；再叫，再出来一个姐姐……观众以为没有了，没想到一直叫了九个姐姐出来。我忍不住笑了一声，母亲问我笑什么，我就讲她听，她感叹说："这家人生了十个囡啊！"接着开始感叹："要是你那两个哥哥还在，我也有七个仔！"我怕她跌进回忆的深渊，赶紧打断她："嬷，说说，这塑料袋里到底是啥啊？"母亲说："最后一层了，你数下！"我第三次打开塑料袋，露出一个红包，不厚不薄的一个红包，我把钱取出来，数了数，一共6900元，母亲说："这是你正月回上饶上班时留给我的1万元，已经用了一点，这些还是你拿着吧，我不保管了，我现在记性差得很，说不准那天就忘记放哪了。我要是用钱，你不是还放了一万块在亚光那里吗？我要用多少到他那里拿多少，他会记的，我省得记，也记不住了，这样我就没负担了！"我想想也好，便把钱收了放好。母亲忽然冒出一句："鹰，要是我忽然间没了，你会从那里找到这钱吗？"我说："你胡说什么啊，不是说就一点伤风咳嗽吗，怎么能要得了命呢？"

接着，跟往常一样，我要跟二老睡一床，可是老娘说什么也不肯，说："你睡那间，我还没好清爽，你刚刚舒服一点，还是睡过去！"嘿，这老人怕把病传染给我。算了，就听她的吧，不然只要听到我一声咳嗽，她便要自责个半天的。

第 96 章　屋里有钱，你妈让我守着

2017年2月26日（正月卅）星期日

　　一大早，二哥和大侄子有为就来到 52 栋，他俩陪母亲去县医院，老爹想跟着去，母亲凶老爹："医院有什么好去的，到处都是伤寒咳嗽的，你想染个病回来吗？我生病那是没办法，你以为好玩啊？以为跟我去有什么好吃的？有水果糖分啊？"老爹耳聋，也不知他有没有听清楚母亲的话，反正他一点表情都没有。母亲急了，气急地说："这老头现在糊涂得很，有时听明白了也装糊涂，我刚刚这么大声，不信他没听见，可你看他，还是一副要跟我们走的样子！"

　　我洗漱完毕，从卫生间走出来："嬷，你今天要出院了，二哥、三哥他们会办手续的。我等会直接去上饶了，我约了个老中医，开点中药吃。要不，我等会把爹送三哥店里吧，那里人多热闹。"

　　母亲说："别看大热头（广丰方言，太阳之意），天还是很冷的，让他待这里吧，我十一点就能打完针的。"母亲一边说一边忧心地看看老爹："这老头可别乱走啊，没人跟着又要走丢了，上次就一个人走岔了路，走到地下室去，摔得全身是血。"她边说边将老爹拖到一侧，加大了音量："老个，你要听话啊，一个人待在家里，别乱走，我两个钟头就回来的，今天要出院，再不去了，你要看好家啊！"接着压低声音："鹰有重要的东西放在我们房间里，你要看好啊！"老爹这回听清了："什么重要的东西啊，放哪呢？"母亲说："你别管，反正你守着，不让别人进来就行了，东西我藏着呢！你听话啊，下午我带你出去玩！"老爹很不情愿地"噢"了一声，很不情愿地拿

起他的暖手袋，又很不情愿地走向客厅的沙发。他忽然转身："打完了针就回来啊！"

我离去时，老爹坐在阳台上，孤零零的。我说："爹，要不，我送你到三哥店里去？"老爹说："不了，我就在这里，等你嬷回来！"我大声说："你干嘛待这里啊？三哥那里人多热闹！"老爹四下望望，确定无其他人，才低声说："你嬷说的，屋里有钱，有好多钱，让我守着！"我憋住没笑出来，心想，母亲昨天已经把钱给我了，只留下一点点买菜的钱了，又哪来的好多钱啊？肯定是为了稳住老爹，怕他乱走才说的，于是哈哈一笑说："是吗？那你要好好守着，可别乱走啊！不然会被人偷走的！"

然后，我打了个电话给三哥："你要是有空，就去下52栋吧，我去上饶了，爹爹一个人在那，我不放心！"三哥说："我现在去电视台，交有线电视费，等会就去陪他。"

第97章　绕来绕去还是绕到52栋了

2017年3月25日（农历二月廿八）星期六

中饭时，我对妻说："连续阴冷，难得今天天气晴好，等会送易易上学后，咱出去转转吧！"妻说："你不是要整理一天的材料吗？"我说："上午整理得差不多了，下午可以歇歇。"妻说："到哪里转啊，上饶就这么点大！"我想了想说："机场已经建好了，带你到机场看看吧，顺便熟悉一下改道后的320国道，经过机场门口，往东通往我老家，往西通往你老家，如何？"妻还没应答，儿子接过话："上饶有机场吗？"我说："有机场，开工几年了，马上要建好了，5月1日就有飞机起降，有到北京、广州、成都、青岛等地的航班。"儿子似乎不信："真的假的？"我说："当然真的，负责机场建设的人名叫余小斌，是我们同乡隔壁村的。"儿子这下信了。我接着说："看你明年考到哪上大学，要是有飞机直达的地方，就可以坐飞机了。"儿子一撇嘴："还早着呢！"妻说："好啊，咱就到机场看看。"

两点整。机场方向。到凤凰大道和上饶大道交叉口时，我告诉妻："上饶最长的两条大道，一条是东西向的凤凰大道，东起高铁站，西至高新区，二十公里；另一条就是这南北向的上饶大道了，南起上饶机场，北抵灵山脚下，也是20多公里，北段还没打通。我们从现在起计程，看一下从上饶大桥到上饶机场多少公里，反正不到十公里。"一路上，我放慢车速，到每一条岔路我都讲解给妻听，很快就到了改道南移的320国道，我将车子停在一边，说："你看，才八公里，近吧？我们现在面向正南，眼前这条东西向的道路便是新改道的320国道。穿过国道往前1公里，你看，那栋楼就是航站楼，上饶两个大字,清晰可见。沿着这国道往西,大概十来公里就到横峰界,跟老的 320 国道相接,再往西就是你老家弋阳了。往东,大约十来公里就跟上丰快速通道相接,这么说不直观,还是带你走一遍吧,看看到底有多远。"

沿着新的 320 国道往东,先后过茅家岭和皂头,跨过丰溪河,就到朝阳乡的王家山了,再横穿上广公路,就到了上丰快速通道。这些地方我跟妻都很熟悉,但经新 320 国道这样一横穿,把我们的方位感打乱,颇觉新奇,尤其是妻,更有一种拿起珍珠穿成链的感觉。直到上丰快速通道,我踩了刹车:"机场到这里十四公里,现在我们面向东方,往前去玉山通浙江到上海,往左是上饶高铁站,你走过的,七公里;往右,到广丰,到 52 栋,八公里。我们回去看下老人吧!反正儿子晚上在学校吃。"妻子听着听着就变了脸色:"看来,你变戏法一般把我骗到这里,原来还是想回 52 栋啊?这才八公里了,就到家门口了,还能不去吗?"我说:"才不是,我是真的想带你到机场看下,谁知道绕来绕去还是绕到这里来了!"妻嘿嘿一笑:"走吧,去 52 栋吧,其实一出来,我就知道你想去了,去吧,陪老人家吃个晚饭,还可以陪他们看一集电视剧,我们可以九点钟回来,要不是明天有事,你还可以留在 52 栋,你不是没长大还想吃奶吗?"

十分钟后,我们来到 52 栋,门半掩着。我推开门,老爹坐在沙发上抽烟,老嬷披一件"海青"(佛教居士专用的类似僧袍的衣服)在电视柜前翻看着什么,我打开灯,二老猛地一惊,母亲见是我们,颇为不解地说:"没说今天要回啊?"我说:"本来有事情不回来的,可今天的事上午做完了,明天的事明天才能做,所以就回来了。"

母亲没说什么,径自走向厨房,走向冰箱,她折腾了一阵后告诉我:"回来也不打个电话,都没有菜了!"我说:"有什么吃什么,易易晚上在学校吃,我们平常晚上都吃燕麦粥的,根本不需什么菜!"母亲说:"那怎么行,这里只有肉、冬菜、白玉豆,肉冻得邦邦硬,没法吃,我去超市买。"妻说:"够多的了,不用买!"母亲不听劝,到卧室里摸出 100 块钱:"老个,我去超市,你在家待着。"没想到老爹不干,不依不饶地跟着,还抢先走到门口穿上鞋子。我说:"让他去吧,我跟你们一起去,刚好晒晒太阳。"从52栋到超市大约有200米距离,很快就到了。老爹、老嬷显然比我熟悉,母亲进超市后直奔菜品区,她走得很快,生怕菜被人买光一样;老爹有点跟不上,我去扶他,他一甩手,不让我扶,我就跟在他后面,我知道,我要是再去扶他,他准要说:"我又没有老!"

母亲买了瘦肉、豌豆、鱼块、大蒜、辣椒,又买了三种同价的饼干,说:"这是素的,供佛好,你爹也喜欢吃!"我补一句:"到底是供佛好,还是爹喜欢吃啊?"母亲笑笑:"供了佛再吃!"

妻难得回来,她有一段时间没见到二姐了,就给二姐打电话,想叫二姐一起过来吃饭,二姐说晚上她的女儿和外孙女在她那儿吃饭,叫我们一起过去。我问母亲,母亲呆了呆说:"你二姐烧得更好吃,就去她那里吃吧!"我们到三哥店里转了一下,跟三哥三嫂聊了聊家常,逗了逗外孙女糖糖,听了听她稚嫩的声音——"小外冬,小外冬"。然后转回52栋,把刚买来的菜品放进冰箱,就往二姐家去了。

二姐烧了不少菜,我已经一个多月没吃过二姐烧的菜了,还没等大家上桌,我就吃开了,妻嗔怪我:"真没吃相!"二姐说:"又没外人,怕什么!"我得意地说:"就是,又没外人,哪来那么多礼节?"

晚饭后,我告诉母亲:"明天信江府的房子做防水,我约了师傅,晚上要回上饶;易易九点半下自修,要回来吃宵夜的,所以,我只能陪你们到八点半,正好看完一集电视剧。"母亲听说易易要吃东西就来劲了:"你们早点回吧,一定要多弄点东西给易易吃,让他吃好吃饱,正是长身子的时候,可饿不得啊!"妻说:"你就放心吧,饿不坏你那宝贝孙子的!我还愁他吃不下呢!"母亲方才露出满意的笑容。

八点半,我们把二老送到52栋楼下,他们坚决不让我们送上楼,催我们赶紧回去,说易易会等的。我虽然忐忑,但实在拗不过他俩,便由着他们去了。刚到芦林,母亲来电:"我们已经上楼了,你路上小心,开慢点!"

第 98 章　扫墓

2017年4月4日（农历三月初八）星期二　清明

凌晨四点，睡不着觉的母亲就在厨房里忙碌开了。因为夜深人静，厨房里每种声音响起，都格外的清脆、尖锐。我本来就有早起的习惯，但毕竟没早到五更即起的地步，于是揉着惺忪的睡眼、打着长长的呵欠、拖着绵软的双腿走到窗前——我的天，这外面黑漆漆的，有风，似乎风还不小，那一团团摇动的黑影是树吗？

我赶紧回到房间："嬷，不好，外面风很大，今天要下雨！"母亲笑笑："不会的，这个时候起风，天要晴呢！"我将信将疑："真的假的？"母亲说："黄昏起风，雨水咚咚；天光起风，热头（太阳）公公。"原来还有这句谚语呢，我以前怎么没有收集到啊，不然就可以把它编进《广丰民谣》里了。

母亲催老爹起床，她找出很多衣服，要老爹换上新衣，老爹不干，要穿之前穿过的，他说："又没脏，换什么换？"母亲高声说："今天要回后村塘（母亲老家），还要回江家山（父亲老家），鹰说还要到上孚（周家祖籍地），你这个衣服穿得出去？你不怕丢人，我还怕呢！"老爹显然不愿意，但最终拗不过母亲，折腾了好一阵子，总算换好了衣服。母亲坐在床沿直喘粗气："这个老头，固执得很，每次换个衣服都要淘气，手脚又木，我都要被他累死了！"

然后母亲开始给二哥、三哥、有为打电话，叫他们来 52 栋喝粥。我说电话我来打，她不肯，说她的电话和哥哥姐姐们联了网，打的是短号，免费的。二哥、三哥回说不来吃，母亲很是郁闷："煮了那么多粥，又不来吃了！"我说："谁让你这么早啊，太早了啊，宁愿多睡下，也不愿喝这碗粥啊！老家有句老话，叫什么来着？对，叫哐肉不如养肉。"母亲说："出门不是要趁早吗？我们以前到花厅担煤，比这还早；到十五都担棺材，到浦城担发脚，更早，不到三更就要动身，走的都是夜路。"我说："我的老嬷，拜托，以前是走路好不好，现在有车啊，而且路还好，都是水泥路！"母亲不再作声，但她忽然想起了什么，便大声说："有车也要起早，大家都有车，等天亮了大家一起出来，还不堵车啊？就像去年过年，五都、大石、廿三都、廿四都不是都堵死了吗？那车，挤在一起，走得比蚂蚁还慢，还不如走路呢！"我想想也是，就说："好，你赢了，那就早一点！"

住在楼上的大侄子有为下来喝粥，母亲给他装了三大碗，放在桌上凉着，说："高压锅里还有，你吃完再去装。"我说："嬷，你想撑破他的肚子啊？"母亲说："年轻人容易饿，多吃点，几碗粥填得饱肚子啊？"似乎很有道理啊，我还真是说不过她。

六点半，大侄子有为把"五碗"和香烛纸钱搬上车，去华丽世家接他爸爸去了。我把二老扶上车后去34栋接三哥。因为早，也因为这几天天气好，更因为前两天放了假，大多数人已经扫了墓，所以，路上并没有出现堵车的现象。很快就到了后村塘，后村塘是母亲的

沿墓缘标纸

家乡。由于母亲的爷爷下传到母亲一代除了一个傻瓜顺南（母亲的堂兄），便没有了男丁，因此老爹成了上门女婿。所以自我母亲的爷爷以下所有族人的坟墓，母亲都认了祖坟，也都成了我们祭扫的对象，现在还保留着没有被开荒毁灭的坟墓就有八个。

第一个祭扫的自然是外婆的墓了。84岁的母亲虽然对生死名利已经没有太多的念想，但是，站在外婆的墓前，她仍然不太平静，感叹起世事的沧桑，仍然对坟头的杂草唏嘘不已，仍然对墓侧一个泥洞耿耿于怀。她让我们沿墓缘多标白纸，说"清明要标，冬至要烧"。我说冬至要烧那是真的，但清明要标就不一定了。母亲一脸疑惑："千年百代都是这样传的啊！"我说："标纸主要是标明坟墓边界，而春天又是种植的季节，以前的农民所有的出产都依靠土地，占用坟头墓尾的边角地种点豆角菜蔬的事常有发生，而现在连水田都少有人种，所以，清明就算不标纸，也没有人会占用坟边墓尾那点空地栽葱种蒜了。"母亲也认同这点，但她仍然要我们标满整个坟墓，我们当然照做了。我知道，清明给坟墓标纸已经不再是标明边界那么简单了，它已升华为后人祭奠和缅怀先祖亡灵的一种习俗，甚至是具有宗教性质的规程和仪式，已经深深地植根在人们的内心，融入人们的血脉之中，就像信念一般，一旦养成，便很难动摇。

刚刚过完90岁生日的老爹在长孙有为的搀扶下，踏着只有脚板宽的田塍绕过几垄油菜地硬是爬上了螺蛳山顶。来到外婆的坟地，母亲转过身，合起双手对着墓门深深一揖："嬷啊，你看，你女婿都90岁了，老得走不动路了，今天也来看你了，你要保佑他身体健康，多咥几年饭啊。"祈祷之后，母亲拉着老爹走到坟墓背后的山顶，四周望望，幽幽地叹口气："唉！这满山都是坟，可惜这周边没有好的坟地了，要不，我们今后也葬在这里，该多好啊！"

在后村塘最后一个祭扫的是我大哥的坟墓。说是大哥，其实是二哥，真正的大哥小时候就得病死了，没留下正式的坟墓，所以一直称这位为大哥。大哥大名周树水，小名毛猴，由于小时得了脑膜炎，落了个手残脚残脑瓜还残，生活无法自理，屎尿不分，没少让母亲操心。即便如此，母亲也视为宝贝，甚为疼爱。2001年元旦那天，大哥去世了，母亲哭得不成样子，悲痛得差点没背过气去。料理后事时，用大棺材入殓；选择墓地时，母亲坚持把自家这块上好的自留地用于安葬大哥。大哥去后的头几年清明，母亲都要亲自去祭扫，还要我们点一根香烟放在大哥墓前，说："毛猴会抽烟的，生前常捡人家的烟头抽，你们给他点一根整的吧！"现在，母亲站在大哥的坟背上，已经没有了往日那种悲痛的情状，她左瞧瞧右瞧瞧，然后告诉我们："还是这里的地好，要是能把隔壁衰水家的地换来，连我们的自留地一起，葬两个坟，应该是够的，还可以跟毛猴做个伴。你们记住，我们百年之后，你们要是找不到更好的坟地，就这里了！"

我忽然想，人生在世，大多时候都身不由己，尤其是身后事，更是少有人能够自己做主，像我父母这样，90岁高龄亲自跑到山野之中从从容容地选择墓地的，又有几人？这难道不是一种莫大幸福吗？当然，要达到这种境界，必须在通透生命之理之后才能做到。

下午，我们来到父亲的老家江家山祭扫了五个坟墓，再到祖籍地上孚村祭扫了三个祖坟，然后回到县城。到52栋时，我已经疲惫不堪，但看二老，似乎没有显现出疲累的迹象，我忽然冒出一个当下十分流行的词来——厉害了，我的爹娘！

第 99 章　不能再去南屏菜市场了

2017 年 4 月 16 日（农历三月廿）星期日

早饭后，母亲拿着一个大塑料袋，准备去买菜。我问："去超市吗？"母亲说："去南屏菜市场，那里的菜多，新鲜，尤其是肉，都是当天的猪。你们昨天来得太晚，来时也没说一声，结果搞得孙子没菜吃，我今天要多买点！"我说："你也别买多了，易易吃不下多少，去南屏菜场要过条大马路，有危险，你最好别去，到小区超市买点算了。"但母亲坚持要去菜场，而且老爹还抢先走到了门口，一副生怕母亲不带他去的样子。我拗不过，只好决定陪着他俩一起去。

可是母亲又把老爹拉回屋里了，我以为不去了，没想到母亲是给老爹换衣服，她拿出一个黑色的呢绒半长大衣，要老爹脱下棉袄，老爹不脱，母亲说："这棉袄都发白了，在家穿穿还差不多，出门要换光鲜的衣服，懂吗？"老爹嫌麻烦，嘟哝道："就买个菜，算什么出门啊？还换衣服，真麻烦！"母亲佯装生气："哟，你不怕丢人，我还怕丢人呢！你不换是吗？不换就不带你去！"老爹听说不带他去立马就软了："换换换，那换吧！"

天气晴好，阳光明媚。母亲走在前，老爹跟在后，我怕老爹摔着，随着他的步子走。母亲走走就停下："老个，走快点！"老爹就加快了步伐。我说："嬷，你别急，早得很，菜场的菜不会这么快就被买光的。"母亲手置额头遮蔽阳光，四周望望，然后告诉我："鹰，真是二、四、八月乱穿衣啊，你看好玩吗？你爹还穿大衣，我穿棉袄，你就穿两件，还有人已经穿单衣了，我刚还看见一个姑娘就穿短裙了！"

是啊，四月天就像个调皮小孩，很任性的，它风一阵、沙一阵、晴一阵、雨一阵、冷一阵、热一阵、阳光一阵、雷电一阵，因为这种多变，这城里乡间、街上路上便同时出现了羽绒服、丝棉袄、厚毛衣、长围巾、白衬衫、短袖子、超短裙、光膀子，构成了一道道奇异的风景。

很快就到了南屏菜市场。

一进菜场，老爹就踏上楼梯，我拉住他："我们不上楼！我们在这边买菜！"老爹说："知道，你们去买，我坐在这里等。"他边说边倚着一根柱子，往台阶上坐了下去。我拦住："脏！"老爹摊开手中一张彩色传单："有垫！"哎，这不是来路上有人沿街发放的广告传单吗？原来老爹早有准备！母亲说："市场里人多，磕来碰去的，

老爹坐在菜市场楼梯口睡着了

你爹每次来都坐这里等的，他每次都拿人家这个东西垫屁股！"母亲忽然想起一件似乎好笑的事，她没讲就先笑了，我问怎么了，母亲说："我有一次买完菜，把你爹忘这里了，回家后都没想起来，直到念完几遍《金刚经》才想起来，赶紧去找，你猜怎么着？"我疑惑地问："怎么了？是不是走丢了？"母亲笑着说："哈，这老头竟然还老老实实地坐在这里，以为我菜没买好呢！还问我怎么要买那么久害得他屁股都坐疼了，你说他笨不笨？"我也忍不住笑了，但笑着笑着我不免担心起来，一是到南屏菜场路程稍远，离52栋约有一公里路；二是要横穿川流不息的永丰南大道；三是菜场里外买菜卖菜的人自行车、摩托车、电动车横冲直撞；四是老人家健忘，

万一再次发生母亲刚讲之事怎么办？于是我说："嬷，你尽量不要到这里买菜，毕竟年纪大了，太危险了，还是到小区超市买吧，如果一定要来，就让亚光他们陪着。"我还跟母亲讲了个笑话，说四个老人打麻将，其中一位老人上厕所，上完厕所后忘记刚刚干什么了，实在想不起来只好回家，那三个等了好久不见人回，想去叫却忘记那人是谁了，只好都散了。母亲笑得很灿烂："哈，那四个比我还没记性啊！"

老爹很快就坐稳了，我确认他的位置基本不会影响他人通行后，就陪着母亲看菜去了。绕了几绕，母亲终于买好了她认为孙子易易喜欢吃的菜，然后准备回去，路过刚刚买肉的肉摊时，忽然发现有一个猪心，我说："嬷，等下，把这个猪心买了，你心脏不好，猪心对心脏病特别好。我再去买点虫草，炖着吃！"母亲说："这个要碰的，运气好才能碰到！今天我们运气好！"

再去叫老爹，他老先生正在眯着眼，似睡非睡，我大声叫唤，母亲说："没用的，听不见的，要去拉他。"于是我跨上台阶，走到他眼前，向他伸出手，但他没有反应，眼神从我的裤脚慢慢上移、上移，直到看到我的眼，才惊一下，想站起来，可是一站又跌坐下去，肯定是屁股和腿坐麻了，我赶紧抱住他："别急别急，慢慢来，慢慢来。"路上，母亲说："别看这老头年纪大，他还抖得很呢，这人多车多，我去拉他，他不要我拉，还凶我！每次过马路吧，我都担心死了，可是他不怕，你知道他怎么说的吗？他说车子应该等人，司机看到他自然会让他的，你说他这不是倚老卖老吗？"我笑笑："他说的倒也没错，确实，在斑马线上，应该车让人的。"说着就到了永丰南大道，我拉着二老走斑马线，母亲说："你看，这么多车，谁会让啊，还不是刹车踩得吱吱响，一片骂声啊！"事实摆在这里，我没法反驳母亲，为了安全起见，我左手拎菜，身体护着二老，右手示意车子先过。第四辆，对，第四辆车子的司机停下了，驾驶员伸出手，示意我们先行，那一瞬间，我十分感慨——这个小城，也终于有人践行车让人的文明规则了！感谢那位素不相识的驾驶员，他让我心里温暖了好一阵子。

　　过马路后，我非常严肃地对二老说："确实很危险，千万别说走了这么多年了都没事，一旦有事就迟了，就大了，就完蛋了，就后悔都来不及了，明白吗？我跟你讲个事，我有个老领导，他母亲一个人上街，被车子碰了，当场就没了，到现在，这位领导都后悔没有陪着母亲上街、没有拉着母亲过马路。所以，从明天起，要是没人陪着，你们不能再到南屏菜场买菜了，超市的菜也不少，你们只能到超市买。我会跟哥哥姐姐们说一下，让他们看着你们。"说完走进旁边一处药房，给母亲买了瓶藿香正气丸，出来时听到母亲埋怨老爹："都怪你，整天要跟，我走到哪你跟到哪，我倒个垃圾你都要跟，我买个菜不就半个时辰吗，你都要跟着，跟去你又能干点什么呢？还不是坐在台阶上发呆啊？还不是来来回回的走路啊？这不，鹰不让我们去菜场了，要我说啊，以后，连超市都不带你去了！"老爹背着手、弯着腰，他像个犯了错的孩子，任由母亲斥责，低着头一声不吭，此时此刻，他正在想些什么呢？见我出来，母亲向我诉苦："鹰，这老头现在顽皮得很，你夸他的话，他听得清清楚楚；你骂他的话，他立马就聋了，也不知我刚刚说的，他有没有听清楚？"

　　我实在忍俊不禁——老爹可真有他的绝招啊！

第100章 说着说着就忘记要说什么了

2017年4月23日（农历三月廿七）星期日

早上。七点二十分。食堂。我刚端起一碗南瓜粥，手机响。我疑惑了一下，瞬间推论：母亲的电话！她老人家肯定是问我昨天星期六为什么没回去，还要问我今天是不是要回去。我还推断母亲这时正在南屏菜市场上买菜，我回去与否将直接影响她买多少菜和买什么菜。

果然，母亲的声音传来："鹰，到礼拜天了，你出差还没回吗？今天天气好，你没出来走走啊？"我说："嬷，你是不是在南屏菜市场？"母亲惊疑地问："你怎么知道啊？"我语气很重："你两个老人怎么这么不听话呢？真是让人操不完的心啊！叫你们别到南屏买菜，都说了过马路危险！可你们就是不听，就算我们要回去，也吃不了多少啊，超市的菜不够吗？"母亲吞吞吐吐地说："现在早，街上车子少。"

我接着说："我去了井冈山5天，前天晚上才回。昨天在信江府，墙体渗水，做了一天防水。今天也不回，更忙，全民阅读日，说了你也不知道，反正要上班，搞活动，来很多领导，还请了北京来的教授上课，事多着呢！"母亲又问："那下午呢？"我一愣，下午？对啊，下午还有个会呢，市委宣传部召集的全市移风易俗工作会议，要不是母亲问起，我差点忘记了。于是说："下午有个会要开，晚上要陪北京来的专家吃饭。今天就不回了，下个星期或者五一放假再回去！"母亲显得很失望："这样啊，那，那你忙着吧！"

晚上。六点。龙潭湖宾馆。我和群艺馆馆长徐勇边聊工作边等候北京来的吴教授。吴教授是我们从北京请来专门研究上饶的串堂班艺术的戏曲专家。群艺馆两位副馆长——上饶的戏曲名家徐月萍和李小英已经去高铁站迎接教授。这时,手机响,我以为是教授到了,没想到又是母亲的电话,我问:"嬷,我正忙着呢,你有什么事吗?"母亲说:"没什么事,就两个事!"我说:"老嬷,没什么事咋还有两个事呢?"母亲说:"没大事,就两个小事,你不说晚上要陪北京的客人吗?记住医生的话,不能喝酒啊!"我说:"好好好,我不喝,不喝,还有一个事呢?"经我刚才一逗一闹,母亲居然把第二件事给忘了,她好一会都没想起,只好说:"忘了,等会想起再告诉你!"

不久,客人到,晚宴开始。客人喝的是白酒,量不少,我的声带手术让我无法陪以白酒,但不喝点又失之以礼,于是倒了少量葡萄酒。因为等着母亲的电话,所以我时不时就拿出手机翻看,生怕错过。可是,整个晚宴及由晚宴演变成的艺术讨论近两个小时,直到八点钟饭局结束,我都没有收到母亲的来电。奇了怪了,母亲该不会还没有想起那是件什么事吧?或者压根就把要来电这件事给忘了吧?我想我还是打过去问问,于是拨通手机,很快传来母亲的声音:"咋侬啊(广丰方言,意为谁啊)?"接着又说:"鹰啊!什么事啊?"我觉得好笑:"嗨!你更有趣啊!不是说还有件事吗?有没有想起?"母亲恍然大悟:"哦,想起来了,想起来了,就是那个谁,对,占艳。占艳儿子满月(二姐的二女儿,二胎生个儿子),初二,初二满月,但满月酒放初四请了,因为初四是礼拜六,大家都有空,跟你讲一声,可别记错了!"我说:"就这个事啊,占艳已经说过了,你真是劳心,我还以为什么大事,害我吃个饭还尽看手机,你刚才怎么不讲啊?"母亲说:"先前就想起来了,不是怕打搅你陪客吃饭吗?就没打电话你了,后来,跟你爹在楼下转了两个圈,又忘了!唉,现在真是老了,没用了,一点记性都没有了。"母亲说着说着就黯然神伤,语气变得很是低沉。

我默默地挂断了,要不是喝了两杯红酒,我肯定会驱车往广丰赶去,往52栋赶去。

第101章　唐僧跟他爹长得真像

2017年4月29日（农历四月初四）星期六

一大早，母亲就来电话："今天占艳儿子满月，中午请酒，你们要回就早点啊！"我说："怎么早啊？易易又没放假，中午要回家吃饭午睡的啊，我要是一个人回，现在就可以，要是跟华凤一起回，那只有下午了，我们回来吃晚饭，怎么样？"母亲很有点遗憾："是啊，还有个易易呢，他要吃饭午睡的啊，那你们还是下午回吧！"

我跟妻说："我们已经半个月没回广丰了，老人家准是想我们了，老打电话来，她还真厉害了，每次来电话总能找出一两件事情来说道！"妻说："她主要是想儿子和孙子！"我说："你可冤枉人了，你瞧，我说要是我一个人回就上午，要是跟你两个人回就下午，她老人家说什么来着，说，那就下午回吧，分明想看你呢。"妻不置可否："走，跟我去买菜！"我说："对不起，今天不陪你了，俺刚从井冈山下来，多少沾了点先烈的气息，学了些奉献的精神，《公共文化服务保障法》刚出台，今天我还真想利用这双休日休息时间，认认真真地做个宣讲课件。"妻说："哎哟，你怎么一点都不像你老爹啊，你妈去菜市场，他哪次不跟着？拦都拦不住啊！"我嗤笑一声："嘿嘿，关键是我还没我爹那么老，所以不用跟着！"妻说不过我，只好一个人去菜场了。

下午两点，我们把儿子送到学校，就往广丰赶了。

到52栋，刚好三点，二老已经候在那里。我一进门便说："今天天气好，我让小毛邀了修空调的师傅，来清洗空调风扇并补充氟利昂，这都几年了，从没加过氟，马上就夏天了，要用空调了。"母亲不懂加氟是什么意思，一个劲地问我，我说："空调里有种东西，可以让空气变冷，这种东西用完了，就不冷了，空调也就没用了。"母亲学到了一种新知识，立马就告诉老爹，把空调为什么会制冷的原理跟老爹仔仔细细地说了两遍，听得老爹一愣一愣一副惊讶神奇的样子。

接下来我和妻子陪伴二老看电视，刚坐下，母亲就非常非常惊奇地说："华凤，你怎么穿条破裤啊？咦，还不止破一处呢！"妻子穿的是当下最流行的"破洞裤"，她耐心向母亲解释："这裤子买来就是这样的，就这种款式。"母亲当然是十分的不屑："哪有这样的？这好好的裤子偏要弄破了穿，这世道怎么变成这样了，要在以前，这破裤子穿出去要被人笑作穷鬼，不补上就穿那这家的堂客准要被人耻笑，笑她懒，不会持家。这人啊，穷得苦得就是懒不得！这穷苦有原因，懒汉没人理，知道吗？老辈们说得好，越嬉越懒，越咥越淡，我们老家那谁……"我一看不对，母亲又要忆苦思甜了，这回忆的闸门一旦打开，哪还不得一片汪洋大海啊！我得赶紧给堵上，刚好电视调到央视15频道，正在播放《西游记》，于是说："嬷，快看，唐僧、孙悟空、观音菩萨！"果然，母亲一听唐僧和观音菩萨，瞬间忘了破裤子的事，马上盯着电视，还大喊："老个，快来，唐僧、孙悟空，《西游记》开始了！"

央视15频道在播的是86版《西游记》，刚好也是我和妻子都喜欢看的版本，妻忽然考我："你知道央视为何要在这个时候播放86版《西游记》吗？"我说："经典嘛，常播，很正常！"妻说："话虽不错，但这几天再播肯定跟86版《西游记》导演杨洁老师去世有关，为的是纪念她。"我说："对啊，杨洁老师去世了，播她的作品是最好的纪念，说起来，我还真的要好好感谢她，给我们带来这么好的经典，这部作品可是伴着我们长大的啊！"

说话时，电视里演的是唐僧的父亲高中状元之后偕孕妻赴任，母亲说："这唐僧跟他爹长得可真像啊，一个模子印出来的！"妻说:"当然像了,这父子俩都是同一个演员演的啊,本来就是同一个人,怎么能不像呢?"母亲似乎不太相信:"不会吧?这一个人怎么演两个人啊?会分身,会变啊?那不成了会七十二般变化的孙悟空了吗?"我说:"一个人怎么不能演两个人啊?我记得小时候,你常说钱难挣,要节省,说咱们家从来都是一个钱掰开两个用的啊,一个钱都能当两个用,一个人怎么不能演两个人啊?"母亲听后不作声,过了好一会才说:"那钱是钱,只是打个比方,可这人,怎么掰啊?"妻说:"你别逗她了,等下又要开始回忆几十年前的事了!"我说:"这回不会了,有《西游记》看,有唐僧、孙悟空、观音菩萨、如来佛,她不会忆苦思甜了。"

占艳打来电话,催我们去吃晚饭,母亲还沉浸在《西游记》的情节里,她说:"还没看完呢,我能不能不去啊?"我说:"不行,要去,你知道小孩子为什么上网会上瘾吗?"母亲摇摇头。我说:"你看,你都八十多岁了,看电视都会上瘾,他们才十多岁,当然上网也会上瘾了!"母亲忙站起来,说:"那你告诉我,怎么可以调出这个台来!"妻子摇摇头,拿起遥控器,耐心地教她怎么调出央视15频道,我补上一句:"记住,上午没有的,每天下午三点到六点才有。"

母亲试了试,确定可以调试出来,才放心地随我们离去。

第102章　母亲没接我电话

2017年5月9日（农历四月十四）星期二

六点四十分，我正催促儿子起床上学。手机响，只两声便停了。

我心里起了个老大的疙瘩：会是谁呢？千万不要是母亲的电话啊，要是母亲的电话，这个时候来电而且只响两声，那可就麻烦了，母亲的心脏病一直反反复复的啊！但是，这个时候的电话如果不是老母亲的又能是谁的呢？装修公司的？没这么勤吧！售楼小姐的？没这么早吧！借贷公司的？没这么拼吧！单位领导的？没这么急吧！

我故作镇定，问妻："老婆，你猜，这电话会是谁的？"妻想都没想就说："要不是有人打错了电话，就一定是你老嬷的。"我无端发怒："你这人怎么这么没趣啊？就不能猜猜是别人吗？"妻不高兴了："你这人真不讲理，是你让我猜的，我就猜了，猜了你又不高兴了！这时候来电，不是你妈，难道会是我妈啊？就算是我妈来电话，也不会打给你啊！快回电话吧，万一老人家有什么事，可别耽误了！"

想想也是，我再也没有心思跟老婆怄气，急忙拿起手机，果然是母亲来电，我骤然紧张起来——该不会有事吧！匆匆拨了过去，没人接。又拨了过去，还是没人接。我的心提到了嗓子眼上了，再拨，却被拒接了。再拨，再拨，连续拨了五六次，都被拒接了。我心里稍稍宽慰，被拒接总比没人接好，起码说明老嬷还是好好的嘛。我虽然松了口气，但心中仍然疑惑不定，毕竟大清早来电，事情肯定是有的。那到底是什么事呢？我决定，老嬷要是再不接电话，我就打电话哥哥、姐姐了，让他们去看看到底怎么回事，或者我直接赶回52栋去。就在这时，母亲接通电话了，她没有说话，倒是传来了一阵笑声，是母亲的笑声，这下把我搞迷糊了，什么情况啊？母亲说："我挂了不接，就是没有事了，你干嘛一个劲地打啊？打电话不要钱的？"哎哟，倒成了我的不是了，我说："我的老孃呀，你能不能保管好你的手机，你知道我现在最怕什么吗？最怕你来电话，尤其是深夜和清晨来电，还响两下就停了，拨回去又不接，你要吓死我的啊！"

母亲不好意思地说："真没事，我们好好的，早上起来没事做，你爹玩我的手机，他说要学会打电话。看到你的名字，周亚鹰三个字，他说认识，就按了下去，我急忙就挂了，没想到还是打通了！这个老头，现在真像个小孩，什么都想玩，你说玩别的玩具还可以，他玩手机干什么啊，他耳朵聋，就算学会了打电话，他能听得见吗？"

这回，是我对着手机，沉默了。我在心里盘算，最近已经八天没回52栋了。我决定，下午下班后，要回去一趟，晚上陪他们睡一宿。

第 103 章 母亲的快乐跟母亲节没关系

2017年5月14日（农历四月十九）星期日

从昨天起甚至更早，微信朋友圈就被关于母亲节的内容刷爆了。我虽然十分赞同给伟大的母亲定个节日，但我认为目前国人所说的母亲节乃是西方的节日，日期既不固定，也没有任何中国的文化基因。我一直倡议这个节日得讲究点，要有点中国元素，应该具有丰富的中国文化因子。我甚至固执地认为采用华夏始祖母女娲的诞辰日、孔子或孟子母亲的"受难日"作为母亲节的日子是最为合适的。听说现在有全国人大代表和政协委员也提出了类似的建议和提案，尽管不知真假，但闻听之后我仍然精神一振。

正因为如此，我对于这样一个舶来的节日一直持无所谓的态度，所以，当我于昨天下午坐上绿皮火车往河南周口参加一个全国作家笔会时，只是轻描淡写地给母亲打了个电话，淡淡地告知："嬷，我出差几天，这些天就不回52栋了，你们自己注意身体，有事叫哥哥、姐姐他们，我一回来就去陪你们。"而母亲，照例嘱咐我在外要小心，交代我千万别喝酒别熬夜。虽然前几年的母亲节我都会到52栋陪伴母亲，但我陪伴二老已经成为常态，我也没有跟他们特意提及母亲节，因此，母亲并不知道母亲节这么一个节日。在我看来，这个节日似乎并不重要甚至可以不存在，因为，已经84岁的母亲和90岁的父亲哪怕身体再好，与我的生命交集都不会太久了，所以我觉得在父母亲有生的岁月里，每一个日子都应该是节日。现在，母亲她最舒心的事情是每天都能看见自己的孩子围其身边、绕其膝下，这个道理其实是互通的——于子女来说,父母亲是陪一次少一次;而于父母而言,子女同样是看一次少一次了啊。

　　所以,经过近20年的陪伴,我得出一个结论:老人的愿望其实十分简单,他们对于快乐的理解十分的单纯——只要做子女的每天都能给老人打个电话,隔两天就去陪陪他们,陪他们吃餐饭,跟他们睡一宿,给他们捏捏肩,替他们上上药膏,陪他们去去菜场,同他们逛逛超市,带他们看看夜景,随他们回回老家,不舒服随时发现,有症状及时就医,出差前去看下他们告知去向,在外地打个电话报个平安,回来时让他们看到你获个安心,不做坏事,不给他们丢人添堵,好好做人,让他们心情舒畅……只要做到了这些,对于老人来说,天天都是母亲节,日日都是父亲节。仔细想想,这些事没有一件难做的,但扪心自问,我却没有做好。

　　今天早上,当我睁开双眼,从绿皮火车硬卧的中铺歪歪扭扭、磕磕碰碰下来,正准备给母亲打电话时,母亲却先来电了,她说她一个晚上都没睡好,就因为担心我在火车上吃不好、睡不好,反复盘问了我好多遍,直到确认我吃饱睡好之后,才松了口气,接着又好奇地问我:"你要坐这么久的火车,这么远是去哪里啊,比去上海还远吗?"母亲一辈子去得最远的地方就是上海了,因此,无论我去哪里,她都要拿上海来比对一番。我说:"跟你说了也不知道,反正好远好远,比上海远多了!"说完这句话我忽然想起一件事来,我要去的地方是河南省周口市,周口市是我们华夏始祖母女娲的故都(当然,女娲故都的说法有多个)。这女娲补天女娲造人的故事,母亲是知道的,在我很小的时候,母亲就跟我讲过女娲的故事了,我那时不懂事,只觉得女娲是普天之下除母亲之外最最厉害的人了,于是对女娲充满了崇敬之情。而今天,我去的地方居然就是女娲的故都,当然要告诉母亲了。当母亲听说我去的地方是女娲的故都后,她十分惊异地说:"那女娲是个神仙,是讲故事的人瞎编的啊,你怎么当真了?"这回我是真的说不清楚了,我没法也不可能从学术上跟母亲讲述传说中关于伏羲女娲的神话故事跟华夏文明发源的关系与意义,因为母亲说得对,这故事的本体确实是编造的,而其意义却是延伸的,只好说:"虽然是神话传说,但传说中的女娲确实生活在那里啊,我这回刚好到那里,顺便去看看。"

挂了电话后,我想:"要是把女娲诞生日作为中华母亲节的节庆日,那该多好啊!"我真想跟母亲说说关于母亲节的事,说说关于母亲节跟女娲的事,我已经拨通了电话,但想想还是挂断了,因为,我想,关于母亲节的事我知道就可以了,而母亲,只要她快乐就可以了,她是否开心快乐跟有没有母亲节一毛钱关系都没有。

第 104 章　陪老爹理发

2017年5月19日（农历四月廿四）星期五

　　透过阳台的玻璃，我看见老爹坐在阳台上，手里照例是一根香烟。我从车上下来，向他招招手，他似乎看见我了，他肯定看见我了，不然他的脑袋不会往前探，更不会站起身来，更不会离开阳台。如果真的看见我了，那可是件极为难得的事情，因为耳聋眼花，我每次回52栋，即使站在他跟前，他都要定定神才能认出我来。所以，他或许没有看见我，可能刚好有事，比如要上个卫生间，或者要去下卧室，因此要离开阳台。为了证实自己的猜测，我又想，如果门是开的而且老爹就站在门口等我，那就一定是看见我了。

　　我惴惴地上了楼。果然，门开着，老爹佝偻着身子站在门口，手里提着一双凉拖鞋——他在等我哎，连拖鞋都给我拿好了。我心里一热：厉害了，我的爹，你真的看见我了！一种无法言喻的幸福感瞬间自心底涌起——90岁的老爹远远地能看见回家的儿子，能替儿子开门，还能提着拖鞋站在门口等候——这是多么让人欣慰的事情啊！

　　让人欣慰的事可不止这一件。我扫了一眼厅堂，到处干干净净整整齐齐，看来老嬷最近的身体不错。老嬷？对，老嬷呢？厨房里怎么没有动静啊？她没烧饭吗？我大声喊："嬷，嬷，怎么还不烧饭啊？我都要饿死了！"老嬷从卧房里出来，手里拿着一块抹布，她一见我就说："都十二点多了，当然饿了，饭早就做好了，快吃吧！"她歪着头侧着身往我背后看，我说："别看了，华凤没来，临时有事！"

母亲急了:"哎哟,也不早点说,害我饭菜弄多了!"母亲果真焖多了饭、烧多了菜,看来又要吃剩菜了,便逗母亲:"不是有我吗?我是吃菜大王,以前他们叫我周三斤呢,要吃一斤肉、一斤酒、一斤米饭,你这几个菜,小意思了!"84岁的老母亲接到我的电话后能够烧好六个菜等我回家吃饭,这就是我刚说的更让我欣慰的事情。

开饭了,母亲不停地给我夹菜,又给老爹夹,老爹连连说:"够了!够了!"母亲继续夹,并告诉我,说老爹最近饭量下降,吃东西远远不如以前了。老爹用筷子把碗里的肉叠在一起,可是碗里的肉太多了,他这边叠,那边翻倒下来,反复几次之后,老爹冲着正往他碗里夹菜的母亲瞪眼呵斥:"跟你说够了够了你还夹,一碗头都是菜,饭都找不到了,还让不让我吃?"母亲被老爹着着实实吓了一跳,她转向我:"你看,这老个,凶得煞,还会骂人呢!"我高声说:"爹,老嬷心疼你,怕你饿瘦了,你还不领情!"老爹憨憨地笑笑,我夹起一块肉,要往老爹碗里放,老爹赶紧用左手捂住碗:"不要了,不要了!"母亲凑近老爹耳边说:"我给你夹菜你凶我,儿子给你夹菜你怎么不凶他啊!"老爹又是笑笑,憨憨地笑笑。

正吃着饭说着话,母亲忽然想起了什么,她放下碗,走向高柜,取出一串念珠,她说:"鹰,前两天小虎送来的,说去了西藏,求活佛开了光的,108珠,有玉色影呢,挺好的!"我说:"你不说我都忘记了,小虎上次在西藏来电话,说要为你请一串佛珠,我告诉他,别买贵的,但要开光,这家伙不听话,看这珠子,也不便宜啊!"母亲说:"要不问下价钱,可别太贵了!"我说:"不会的,就算贵点也没关系,我这些好朋友好兄弟哪个不把你和老爹当成自家长辈的,这也是小虎的一点心意,就当是我去西藏请的吧!"

饭后,母亲问我下午要不要回上饶上班,我说:"最近连续出差,今天是特意请假回来陪你们,不是说老爹要理发吗?我下午就陪他去!"母亲说:"你先休息下,理发就在小区里,等你睡醒了再去!"

等我一觉醒来,已经四点了。我埋怨母亲:"怎么不叫醒我啊?

理发后精神万分,照个合影

要带老爹去理发的啊!"母亲哈哈一笑:"就是想让你多睡一下嘛,理发着什么急,现在去也不晚啊!走吧!"小区理发店很小,店里人不少,两个女同志等着修剪。我给老爹找了张椅子,扶他坐下。母亲有凳不坐,她要看理发师理发。看着正在剪发的女同志,母亲感慨地说:"现在真是世道变了,现在这人啊,不分男女,衣服不好好穿;裤子还要穿破的;头发也是,一定要剪得稀奇古怪,还要染成各种各样的颜色,真的很好看吗?"我说:"你一个80多岁的人,怎么知道20多岁的年轻人的喜好,当真是想多了!"店里的人听说母亲80多岁了,纷纷投来诧异的目光,有人问:"她真80多了?"母亲很自豪地说:"84了,那个90!"问者惊叹:"真看不出来,老人家就84了,看上去70来岁!"又有人说:"两个老人都这么高龄又都健在的,真是不多了!"母亲说:"是啊,在我们老家,村里就我们一对了!"

老爹本来就头发不多，稀稀拉拉的没有几根，加上又是全剃，因此，只用了五分钟就刨了个精光，10块钱。剃光后，老爹显得很是精神，我说："照个相吧！两人一起照！"哈哈，母亲穿着一件大红的羊毛衫，我说："嬷，真像是结婚照！"小区里有熟人相逗："兰香奶，要靠拢点，手要拉一起！"果然，母亲向老爹靠了靠，又拉起老爹的手。我忽然想，父母亲结婚64年了，大姐都63岁了，按照现在时髦的话说，应该是钻石婚了吧！我刹那间起了羡慕，无边无际的羡慕，我默默祈祷："老天要是有眼，就让爹娘的幸福也遗传给我们吧！"当然，也祝愿天下更多的人都能拥有这种双宿双栖、白头偕老的幸福。

第 105 章　端午往事

2017 年 5 月 30 日（农历五月初五）星期五　端午

　　三哥"啪啪"两巴掌把我催醒："再不起来，不带你去城里睃爬船了（龙舟在水上由众人划动而爬行，老家方言称龙舟为爬船），可不要哭啊！"我一惊而起："我要去，我要去！"接着便闻到一股极为熟悉而又陌生的诱人清香，我大喊："粽子？啊，粽子！我要吃，我要吃！"一骨碌跳下床，赤脚冲向灶房。灶房里烟雾腾腾，煤油灯的一星火光在烟雾中摇摇欲灭，母亲正在起粽子，煮了整整一夜的粽子，散发出沁人心脾的香气，我急不可耐，向锅里伸出手去，母亲用筷子挡住我的手："烫呢，仔哎！"接着她把一个盘子推在我面前，是一盘粽子，我拿起一根粗线，一串，五个，五个连在一起的粽子，我拿起粽子跑出灶房，欢快地喊："噢！吃粽子了，睃爬船了，吃粽子了……"

　　"吃粽子了，鹰，吃粽子了……"有人推我，有人拍我的脸，有人喊我，喊我吃粽子，我努力地睁开眼，母亲站在床前，手里端着一盘粽子："鹰，吃粽子了，趁热吃，香！"我揉揉眼，心中诧异，难得啊，多少年没有做过儿时的梦了，今天是怎么了？母亲接着说："这是你小姑姑前天托人送来的粽子，用黄金根（一种含碱很高的植物，其根煮粽，奇香无比）煮的，里面放了腊肉，好吃。慧仙（我三嫂）一口气吃了好几个呢！"我说："放桌上吧，我先洗脸刷牙，等下再吃！"

　　我与母亲的对话惊醒了妻子，她也坐了起来："才几点啊，就起来了！哟，怎么这么香啊？粽子吧？"我说："这老人睡不着，平日里都是天不亮就开始折腾，这大过节的更不用说了，已经折腾好久了，把我好端端一个梦给吵没了！还是年轻好，你看易易，任我们怎么折腾，他照样睡得像头小猪猪！"

我问母亲："嬷，今天中午，我们到二姐家过端午，这里又不要烧饭，粽子是现成的，要吃热一热即可，又不要像以前在老家那样需要整夜整夜地煮；爬船也要下午才下河；现在住城里了，也不需要下地干农活，你干嘛还要这么早起来啊？你弄来弄去，都弄些什么呢？"母亲没吭声，过了一会才说："也不知道怎么了，就是睡不着，尤其到了过节，更是整夜整夜合不上眼，以前的事你就算不去想它，它自己也会来，一幕一幕的来到在你眼前，就像放电视剧，一集一集的。"我似乎明白了母亲每天一大早就爱折腾的原因了。母亲顿了顿又轻声说："想想以前也真难，那日子过得，就像个恶梦，现在简直就是天堂！你爹常说，这世界没看够，都舍不得死了！"

说到死，我心有所动，便问母亲："嬷，你知道端午节为什么要煮粽子吗？"母亲笑着说："你小时候就问过我了，怎么，忘记了？"我哭笑不得："我怎么会不知道？怕你忘记了，考考你！"母亲说："有个叫屈原的人，跳河死了，这是个好人，人们没捞着尸体，怕鱼把他吃了，就包粽子喂鱼，爬爬船就是为了捞他的尸体！这都几千年了，也没捞着！"我竖起大拇指："厉害，还记得！"母亲说："当然记得了，这个故事要一代一代往下传的，我爷爷讲给我听时就交代了，说要把这故事讲给我的孩子们听，你们小的时候我就讲你们听了！你刚问我，还以为你忘记了！"我又问母亲："那你知道这个叫屈原的人为什么要投江吗？"母亲一愣："这个，这个吗？我爷爷也没讲过，好像下屋的南杰姑丈讲过，我记不得了。是啊，你说，这个屈原有什么事想不开，要去投江呢？这日子都好啊，怎么就舍得死呢？就算没有牙齿吃不了什么，但看看这花花绿绿的世界也好啊！"我哈哈一笑："这个屈原嘛，是个很厉害的人。他是当时国王的亲戚，国王不听他的话，他觉得国家快要灭亡了，觉得自己没有机会报效国家，就跳河了！"母亲想了好一会才说："这么说，这个屈原是死了心了！人啊，就怕死心，这心一死，活着也就没啥意思了！"母亲摇着头自言自语地："可惜了！可惜了！要是他生活在今天，就不会跳河了！"我说："好啊，我的老嬷，你可讲政治了，比我都有觉悟啊，你没加入共产党，我都觉得可惜！"母亲非常认真地说："一样的，你加了共产党，一样的啊！"

早餐后，母亲无事可做，跟我聊天。说是聊天，其实就是她老人家一个人在说，我只是听众。她从端午节说起，说我小时候特别爱吃粽子，特别爱到城里睃爬船，步行20多里地都不怕；还特别爱吃鹅腿，说我家一年只会在端午节那天宰杀一只白银鹅，我非得吃一只鹅腿。说大人们爱逗我，因为到县城睃爬船要早上去晚上回，中午在县城只能吃随身携带的粽子，大人们骗我，说端午节中午就会把鹅吃光，我于是很纠结，到底是留在家里吃鹅腿还是去城里睃爬船呢？但我每次都选择了去县城睃爬船，当然，母亲每次都会给我留一只鹅腿，而给三哥他们只留几块鹅肉，二哥、三哥他们比我大了不少岁数，也心疼我，不会因此不高兴。母亲还说，那个时候只觉得离城里极远，做梦都想不到以后还能在县城生活，还能在家门口就看到爬船下河，更没想到我居然还能够管理这个城市，还能把那么多人们喜欢的爬船歌的歌词都刻在河岸的护栏板上。

说着说着，母亲想起一件事来，说老家有几个人之前说过端午要来城里睃爬船，还说要到52栋吃饭，因此她不能去二姐家吃饭了，她要烧饭给老家人吃，她还说菜不够要去超市买菜。我说："老家人是什么时候说的啊？这两天没听到老家有人来电话啊？"母亲说："好像是正月说的，不对，是去年国庆节你爹90岁生日他们来贺喜时说的。"我问："那你记得起是谁说的吗？"母亲想了好一会："好像是美彩说的，好像是爱南，好像是接江……"我忍俊不禁："你这是哪跟哪啊？去年说的，那也算啊？人家也就是那么一说而已，你看，你连谁说的都记不起了,你还烧饭,烧给谁吃啊?人家真要来,这几天会打电话你的,你二老现在是大家的宝贝了,谁还会在大过节的跑你这吃你这一大把年纪的老人烧的饭啊?"母亲继续沉思,她一定是在回想去年是谁说的话了,如果记起来,她一定会打电话过去邀请的,幸好,母亲一直没能想起来,但是,这事似乎成了她的一块心病。看她的样子,今天要是记不起来,她一定会难过几天的。看来,要转移她的注意力了。对,电视,让她看她喜欢的电视节目,也许会让她忘记老家来人的事。正好,妻子正在看一部名叫《爸爸父亲爹》的电视剧,里面有一个名叫罗晋的男演员是主角。这个罗晋曾在苗圃主演的电视剧《穆桂英》中饰演过杨宗保。二老把《穆桂英》反反复复地看了好几遍,他们对苗圃和罗晋的印象十分深刻,之后无论在什么电视剧里,只要看到苗圃就叫穆桂英,看到罗晋就叫杨宗保。这回,电视剧里的罗晋被特务打得满身血污、伤痕累累,母亲问老爹:"你认识他吗?"老爹说:"杨宗保啊!"母亲嘀咕道:"是啊,他怎么被打成这样啊?不是武功很高的吗?"看着母亲心疼的样子,我觉得她似乎把老家来人的事暂时忘记了。

妻对我说:"老年人的世界远比我们想象的要有意思得多啊!"

我说:"这有啥奇怪的,我们要是能像爹娘一样长寿,还不跟他们一样啊,说不定比他们还要叮咚(广丰方言,意为糊涂)呢!"

第106章　陪爹娘去西山寺

2017年6月17日（农历五月廿三）星期六

这两个老人真是会折腾。

昨晚我睡在他们床上，母亲说挤，还说热，到那边小房间里独自睡。哈，谁能想到，母亲走了之后，老爹两个小时哼哼哈哈睡不着，我只好过去把母亲请回来，母亲说："这老头，现在越来越像个婴儿了，一下都离不得我！"母亲躺上床后，老爹很快就响起了呼噜。

早上四点半，母亲就在厨房里抹、洗、刮、刷开了，估计是煮粥。然后开始念诵经文，还敲响了木鱼。我虽有早起的习惯，但母亲的节奏仍然比我早了一个多小时。我被惊醒，揉着睡眼上洗手间，被老娘拦在大厅里，她问我一个字，繁体字，我不认识，就按照"认字认半边，难以飞上天"的原理胡乱说了个读音，母亲居然当了真，连续念了七八遍，确定自己已经记牢为止。早上起床后，我心里不踏实，怕说错了，便核查了一下，哈，居然被我蒙对了。

今天要去西山寺礼佛，这是昨天就说好了的事，当然也是母亲老早就定好了的事。母亲原本没指望我伴随她一起去的，所以早就约好了由我侄子念念送她前去。只是，碰巧我在家，我说让侄子们做生意，我跟她一起去，母亲自然喜出望外了，但她却有点担心地说："你不是共产党员吗？跟我去庙里烧香拜佛，会不会让别人说你党性不强啊？"哈，上次逗她，跟她说共产党员去庙里就是党性不强，我都忘记了，可她老人家倒是记得很牢啊！我哈哈一笑："没关系了，今天，我只是司机！"

接着,母亲叫我去洗澡,说去寺庙要净身,要去浊气。我昨天回得匆忙,下班后从办公室直接回52栋的,也没带换洗衣服,就骗她说昨天回来时已经洗过澡了,母亲说:"洗过了?那算了!"于是我躺回床上,可是怎么也睡不着,觉得浑身不爽,翻来覆去,最后还是去洗了个澡。

才六点半,母亲就叫吃早饭。她端出三个素菜:苦瓜、长豇豆、豆腐干。她给我盛了满满一碗粥,筷子放在碗边,一头搭在菜盘子上。我三下五除二、一阵风一样就把一碗粥给收拾了,正在思虑要不要吃第二碗时,母亲从厨房里又端出了一碗粥,她说:"吃这碗,这碗不烫!"我忽然想起小时候,也是早上,也是喝粥,我怕烫,母亲就给我盛了两碗。第一碗只有半碗,她用两个缺了口的白瓷碗来回倒腾,边倒腾边呵气,半碗粥很快就温凉下来。为了确保我不被烫着,母亲还可能会倒一些冷菜汤到粥里,再用筷子搅匀,然后让我慢慢吃。待我喝完这半碗粥后,她就把先前盛好的第二碗粥端给我。这时,第二碗粥不冷不烫,正是最好喝的时候。当然,今天这碗粥跟小时候喝的粥还是有区别的,今天这碗粥是又浓又稠的一碗,而小时候那碗粥却是真正的稀饭,粥里捞不到几个米粒,多半时间还夹杂着或三角或四角或多角的红薯粒,我们称之为"番薯米粥"。现在，母亲端出这碗粥，不温不冷，正是好喝之时，我轻轻接了过来，轻轻地放在桌上。

我这边还在喝粥，那边传来母亲的声音："老个，我今天去西山寺，你就不要去了。"老爹的声音大得吓人："那你让我去哪里？"我回过头说："你去亚光店里，跟玄孙女糖糖玩。"老爹气急地说："不去，我不去！"他甚至把手中的打火机往沙发上掷去，看样子老爹真是不高兴了。我放下碗筷，走过去拾起打火机："好啊，你戒烟了？"老爹一把夺过打火机，攥在手心里。母亲说："要去也可以，得换衣服。"母亲说着拿出了一套干净的衣服，老爹便不再作声，在母亲的帮助下换掉了全身的衣服。我说："等下，等下，让我拍个照！"母亲说："筋瘦筋瘦、皮包骨头的，有什么好拍！"待我拍完之后，母亲接着说："你知道我为什么要说不带他去西山寺吗？一开始就说带他去，他铁定不换衣服，只有说不带他去，他急了，才会同意换衣服。这老头现在真像个小孩，跟他好好说没有用，得用计，哄！"我忍俊不禁，原来是老嬷一计啊，还围魏救赵呢，差点连我都被蒙了，以为老嬷真不准备带老爹去了呢！

好了，现在，要出发了。少阳乡的西山寺，二老将在那里待上两个小时，母亲会因此而心情舒畅。快乐是可以传递的，母亲因为可以去庙里礼佛而快乐，老爹因为能够伴随母亲一起前往而快乐，而我，则因为父亲、母亲的快乐而快乐。

哈哈，父母健在，真好！

第 107 章　不让母亲知道外面的水灾

2017 年 6 月 24 日（农历六月初一）星期六

室外，大雨滂沱，洪水滔滔。

52 栋。母亲专心致志地念诵经文，父亲心无旁骛地打鼾做梦。

我刻意不让母亲知道外边洪水肆虐、交通中断、山体滑坡、生命消逝。电视新闻播报四川茂县山体滑坡死亡人数已到一百一十八人时，我赶紧将频道更换，我不想让母亲知道这些。母亲要是知道这些事情，她肯定会着急的，肯定会难过的，肯定会忧心的。

母亲是个典型的"身在山野间、心在中南海"的忧国忧民的草民百姓。她的爷爷，也就是我的老外公，是清朝最后一批秀才，老外公教母亲认得许多繁体字的同时，还灌输给母亲太多的国家兴亡、匹夫有责的思想，我一直觉得，在母亲的血脉中，有一种天生的爱国情怀与思想境界。因此，母亲会时常思考一些跟中南海有关的事，时不时就会说上几句带着中南海口气的话语。记得多年前，美国佬轰炸我们驻南斯拉夫大使馆，母亲说美国佬真像我们村上以前的恶霸，坏事做尽，又感叹说我们的国家主席可真难当啊。这几年反腐，老听说谁谁谁出事了、谁谁谁被抓了，母亲说这些人不好好当干部，可真是坏孩子，不听家长的话；又说我们的主席这个大家长可真难当啊。她要我好好干，当个好孩子，做个好干部。那一年汶川大地震，听说死了数万人，母亲好几天吃不下饭，天天诵经念佛，说给那些死难者超度亡灵。她说咱中国家大业大的，灾难也太多了；又说我们的主席要管好这么大一个家庭可真难啊。这些天，洪水滔天，山体滑坡,交通中断,生命消逝,我刻意让二老窝在屋里,不告诉她,不然母亲准要说:蛇出洞马出兵,大小弟子有难身,这灾难又来了啊,这家大业大的,我们的主席可真难当啊!

所以,我只告诉她外面涨水,路滑,要他们别到处乱走,防止摔跤。二老年纪大,最怕的就是摔跤了,更怕给我们添麻烦。听说会摔跤,立马变了脸色,连连表示不会出去,还说:"我们两个老了,也吃不了多少,需要什么东西就让亚光送来,菜也叫他买,等天晴了再出去玩。"

母亲说着走向阳台,她看着窗外瓢泼的大雨,喃喃自语:"这天也真怪,端午前不涨水,端午后拼命涨。这雨,照这么个下法,肯定要成灾的啊!唉!"

第 108 章　高中同学来看望爹娘

2017 年 7 月 6 日（农历六月十三）星期四

　　罗树旺说几位高中同学晚上小聚下。我看有空，再说最近老出差，已经蛮多天没回 52 栋了，正好借机回去看看二老，又正好儿子晚上在学校用餐，于是就跟着妻子一同回广丰了。

　　同学来了一大桌，树旺和兰英夫妇带来美丽可爱的小女儿拉拉，云军和雪莲夫妻带来已经大二的儿子日晗。祥贵说有公务晚点到，他那能写得一手好文章的妻子黄剑英老师带来了帅气的儿子聪聪。庆钟在回广丰的路上，他老婆郑海燕说："我也是同学啊。"哈，都忘记了他夫妇二人都是我们班同学。李信相和周桂香夫妇从南昌回来，也来了。还有徐滔韬等几位友情客串的朋友。

　　同学们都是奔五的人了，大家的孩子都已经或即将上大学，早的如李信相同学都已经做上爷爷了。大家都叫他李公公，叫她老婆桂香奶奶，这次就是因为他心血来潮，在繁忙的工地上，忽然十分想念出生才几个月的孙子。于是拉上老婆啥也不管啥也不顾地驱车三四百公里回到广丰，为的就是看一眼并抱一下孙子，为的是闻一下奶膻与尿不湿混合的味道。当然，如此也才有了今天这个规模虽然不大却热闹与温情并存的同学聚会。这个年龄段的同学聚会不会像十年前那样高谈工作、阔论事业了，席间聊得最多是家庭，是子女，是老人，是如何做好父母的同时又做好子女。大家说着说着就扯到 52 栋，同学们从我微信朋友圈里对我家二老尤其是对我母亲产生了浓厚的兴趣，认为我母亲是个有学问、有情趣、有思想的老人，还是一个宅心仁厚慈眉善目胸怀宽广的老人。兰英提议说饭后全部去52栋，去看望老爹老娘，她的提议得到了所有人的热切响应。

不一会就到了52栋，二姐也在，她正给老爹剥芒果皮。芒果是在南宁大学当食品专业硕士生导师的大外甥女夏宁从芒果园里直接装箱快递过来的，老家这些亲戚每家都有份。我一进门，便听到母亲的唠叨："寄这么老远，运费都吓人，又不好吃，一股怪味！"我知道，母亲并不是真的嫌弃芒果不好吃，她只是心疼外甥女花多了钱才这么说的。母亲见我回来，身后还跟着一大堆人，便迎了出来，从门后拿出一大堆拖鞋，轻声问："都谁啊？"我说："同学！"母亲有点冷幽默："那，几个小孩也是同学吗？"我说："我的老嬷，那是同学的孩子，好不好！"

看见人多，二老最高兴了！虽然我经常回52栋，虽然二姐和哥哥们隔三岔五也会来陪陪他们，虽然孙子、孙女、外孙、外孙女们也会时不时地去看望他们，但除了逢年过节，平常大家各去各的，而且坐一会聊一阵就又忙活去了，哪里可能一下子聚集到这么多人啊，又是大人又是小孩的，加上刚刚赶到的付庆钟、纪祥贵、吴云卿等人，足足有二十余人。兴奋的母亲把家里能吃的食品全都拿了出来，整箱的芒果全拆出来了，平时舍不得吃的海苔饼干也搬出来了，连我给没牙齿的老爹买的酥软的蛋黄派也拿了出来，兰英她们在来路上买了不少水果，也统统摆出来了，把一张茶几堆得满满的。红色的李子掉在地上四处乱滚，母亲蹲不下身子，就让十岁的拉拉捡，捡回后她又拿去洗净，再小心翼翼地放回盆子里。然后就是催，一个劲地催大家吃水果。见大家客气，她就动手分，使劲塞，把香蕉递给这个，把芒果塞给那个，把李子盆端到这个眼前，把饼干盒递到那个手边，一定要人家拿着点什么，哪怕不吃，也得拿着。

男同学借着酒劲，抢占了沙发，一边喝茶一边天南地北神侃起来。家属们站的站、坐的坐，围着二姐和母亲嘀嘀咕咕聊天拉家常，聊的是"房子不错啊""住着挺舒服啊""地段也挺好啊"之类的话题,还有我在朋友圈里说到的"买菜啊""剃头啊""看电视啊""做善事啊""念经拜佛啊"一类的事情。一说到念经礼佛,母亲浑身就来劲。她把她的宝贝经书取出多部,翻给兰英她们看。兰英她们哪里认得繁体字啊,于是求助聪聪和日晗两位大学生,两位大学生也只能认识小部分,母亲就用颇有腔调的声音念了起来,我说:"老嬷,现在老佛已经睡觉,不是念经时间。"母亲就停下了:"我这不是念经,是认字呢!念经得敲木鱼!"

男同学们聊了一大通没什么用处、说了也不算数的话后,准备娱乐一番,照例是打牌,平常习惯玩"五十K"。但是"五十K"是四个人玩的游戏,今晚人多,于是改成玩五张牌的"牛牛"了,彩头照例是要的,多少为好啊,树旺是派出所所长,说:"自己家里,朋友玩,三块五块的算娱乐,不是赌博。"之前的热闹似乎跟老爹无关,因为老爹耳聋,听不见。但现在,我们打牌了,老爹可高兴了。他看得懂,每次52栋有人打牌,老爹是最高兴的人,他可以站在牌桌边一两个小时不动。直到催他,才会去转一圈;抽根烟,接着又来了,又可以站好久。朋友们没有不夸他身体好的,知道大家夸奖他,老爹更是带劲,他总是要围观到我们散场,散场后他还要把我们玩过的扑克牌收集整理好。

待同学们挈妇将雏陆续离开之后,老爹说:"鹰,你好像赢了!"母亲听到了,就呵斥他:"什么赢啊输啊,都是些好同学、好朋友,玩着开心就是,你都这么老了还这么强的输赢心啊,钻钱眼里了?"我手一伸:"哝,赢了50块,给你,藏着!"老爹偷偷地瞄了母亲一眼,见母亲没注意他,便赶紧接了过去,紧紧地攥在手心里。

我哈哈一笑:"现在,睡觉吧!照旧,儿子睡中间,爹妈睡两边!"

第 109 章　给老爹洗浴搽药膏

2017 年 7 月 14 日（农历六月廿一）星期五

客人们离去后，母亲喊一声："老个，洗浴了！"

我把老爹扶进了卫生间，老爹开始脱衣服，可是，他手脚缓慢，脚下无力，站立不稳；手臂僵硬，拐不过弯，一件没扣子的汗衫怎么扯也扯不下来。我伸手帮他，可是他手一抖，一扭身子，不让我帮！

我说："哎哟，你挺能啊！还不让我帮你了，可以啊！"母亲走进来说："这老头死犟，我来吧！"我退到一边，贴着墙壁靠着，看着。

还真是卤水点豆腐。一物降一物啊。在母亲的大声呵斥下，老爹温顺得像只羔羊，左转、右转、举手、伸脚、抬头、弯腰，任凭摆布，三下两下，脱了个精光。唉！这哪里是个人啊？分明是个骷髅，我不忍直视。母亲让我拿起花洒，她说往哪喷我就往哪喷，我下意识地把水量开小了，我真的担心把老爹的骨头冲折了。母亲一边给老爹擦洗身子一边说："除了骨头就没有别的了，现在食量也不行了，吃东西像猫一样，张不开嘴，也不知道能活多久！"我不知如何接话，便安慰母亲："不会的，你看，老爹身体挺好啊，他可是难得生病呢！"母亲说："这倒是，他确实很少生病，有些人一般不生病，一生就是老虎病，要吓死人的。你爹就是，一辈子也没病过几次，68 岁那年，一场大病，差点没了，后来病是好了，可是耳朵聋了！那以后，到现在没有正儿八经地住过医院。"

很快就洗好浴了，我把花洒放归原处。母亲给老爹擦干身子，老爹想穿衣服，母亲说："穿什么衣服？还要搽药膏呢！"老爹就拿

我和大姐陪伴着老爹

个新的汗衫遮挡着身体，母亲笑着说："挡什么挡啊，都是自己儿子，有什么不好意思的？"我哈哈一笑，心想，老爹还知道害羞，说明神智还是很清楚的，应该宽慰啊。

母亲在床上摊开一块布，让老爹躺在上面，然后从床头柜里取出一把药膏，母亲说："鹰，你爹的皮肤干燥，年轻时就会脱皮，那时血气旺，顶多就是皮屑多点，现在老了，没什么血气了，肉也没了，所以这皮肤就经常破，流血，还化脓，就要不停地搽药膏，可费药膏了，每次一买就是七八支，都是念念买的。"我把老爹的身体翻了过来，母亲指指老爹的大腿："你来看，这个地方有个硬块，黑黑的，不会长坏东西吧！"我打开手机里的电筒，把头探过去，仔细看了看，又伸手按了按："应该不会吧，估计是太瘦，那里的皮肤破了，结成了硬块，就好像我们手掌上的老茧。"母亲听后舒了口气。

搽完药膏，母亲把老爹衣服穿好，又从柜子里拿出一件秋装，要给老爹穿上，老爹不穿，母亲说："今晚鹰跟我们睡，他怕热，要开空调的，你要是不穿，会着凉的。"老爹一听，马上伸出双手，任由母亲帮他穿上外衣。

我看母亲累得直喘气，就说："孆，你歇下吧！"母亲将老爹的枕头垫平，把薄被给他盖好，然后坐在床边，她盯着老爹看了一阵，幽幽地叹了口气："唉！这个老头，屙尿要接，屙屎要擦，身子要抹，还要搽药膏，每样都是恶心事，要是我哪天不在了，他可怎么办啊？"我心里很不是滋味，我拷问自己：母亲说的这些，我做得到吗？我不敢肯定，这的确很难，岂止很难，简直是太难了，我可以断言，我或许可以做到，但是，绝对不可能像母亲那样做得持久、做得周全、做得精细、做得无怨无悔。又抑或，哪一天母亲也老得走不动了，老得跟老爹一样需要同样的照顾了，作为儿子的我，又怎么办呢？我想着，想着，心里便害怕起来，害怕这一天的来到。

　　母亲见我不作声，见我脸色凝重，大约揣摩到了我的心思，她反过来安慰我："你也别担心，我们老家有风水，都是男的比女的先走，上一代是这样，我们这一代也是。你看，大伯、二伯，还有上屋的五伯、六伯都是先走的，所以，你爹我会服侍好的，你能常来陪陪我们，已经很好了。至于我，也容易，无论看相还是算命，都说我修心修得好，死的时候没有痛苦的，说我手持一个抹布，抹着，抹着，抹布一丢就升天去了，不需要你们照顾的，你别害怕啊！"我的心里忽然狂风大作、暴雨倾盆——我的天哪，母亲这种特别的安慰，让我自责、惭愧、悲伤，数种情感一齐泉涌上来，倏忽之间模糊了我的双眼。我连忙说一声："这空调有点冷啊！"一把抓过毛毯，严严实实地蒙住了头脸。

祖孙俩

第109章　给老爹洗浴搽药膏

第 110 章　未见亲人的遗憾与失去亲人的痛苦

2017年8月6日（农历闰六月十五）星期日

母亲照例天不亮就在厨房里忙开了。她烧开水，煮稀饭；把长豇豆两头摘了，筋撕掉；把苦瓜剖开，籽掏了，然后摊在案板上，等天亮后再烧。不过，她今天没弄出大的动静，因此，妻儿没有被吵醒，仍然睡得很香。

我有早起的习惯，母亲起床的同时，我也醒了。母亲说："你现在没当城管，又不要巡街，多睡下！"我哪能睡得着，虽然不要巡街，但是这早起的习惯已经养成了，改不了了！

儿子睡在客厅的沙发上，被子被他踢到地上了，母亲过去捡了起来，帮他盖上，心疼地说："这孩子，空调对着吹，也不怕着凉！"她俯身亲了一下孙子，睡梦中的易易下意识地擦了擦脸，母亲大为惊奇地说："真是奇了，易易从小就不让人亲，无论谁亲他，他都要擦脸，没想到在睡梦中都记得擦脸！"

二姐来了，手里拿着一把番薯叶，说这种番薯只长叶子不长番薯，所以专门吃叶子的。这些天二姐天天来，昨天来时说今年是闰月年，女儿要给父母买衣服的，我就陪着她和母亲去了超市。母亲花了一个小时才挑了两件很便宜的衣服，一件75元，一件105元，还再三交代二姐，一定要跟大姐说，让大姐给90元钱二姐。母亲还不让二姐给老爹买衣服，说前几天我二嫂已经给老爹买了两件。回52栋后，我发了个朋友圈，说中国有个习惯：闰月年女儿要给父母买衣服，非闰月年儿媳妇要给公婆买衣服。很多读者问我这规矩始于何时，又是谁定的？我哪里知道啊，就随便戏谑说这规矩是唐朝李世民定的，还发了文件呢。没想到，有些人还真相信了，纷纷表示要回家给父母亲买衣服。有一位美女读者留言感叹："唉！我们做女儿的，闰月年要给父母买衣服，非闰女年要给公婆买衣服，平时还要给自己和老公孩子买衣服，看来女人真是买衣服的命啊！"我回复她说："这是夸你们女人眼光好、有耐心，才会定这样的规矩，应当感到荣幸！再说,这买衣服的事情包给你们干,正好满足了你们逛街的爱好，是你们女人逛街的最好借口啊！"于是这位美女就很开心，连发了一大堆笑脸的表情。

妻儿起床后，发现马桶进不了水，我见马桶水箱里有沉积的泥浆，便自作聪明地以为是进水管堵塞了。刚好看到一个老虎钳，便把进水管拧开，没想到自来水喷泻而出，一下子就把我淋成个落汤鸡。我被突如其来的水柱击昏了头，大喊关掉总开关，害得妻子和母亲到处寻找总开关，硬是没找着。二姐则急忙打电话亚光，叫他赶快带工具来堵水管，直到差点水漫金山，才想起接入马桶的水管口有个小阀门，赶紧过去拧上，井喷的水柱也就停下了。妻子和母亲问我在哪里找到的总开关，我嫌丢人，支支吾吾没说清楚，妻子反应过来了，她嘲笑我："什么总开关？那里本来就有个阀门的好不好？"就这个事，全家人把它当成笑柄，打趣了我整整一天。后来，三哥来了，他箍桶匠出身，对器物有着独特的敏感，他一下子就发现了问题，进水阀坏了。他去买了个新阀，三下两下便换好了。二姐顺便把整个卫生间彻底清洗了一遍。

临近中午，二姐的大女儿占展，带着2岁的小儿子阳阳，来陪老外公老外婆。我招呼老爹出来相见，却发现他一个人躲在房间里数钱。我悄悄走到他身后，发现老爹身边放着一个已经皱得不像样子的白色小塑料袋，边上放着三叠钱，每叠用其中一张拦腰扎起，估计是1000元，总共三扎，手上还有一小叠，正在数。我喊一声："老爹，你好多钱啊！"真没想到，耳聋的老爹居然听见了，他慌不

易易与爷爷奶奶

迭地用双手去遮挡。我逗他说:"这么多钱啊!借点我吧?"老爹赶紧说:"不是我的,是你嬷的钱!"老嬷走进来,大声斥责老爹:"什么你的钱我的钱,还不都是鹰给的钱?"母亲接着说:"鹰,你爹钻到钱洞里去了,这点钱他每天都要数,一天好几次,又不会数多起来,他也不怕烦。对了,还数少了,上次你们在这里打牌,老土抓了四个王,不是奖给你爹100块钱吗?嘿,真是害惨他了,他就像个宝贝一样,天天拿出来看。你说,不就是100块钱吗,有什么好看的?没几天,这钱不见了,整整一个晚上睡不着,半夜里起来好几次,到处翻找,问他干什么,他还不好意思说,一会儿说喝水,一会儿说尿尿,一会儿又说抽烟。后来,我给了他100块钱,说找着了,他才肯去睡觉。再后来我在这个纸盒里找到了那100块钱。肯定是他藏起来的,却又忘记放哪了。"

吃饭时,占展说:"妈妈、小舅,你们真幸福,都这么大岁数了还有爸爸妈妈,我和弟弟妹妹那么小就没爸爸了!"我跟儿子说:"易易，你最幸福了，你爷爷、奶奶、外公、外婆都健在，他们都疼你，可我，爷爷、奶奶、外公、外婆一个都没见过，好可怜啊！"儿子正在扒饭，听我说这话时停顿了一下，似乎在思考什么，接着继续扒饭。饭后，我们要回上饶了，明天要上班了；易易下半年高三了，也要加紧复习了。出门前，易易像往常一样，俯身，像抱小孩一样，把爷爷揽在怀里，抱了三分钟；又转身把奶奶揽在怀里，又是三分钟。爷爷奶奶一个劲地说："易易真乖！易易真乖！"

　　回上饶的路上，易易跟我说了一大段话，让我感慨万千，他的大意是：爸爸，人类有一种很奇怪的感情，是其他动物所不具备的，其他动物虽然也会保护他们的孩子，但那是它们的天性，是本能，并非因此而具备了跟人类一样的感情。比如，你说你没见过爷爷、奶奶、外公、外婆，从某种程度上理解，我觉得倒是一件好事。因为你只有未见亲人的遗憾，但却没有经历失去亲人的痛苦，我见过爷爷、奶奶、外公、外婆，虽然这一点比你幸福，但实际上，我会因此而在将来面临失去他们的痛苦，而这种痛苦就源于人类这种特有的血缘亲情。

　　我忽然间觉得儿子长大了，他的这番话让我眼眶发紧，让我泪眼模糊——我正开着车呢，可别影响我的视线啊。

第 111 章 梦见老爹生病

2017 年 8 月 25 日（农历七月初四）星期五

我凄厉地大喊一声："爹——"接着，便直挺挺地坐了起来。

我坐在床上，尽管空调大开，但我仍然全身大汗，睡梦中的情景吓得我直喘粗气。我看手机，四点二十五分。

从上个星期五起，已经第三次做同样的梦了。

老爹最近身体很不稳定，动不动就发热，额头烫手。上个星期五傍晚，我回 52 栋，侄子念念和范范夫妻也在，刚进门，便见母亲急得什么似的，说老爹的身体刚刚已经硬了半边，两天没有大便，吐不出气来，神智都不清了，她又拍脊背、又掐人中，好不容易才把老爹喉咙里一团浓痰给弄了出来。然后又把他弄到卫生间，不停地搓揉他的腹部，老爹终于泻了肚子、排了污物，现在身体已经变得温热。母亲心有余悸地说："幸亏我从老外公那里学了点中医术，不然就麻烦了！"我看老爹，他好像已经恢复正常，跟往常一样坐在阳台上抽烟。我走过去，把手伸进他的汗衫，抚摸他的身体，明显的凹凸感，皮肤是粗糙的，没有肉感，似乎直接蒙在骨头上了。腋窝已是庭院深深，空洞得差不多可以容纳下我一个拳头。要不是身体是热的，要不是他是我老爹，要不是他还能转动那双没有多少神采的眼珠，我会以为我触摸到的是一具骷髅——肩胛骨、锁骨、肋骨，手到之处，根根分明，就像我儿子小时候玩的积木，一块又一块、一根又一根搭上去的。我真担心他随时都会散了架，塌了下来。

我长长地叹了口气："唉！"老爹却"咯咯咯"地笑了起来，并使劲扭动他瘦小的身躯，原来我触摸到他咯吱窝的痒处了。

老爹孩子一般的笑声消散了空气中的凝重与窒息。这时，二哥来了，我刚想问三哥怎么没来，才想起三哥因为严重的椎间盘增生还躺在医院里。见老爹基本趋于平稳，大家终于放下心来。但是这天晚上，我却做了个不好的梦，梦见老爹离我而去了。我大喊一声："爹——"却把自己惊醒了，还出了一身冷汗。

这个星期一，也就是21日，根据市委组织部的要求，作为党员领导干部志愿服务者，要到居住地所在的居委会报到。我寻思52栋是我去得最多的地方，也刚好借这个机会可以多回52栋，便前往52栋所在的丰溪街道卧龙城社区报到，没想到这个社区居委会就设在52栋的负一楼，这样就更方便了。

报到之后，我去看望爹娘。母亲跟我说老爹昨晚吹空调着凉了，白天有点发烧。我抚摸老爹额头，一点点微热，再看老爹，神智还是清楚的，便让他吃了八粒藿香正气丸。晚上，我陪同江苏回来的建荣和云波夫妇在外面用餐，回到52栋时，已经八点半，却见母亲和老爹正在楼下空地上，大侄子有为夫妇正扶着老爹准备上车。有为说爷爷发高烧了，站都站不稳，没人扶着便要摔倒，想带爷爷去诊所打针。然后我们一起去了诊所，没想到一连去了两个诊所，人家医生一看老爹年纪这么大，怕生出意外引起"医闹"，都不肯接收，建议去县医院就诊。虽然害怕手续复杂，但我们最后还是去了县医院，人家医院的夜间急诊医生头都没抬，一听说发热就说发热病人一律到发热门诊去。发热门诊不是设在传染科的吗？把我老爹当成传染病人了？或者当成"非典"和"禽流感"来防治了？你好歹也问询一下情况再做决定嘛！不然，这么大年纪几乎没有什么防疫能力的老人万一染上传染病怎么办？这还在其次，关键是我压根找不到发热门诊在哪里，我和大侄子有为去找发热门诊，母亲跟在我身后，建荣夫妇扶着老爹慢慢走。我走了一圈没找着，便回到急诊处，建荣夫妇和老爹又不见了，我质问急诊医生，人家回说："在那边，最后面、最后面、最后面！"连说三遍最后面，我该怎么理解呢？是重要的事说三遍，还是不耐烦才说三遍呢？我已经没有时间理论了，转身匆匆而去，院区没有路灯，采光全靠病房里散射出来的余光，路面又不平，我数次要跌倒，好不容易才在最后面靠山边的角落里找到一个阴森森的处所，我开始以为是太平间，直到问了里面的病人才确定就是发热门诊部。于是出来接应建荣夫妇，等到建荣夫妇搀着老爹来到发热门诊部时，老爹已经两眼发直，双腿瘫软，口角流着白色的液体。以好脾气著称的建荣都忍不住生气了："这个发热门诊设得这么远，我好好的一个人腿都走软了，何况一个90岁的病人，又黑灯瞎火的，门口还搞基建，都是水泥砖块，太不负责任了！"我说："兄弟，看病要紧，这里又不是上海的大医院，县里头也就这点条件和水平了，别埋怨了，能帮我们看病就很不错了！"忽然手机响，是母亲，才想起母亲跟在我后面走丢了，于是急着出去接应母亲。再说母亲不来，我们也回答不出来医生的询问啊，我对着手机，用嘶哑的声音喊叫："你站在那别动，这路不平，又黑，别乱走，我来接你！"等我把母亲接到，二姐也火急火燎地来了，我们再次来到发热门诊时，医生已经给老爹看完了病，开了些退烧和治疗感冒的药，说："晚上先吃着，明天早上要是没有退烧，就来拍CT，我怀疑他肺部有问题。"不管怎么说，这位医生的态度总算不错了，就冲这，我就得好好感谢他。

  回到52栋后，立即喂老爹吃药。这时，我妻来电，问我老爹病情如何；并说她也中暑，头晕、呕吐、乏力；说儿子也病了，吹空调着凉，上吐下泻。我忽然间感到无助，一边是爹娘，一边是妻儿，我该留在哪里呢？她们都落水了，我该先救母亲还是妻子？二姐坚决让我回上饶，说这里有很多人，可以守着二老。大侄子有为也说："小叔，你去上饶吧，晚上我陪爷爷、奶奶睡，半夜再喂一次药，如果只是着凉感冒，应该很快就好的，如果明天早上还有热，咱们再去医院住院吧！"我心里一热：侄子已经长大，不但懂事了，还能担事了。于是说:"那好,我就去上饶了,那边肯定也要去医院了,这边你们照看着,有事及时联系啊!"

当天晚上,我又做了个不好的梦,梦见老爹病情加重。我大喊一声:"爹!"又惊醒了,出了一身冷汗。还没完全等到天亮,我就拨通母亲的手机,无人接听。再拨,无人接听。继续拨,还是无人接听。我急了,该不会有什么事吧,要是有事,侄子会告诉我的啊!正忐忑不安时,母亲回电话了,她也不等我问话就独自说开:"鹰,你放心吧,爹的热退了,今天是七月初一,西山观做法事,我带着他一大早就来了,今天这里可热闹了!现在人多听不见,回去再打给你啊!"说完就挂了电话。我虽然松了口气,但仍然不放心,就叮嘱家里人要定时给老爹量体温并告诉我度数。结果,上午十点,侄女西西打来电话,说爷爷体温37.6度。十二点,西西又来电,说爷爷体温37.5度。下午,二姐来电说:"现在老爹身体正常了,你别老挂念着,安心工作,好好保养自己的身体!"接下来的两天,我每天都打电话母亲和二姐,都被告知"爹爹身体正常,你要安心工作",于是放下心来,可是,今天凌晨怎么又做同样的噩梦呢?

是啊,为什么又做同样的梦啊?天亮后,我打通了母亲的电话,母亲说:"你爹好好的,没事了,你放心吧!"我说:"但是,我做了个不好的梦啊!"母亲说:"梦是反的!没事,你放心啊!"

梦是反的!没事就好——我长长地松了口气!

第111章 梦见老爹生病

第 112 章　老爹真的病了

2017年8月27日（农历七月初六）星期日

最近一直忙着应对文化部对全市公共图书馆评估定级的工作，刚刚告一段落，今天准备坐下来好好做个总结。可是刚打开电脑，就接到大姐电话，她问我在上饶还是在广丰，我说在上饶，大姐说她在高铁上，十点钟到上饶。

大姐这些年一直在上海跟儿子、女儿住一起，平常没事难得回来，所以当我听说大姐回上饶时，心里未免"咯噔"一下——今天不是什么特殊的日子，大姐怎么回来了？大姐本来身体不太好，动过大手术的，没有重要的事她回来干什么呢？再说这天气又是这样的炎热啊！

我说："我去接你！"

十点半，我接到大姐。大姐一上车就说："去广丰。"我说："你不回自己家，不去福达家园吗？"大姐说："去广丰，爹爹在医院呢！"

我的心猛然一沉：二姐和母亲又骗我了，说什么老爹的热退了，说什么老爹的病好了，还让我安心工作。原来老爹的病越来越重了，都到医院住院了，都通知大姐回来了，还不告诉我。对，大姐都回来了，难道老爹有危险？我忽然想起近期接二连三的噩梦，于是，握着方向盘的手便有些颤抖。

到县医院已经十一点半。住院部七楼68床。老爹的身子掩隐在白色的被子里，只露出个树桩一样不太规整的脑袋，脑袋上除了凌乱稀拉的几根白发外，便是皱得没有规则的头皮，像块抹布。老爹

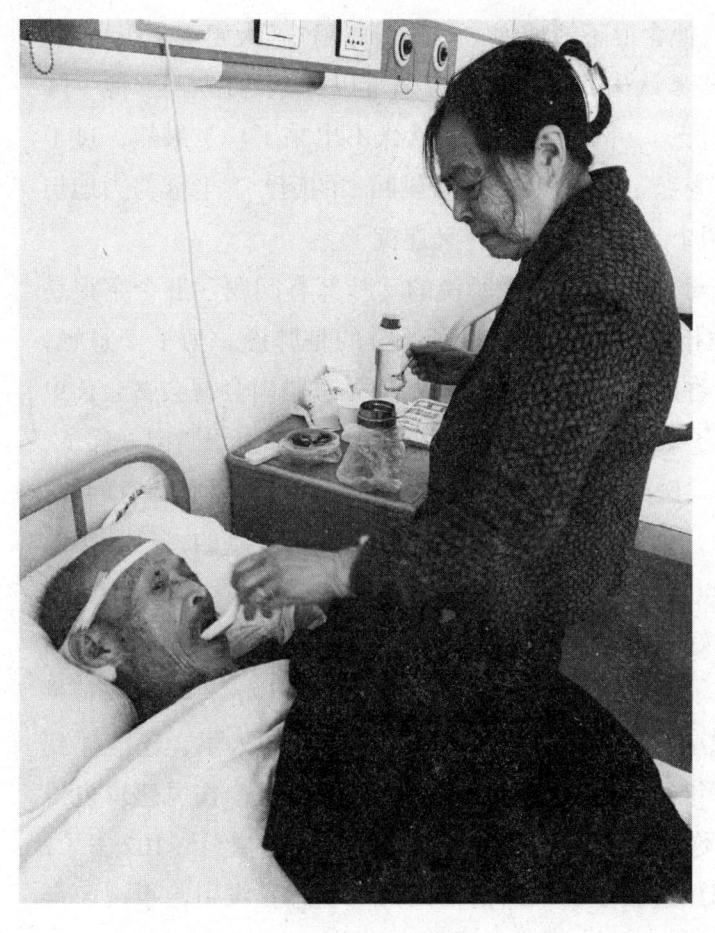

双眼紧闭,左眼眼角粘着一点白色的眼屎。颧骨隆起,鼻梁骨清晰直挺,由于没有牙齿支撑,脸颊已经深深塌陷进去了。两片嘴唇也收缩成为点状,嘴唇起了无数褶皱,在我模糊的泪光中,这些褶皱慢慢放大成纵横交错的阡陌。长一茬短一茬的白胡子交织在一起。脖子上两条裸露的脉管没有规律的收缩,这些白胡子也随着晃动着,像是有微风吹过,其实什么也没有。

母亲坐在病床上打瞌睡,被我们惊醒,她有点悲伤地说:"都这样了!怎么办啊?"我不知道应该如何去接母亲的话,就问二姐去哪了。这时二姐带了个护士进来,说点滴要换瓶子了。换好药水后,母亲和二姐你一言我一语好不容易才将情况说清楚——老爹这些天一直处于低烧状态,几乎不进食,全身乏力,无法站立,大小便失禁,神智基本不清,每天会昏厥一两次,医生初步诊断为肺部有问题,但需要连续多天的对比化验报告才能得出最后结论。

医院离52栋只有两百米远,所以,下午四点打完点滴,我们将老爹抬回了52栋。母亲指着大姐问老爹:"你知道她是谁吗?"老爹盯着大姐摇摇头,母亲很是失望,大姐也很失望,但过了一会,老爹又睁开眼睛,他含混不清地说:"不是菊彩吗?"大姐于是很高兴,大声说:"嬷,爹爹认出我来了!"母亲难以抑制的伤心:"他一阵一阵的,一阵清醒,一阵糊涂,等下就认不出来了!"果然,过了一会,大姐又问老爹:"爹,我什么时候回来的啊?"老爹努力地想了想,说:"有两个月了吧!"唉!又迷糊了。

  我看得出,母亲似乎对医生所说的"肺部有问题"五个字很是纠结,我知道她担心什么,她担心老爹得的是肺癌。为了安慰她,我说了下面这一番话:"你见过腊肉吗?你见过腊肉会馊会腐会长虫子吗?爹爹都抽了70年的烟了,他的肺老早就被熏得跟腊肉一样了,早就百毒难侵了。医生说他有别的病我还相信,说爹爹肺部有问题,打死我都不相信,你就放一百个心吧,爹爹肯定没事的,只是年纪大了,抵抗力差点,一个普通的伤风感冒就能让他大病一场,不着急,好好调理一阵就好的。"虽然我纯属胡诌,但母亲竟然对我的话将信将疑,她居然说:"腊肉确实不会馊不会腐,这么说,你爹仅仅就是个伤寒?"我说:"当然了,要是有大病,90岁的人了,还能撑到今天吗?不过,年纪大的人毕竟免疫力差,即使是个伤风感冒也得引起高度重视。你知道的,我好朋友摄影师廖诗富的老爹,102岁了,什么大病重病都熬过去了,最后恰恰因为一场感冒没引起重视而走了。所以,爹爹这次生病,咱们也不要过度担心,但又不能掉以轻心,要服侍好,养护好,过一阵子就会好的。"

  母亲似乎宽了心,起码表面上宽了心,她凑近老爹的耳边说:"老个,鹰说你没有什么病,只是上了年纪抵抗力差了,要多吃饭、多喝牛奶、多吃水果,就会好的!"老爹使劲地点点头。

  我心中一酸:我的老嬷,我可不是医生啊!

第113章 七月半的三个"劫"

2017年9月5日（农历七月十五）星期二

　　今天七月半，鬼节，我老家的习俗重死大于重生，因此，七月半是个非常重要的节日，要隆重地祭祖。所以，我早早就回到了52栋，准备下午跟哥哥们回乡下老家祭祀祖先。

　　刚好，老爹也定于今天出院，他已经入院十四天了。主治医生说："出院吧，回家好好养着！"大姐问他："要不要送到上海的大医院去看看？"医生摇摇头。母亲因此很是难过，她阴沉着脸说："大病最怕过大节，尤其是鬼节，今天七月半，你爹今天怕有大劫，过得了今天，可能会好起来！"我不知道母亲这种判断的依据是什么，但见她庄严肃穆的样子，也不由得跟着紧张起来，一颗心不由自主地悬了起来。大姐似乎有着同样的感受，她说眼皮跳得很厉害，不停地揉搓右眼。

　　回到52栋后，我跟大姐商量老爹出院后的护理方案，就在这时，母亲搀着老爹从茶几前走过，说是到阳台上抽烟。我无意间朝天花板看去，却忽然发现天花板上的灯具晃悠悠的就要掉下来了——我的天，应该是螺丝钉松了，要是偌大的灯具脱落了往下掉，不管砸中谁，后果都不堪设想，尤其是瘦得皮包骨头的老爹，要是被这灯具砸中，那还有吗？母亲心有余悸地说："运气好，菩萨保佑！运气好，阿弥陀佛！"大姐长长地吐了口气："鹰，你好端端的怎么会看到那里去的？难怪我眼皮跳个不停，原来这里藏着这么大一个危险哪！"我问："你现在眼皮还跳吗？"大姐用手摸摸眼皮，露出惊奇的表情："哎！真是奇了，不跳了！"我不相信地说："有这么灵吗？"大姐说：

"我也不信！"过了一会儿，大姐说："哎！这眼皮怎么又跳了？"我说："我就说嘛，哪有这么灵验的？"大姐说："也是！这本来就不准的！"

中饭后，我和两位哥哥准备回老家祭祖。母亲交代过我们之后，抱着老爹问："你知道今天什么日子吗？"老爹眨眨眼："什么日子啊？好日子！"我听着想笑，老爹最近尽说好话，无论问他什么事，都能将好字加进去，问他人就说好人，问他事都说好事，问他物品就说好东西，现在问他什么日子，他肯定不知道今天是七月半，他就说好日子。母亲的脸更沉了，她以前说过，临老的人说话都挑好的说，这跟我所理解的"人之将死其言也善"的说法是一致的，因此，我很理解母亲现在的心境。

从老家祭完祖先回到52栋，已经五点多钟。我和大姐将老爹搀到沙发上，让他斜靠着，大姐给他喂瘦肉粥。我把电视打开，漫不经心地转动着频道，老爹说："看穆桂英和杨宗保！"我心中一热——他是多么热爱生活啊！母亲在一边说："你爹两件事最重要，第一抽烟，第二看电视，你说他既看不懂也听不清，为什么偏偏喜欢看电视呢？"我说："他看热闹，就像我们小时候看连环画，一个字不认识，就看图案，不也看得很开心吗？也像你拜佛，你一个真菩萨都没见过，不是也拜得很开心吗？"母亲说："那可不一样！人有信心，佛才显灵，世人虽然看不到真佛，可真佛就在你头顶三尺看着世人呢，世人做的善事恶事都细细地记着，善恶都有报应的！"我说："既然这样，你就放心吧，你一辈子做了那么多善事，你头顶三尺的真佛都给你记了几大本了，会保佑爹爹病情好转的！"母亲似乎宽心不少，她说："话虽如此，可你爹毕竟年岁大了，就像稻子，熟透了！"

这时三哥来电话，催我和大姐过去吃晚饭。我说："大姐，我先下去发车开空调！"大姐说："好吧，我去换件衣服就下来！"没想到的是，我刚坐上车，刚发动车子，刚把空调打开，心中忽然一痛，短暂的有点锥心的刺痛，隐隐约约间我似乎听到母亲的呼喊："鹰哎！快点！你爹摔倒了！"我想都没想，连车子都没熄火，推开车门就往楼上冲。待我上楼，只见大姐跪在阳台上抱着爹爹大喊大叫："爹，爹——"而老爹则横躺在阳台上，母亲手上捏着一块抹布，站在爹爹身边，连声音都在发颤："怎样了？怎样了？"我想："完了！本来病重，这么一摔，还有吗？他那个像风干了的葫芦一样的脑壳经得起这么一摔吗？母亲说他今天有大劫，没想到竟然是摔跤，也难怪大姐的眼皮一直跳个不停！"我站在门口不敢迈步进屋，我一直在胡思乱想，各种可怕的场景一一掠过脑海。当我再次恢复神智时，却见老爹已经在沙发上坐着，他对着我笑吟吟，而大姐却坐在塑料凳上揉脚，母亲手上拿着一瓶专治外伤的黄道益。我没反应回来是怎么回事，我的大脑似乎处于短路状态，眼前这一幕让我迷糊了——明明摔倒的是爹爹，怎么受伤的却是大姐，而爹爹明明躺地上了，他又怎么会毫发无损并且对着我微笑。我拧了拧大腿——疼！我又擦了擦眼睛——没错！我进屋了，我疑惑地看着母亲和大姐。大姐说："爹爹本在在沙发上靠着，你出门时，我进房间换衣服，等我出来时，便见爹爹站在阳台上，正朝窗外看，可是他站不稳，我见他摇摇晃晃的开始往一边歪，就跑过去扶他，可是还没到他身边，他就倒下去了……我以为没了！没想到他居然没事。"大姐用手按住胸脯："现在都很后怕，越想越怕！也不知他到阳台上去干什么？"母亲说："去看亚鹰！亚鹰每次从这里离开，他都要到阳台上去看他的！"我心里一疼，是啊，我每次离开52栋，二老总是要到阳台上看我，目送我上车，目送我离去……这回，迷糊之中的爹爹肯定以为我要走了，所以他习惯性来到阳台上，可是，我的天，这回可不比平常啊，这时的老爹，可是个全身乏力连站都站不稳的重症病人啊！大姐说："原来这样啊！难怪！不过，运气真好！"母亲忽然笑了起来，她说："早上昏迷了一阵，中午灯具没砸着，现在摔倒没出事，凡事不过三，你爹今天三个劫难都过了，肯定没事了！"虽然是自我安慰，但我和大姐还是被母亲的情绪所感染，顿时就振奋了起来。当然，爹爹的摔倒给了我们一个警醒，那就是——爹爹身边不能缺人，得时刻防范他摔跤。

晚上，我问大姐眼皮还跳不跳，大姐说："咦！不跳了！"

第114章 老爹"病危"

2017年9月17日（农历七月廿七）星期日

这十多天，老爹的病情仍然很不稳定，动不动就昏厥，时不时就迷糊，经常呼吸不畅，随时可能摔跤，而且大小便失禁……真是难为母亲和大姐了。针对老爹缺钙、贫血、食量偏小的情状，大姐每天要给老爹准备八餐——早餐八宝粥、上午八点水果羹、十点鸽子汤、中午瘦肉粥、午睡后黄豆排骨汤、下午四点又喂水果羹、晚餐再煲瘦肉粥、睡前喝一盒牛奶——天天如此，不厌其烦。大姐和母亲当真累得够呛，尤其是大姐，除了负责给老爹喂食之外，每天还得去市场购买菜肉水果和各种物品，还要负责52栋的卫生，还要清洗所有的衣服。

即使是这样，老爹的病情还是未见好转，仍然动不动就背过气去，时不时就昏厥过去。因此，这些天，我们按照老家的习俗，陆续做了一些准备，办了三件事。先是置办"贴肉汗衫"，到五都镇老街邀请上了年纪的裁缝师傅给老爹缝制了终老时需要置换的衣裤。母亲说她年纪也大了，迟早都要走的，干脆一并置办起来，我老家正好有提早准备"贴肉汗衫"的习俗，于是，便将父母亲终老后需要置换的衣服一并置办起来了。接着置办"丝棉被盖"，老家有风俗，人老入殓后得用一床新被盖身，这也属于女儿们的事情，两位姐姐应了母亲的要求，买来几斤丝棉，就在52栋，二姐将竹席摊在两张桌子上，就在竹席上作业开了，她用白布做衬底，红布做面子，缝制了两床丝棉被。母亲在一边幽幽叹了口气："人总要走的，把我以后要用的一并做好，一来我放心，二来你们到时候也省了不少麻烦。"听着母亲的话，我觉得她似乎有点超脱生死的感觉。第三件事最为重要，两个哥哥请了位风水先生回到老家，满山遍野地转悠，最后选定老家螺蛳山自己家的一片自留地。都说老人自己会选择坟地，还真有其事，最近这些天老爹会在清醒时交代一些事情，其中就多次说到他百年之后要在埋葬在这块地里，没想到风水先生也初步选定了这个地块。

　　下午，二姐和两位哥哥也来到52栋，大家将最近各自负责的事情都说了一下，然后姐弟五人齐整整地陪同着父母亲。我们将老爹抬到客厅里，让他斜靠在沙发上，让母亲坐在他身边，然后姐弟五人围在二老身边，让大侄媳黄飘为我们照了一张合影。照相时，老爹努力地笑着，很吃力地笑着，估计他也知道这张合影的意义，所以，他很是努力地配合着，他想尽量坐直一些，想尽量坐端正一些，但他却很难做到这些。我就爬到二老后面的沙发背上去，从后面托着老爹的背，照合影时，我就歪歪斜斜的置身二老身后。母亲感叹说："真是树大开杈、儿大离家啊，你们五个，除了我们生日，平时连过年都聚不齐，现在爹爹生病，才又聚一起了。"母亲说得平淡，但我们却听得辛酸。母亲又回头问爹爹："老个，他们都在呢，你高兴吗？"爹爹这回听明白了，点点头，又点点头。母亲又问："你要多吃点东西，手脚硬朗点，就能多活几年！"老爹点点头，有点吃力地点："谁不想啊？巴不得活一百岁，谁舍得死啊？可是，老了，活不动了——"老爹非常非常沉重又非常非常缓慢地吐了一口粗气。

　　我忽然间又想起福建闽侯那个活了468岁全村人都是他后代的"菜篮公"了，就跟爹爹说："还记得我跟你讲的福建'菜篮公'的故事吗？人家'菜篮公'活了468岁，你才90岁，跟他比，你还太年轻，一点都不老！要听嬷的话，人有信心，佛才显灵，你自己要有信心，就一定能活过一百岁的！"老爹这回听得很清楚，他半是坚决半是疑惑地说："我争取啊！争取！"大姐说："他会的，我喂

家风 门风

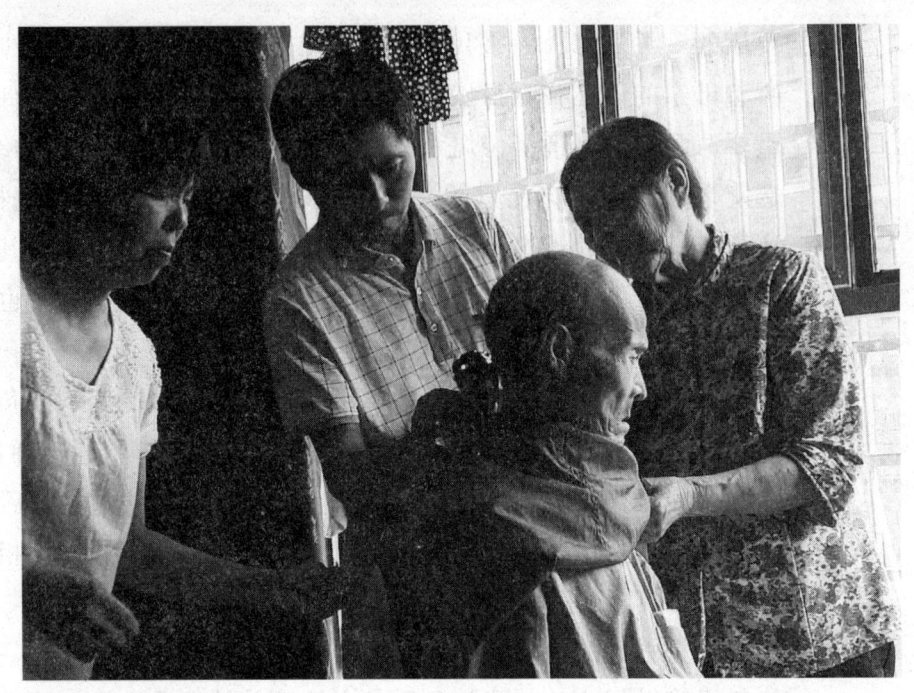

东西他吃,他不吃,我就说不吃饱就要去医院打针的,他马上就张口了!"

母亲伸出双手托住爹爹的脸,心疼地说:"这脸,都没一巴掌大了,老个,你一定要多活几年,你要是走了,我一个人会没伴的!"母亲说这话时,我赶紧走到卫生间去,我把水龙头拧开,掬上满满一把,把脸埋了进去,整个脸都埋了进去。

第 115 章　决定修老宅

2017 年 9 月 22 日（农历八月初三）星期五

这几天，我天天回 52 栋，天天晚上跟爹娘睡一起。

老爹的境况很不乐观，母亲已经多次提出要回老家后村塘，她说按照老家的风俗，人啊，如果死在外地，就不能进宗祠，不能入香火。她还说，爹爹现在的样子，什么事情都有可能发生，现在反正不用去医院，还不如回老家去，万一有个三长两短的，也好有个退路。母亲的话是有道理的，但是，目前，还是不能回到老家去，因为老家的房子已经破败得不像样子，不但房子破败脏乱，而且没有水、没有厕所、没有电视，甚至连灶台都坍塌了，连饭都烧不了。

于是，我萌生了回老家修房子的想法。

晚上，大姐、二姐和两位哥哥都来了，我说："嬷的话提醒了我，假如，假如爹爹万一怎么了，你说回老家怎么弄？没法烧饭，就是连个棺材都没办法好好安放，所以，我想将老家的老房子修一下，修好后顺便把房子和宅基分一下，省得隔代之后扯不清楚，怎么样？"姐姐、哥哥同意了我的意见，三哥说由他负责施工，母亲也同意，但她说要先把佛堂里的菩萨请走才能开工。

晚上，母亲辗转反侧了整整一夜，临到天亮才终于决定，她要将供奉了几十年的菩萨送到庙里去，她说自己年岁已高，今后还将手脚不便，不可能再有气力供奉这些菩萨了，但这些菩萨却不能没有香烟，那么，最好的去处就只有寺庙了。她让我天一亮就送她回老家，她要将老房子佛堂里的菩萨请到隔壁村子里的一座庙里。

40年前建造但未完成的老宅

　　大约四点，母亲问老爹："过几天房子整理好了，我们回老家玩几天，好不好？"老爹忽闪着眼，摇摇头。母亲对我说："鹰，真的要回去了，你爹说话的力气都没有了，只能点头摇头了，唉！"没想到老爹忽然冒出一句："你说什么啊？"高兴得母亲大叫："鹰，你爹又能说话了，又能说话了！"她又把回老家的事跟老爹说了一遍，老爹似乎意识到了什么，但他却故作乐观地说："你想回老家啊？你一个人去，那里什么也没有，没电视看，没空调吹，没煤气烧饭，没超市买东西，都要苦死了，我不去！"母亲说："你不是喜欢跟吗？我走到哪你跟到哪的啊？怎么让我一个人回去啊？"老爹不作声，过了一会才说："反正我不去，不去啊！"

　　母亲轻声跟我说："鹰，你爹可舍不得死了，你听他说的，就是不想回去呢！"我说："嬷，你也别再问他这些事了，别再让他猜忌了，只要有求生的欲望，这人就能活，你瞧，最近几天，他是不是比以前能吃了？说不定啊，会越来越好呢！你平常不是让我们凡事要往好处想吗？要发好的意念吗？你也不能再胡思乱想了，至于修房子这事，就算爹爹没有生病，我们也要修的，不然就要倒了！"

　　母亲说："那好吧，咱天一亮就回去，将菩萨请到庙里去啊！"
　　我说一声好，抱着瘦骨嶙峋的老爹，迷迷糊糊地睡着了。

第 116 章　送佛

2017 年 9 月 23 日（农历八月初四）星期六

"鹰，快起来，要走了！要走了！"母亲把我推醒了。

我揉揉眼，摸出手机："才五点半啊，也太早了吧！"母亲坚定地说："要早点的，请菩萨，可不能晚了。"

我只好起床，母亲又到小房间把大姐叫醒，让大姐过来守护老爹。然后匆匆出门，待到了楼下，她说要叫三哥一起去，但是没找到手机，我知道她忘记随身带了，便跑上楼去拿。

很快就到老家，在大门口，母亲才想起忘了带钥匙。三哥说："反正要重修了，砸了去！"他找了块砖头，准备砸掉了已经生锈的铁锁。母亲在一边说："轻点，别惊动菩萨和香火神！"又说："别砸坏了门啊！"我说："轻了怎么砸得下来？你那些菩萨都要送走了，吵醒了他们刚好道别啊！"

母亲的佛堂在二楼。说是二楼，实际上是个阁楼，这是 20 世纪 80 年代初建造的砖瓦结构的房子。当时农村没有楼房的概念，人民公社办公的地方才会建造带水泥楼板的楼房，普通老百姓的房子多半是泥垒的，能建个砖房就不错了。我们家是在分隔墙之间横架了几根碗口粗的横梁，并铺上了松木楼板。当然，由于资金不够，横梁铺得稀松，因此，踩在上面显软，人在上面，就像是夜间走在田塍路上，有深一脚浅一脚的感觉。但不管怎么说，这也勉强算得上是个楼了。母亲说楼上清静，没有人打扰，更没有荤肴浊物，因此，她把老佛供奉在楼上，供桌上有一尊如来佛、一尊观音菩萨，还有一幅镜框,框里是一组佛的群像,母亲说天地四方的神佛都在里面了,叫四方佛。

母亲上得楼来,尽管她已经蹑手蹑脚了,但还是抖动了楼板,抖动了供桌上本来就没有摆平也没法摆平的佛像,抖落了佛像上一层轻灰。母亲神色凝重,庄严肃穆,她点了油灯、蜡烛和香炉里的代檀香(用不起檀香,用一种香料代替),将供桌前的垫子翻了个面,就跪了上去,她双手合十:"如来佛、观音菩萨、四方大佛,弟子年纪已大,腿脚不灵,自己都需要子女照顾了,不能日日堂前敬奉香烟纸烛了,所以,要请你们到寺庙里去,庙里信徒多香火旺,你们到那里可以接受更多的香烟礼拜!我佛慈悲,千万不要怪罪弟子,弟子心中仍然有佛,拜请佛祖菩萨要像以前一样保佑全家老少平安顺利啊!"说完三跪九拜,我赶紧下楼,母亲就逮住了三哥,让他跪拜个不停。

不多久,母亲举着镜框,三哥怀抱着两尊佛像下楼了。十五分钟后,我们来到了隔壁村庄的一个寺庙,庙主何姨已经候在那里,她接过母亲送来的佛像,寻找到合适的位置小心翼翼地安放好,说:"放心吧,供在这里,接受的香烟更多。"

离开寺庙时,母亲十分不舍。她不时回头,临上车了,还转过身去,双手合十,对着寺庙深深一揖。

我忽然间对母亲产生了深深的敬佩——礼拜了一辈子的菩萨,说送走就送走,母亲能在一夜之间做出这样的决定并立即付诸实施,并不是那么简单的事。这种"放下"是需要大境界大智慧的,若非修炼到一定程度是做不到的。看来,母亲的《金刚经》还真的没有白念啊!

确实,母亲比我,比一般人要通透得多,开悟得多啊!

第 117 章　老爹还记得杨宗保

2017 年 10 月 2 日（农历八月十三）星期一

说来奇怪，这些天，老爹的情况越来越好了——他已经不会昏厥了，他能够站立了，他能够喝得下半碗粥了，他能够吃得下半个火龙果了，他可以叫出更多人的名字了，更重要的是，他又从枕头底下掏出他的钱袋开始数钱了。

母亲说："菩萨保佑的！"她的理由是，医生已经说了回家等，药已经停了，饭米灶水吃不下了，人看着都快不行了，要不是神仙和菩萨保佑，他怎么可能活转过来？母亲又说："要么就是冲喜冲的！"所谓"冲喜"，是我老家一种迷信的做法，借"喜神到邪神退"的传说，通过结婚或者其他喜事，来对冲悲愁，或可促使家中重症病人好转。前段时间，老爹病情严重时，我们先后采取了做寿衣、做寿被、合棺材、看坟地等方式，按照农村的说法，这些都是冲喜的一种形式，所以，母亲认为，老爹无缘无故病情好转，或许是"冲喜"的结果。

大姐不相信这些，她说老爹所以病情好转，肯定是她和母亲悉心照料的结果，她坚持每天喂食老爹八餐，而且品种丰富多样、营养搭配合理，已经坚持了一个多月，她说："食补优于药补，食疗好于医疗，老爹病情好转，肯定是因为饮食调节，营养合理，只要坚持下去，老爹不久便能站起来走路的。"

我喝一口水，狠狠地和了一把稀泥，说："我的老嬷，我觉得吧，老爹所以病情好转，第一是因为你求佛求得好，菩萨保佑；第二是咱们冲喜冲得好，啥事都准备好了，老爹高兴了，自然病就好了；第三是你和大姐服侍得好。"于是，母亲很高兴，大姐也很高兴。

今天，外甥女夏晔和外甥夏庆从上海回来，他们一下高铁，就直接往52栋看望外公外婆，没想到，老爹居然能够认出这姐弟俩，看来，老爹真的恢复得不错啊！我让他站起来走几步，在我们的簇拥下，他居然连续走了七八步。母亲高兴地说："跟你们说，你们又不相信，菩萨这个东西，其实还是有的，你爹要是真的好转，到时你们跟我去庙里还愿啊！"我刚想反驳母亲，可一转念，不行，得由着她，得听她的，这个时候，她说啥就是啥，不然，老爹病好转了，老嬷却气倒了，划不来！于是说："好啊，到时跟你一起去还愿，好不好？要是哪尊菩萨开口告诉我，说保佑你俩活过100岁，我保证一年365天，天天给他上香、烧纸、添油、点烛！"母亲见我答应去还愿，露出了欣慰的笑容。

正说话间，斜靠在沙发上的老爹忽然说："调个杨宗保、穆桂英看下。"大家伙真是欢喜坏了——老爹居然有心思而且能够看电视了，这是多好的征兆啊！我赶紧拿起遥控器，可是从头到尾过了一遍，也没有看到杨宗保和穆桂英，于是告诉老爹："没有，今天没有杨宗保的电视。"老爹眨巴着混浊的眼睛："不会啊，我刚刚都看过的啊！"哈！老爹又犯迷糊了，他这些天一直处于昏花的状态，都一个月没让他看电视了，他居然说刚刚看过杨宗保！真是又犯糊涂了啊！

第118章　母亲的感慨

2017年11月25日（农历十月初八）星期六

做完下周讲座的课件，我合上电脑，扭了扭酸痛的脖颈，长长地吐了口气。时间不早了，得去52栋了，二老等着呢，这一天都来三次电话了。

幸好离广丰不远，四十分钟后，我便来到52栋楼下。这时，皮姐来电话，说确定明天上午跟诗人一江前往52栋看望二老，说一江接着要赶往南京，让我不要安排午饭。不知道是我嘶哑的声音被老爹听见了，还是老爹熟悉了我的身影，站在阳台上抽烟的老爹似乎发现了我，他歪着头盯了我一阵，然后不见了。我知道，他肯定给我开门去了。果然，我一算一个准，当我一阵小跑来到102室时，门果然开着，老爹站在门口，手里拎着一双棉拖鞋。

二姐也在，她说："鹰，你面子真大，我们这些人每次来，爹哪怕也在阳台上抽烟，可就是看不见我们，就算看见了，也不会来开门，还拎鞋！"我得意地说："那当然了，谁叫我是小儿子啊！"占展（二姐的大女儿）也在，她坐在沙发上不作声，一副苦瓜脸。我问："怎么了？跟老公吵架了？"占展继续苦着脸。二姐说："不是，跟妹妹闹别扭，占艳。"

我松口气，跟妹妹闹别扭不愉快没有什么关系，跟老公闹矛盾回娘家问题就大了。作为舅舅，我无须询问青红皂白，对坐在这里的占展，劈头就是一通斥责；对没在这里的占艳，通过手机也是一顿狠批。我知道，这种家务事本来就没有谁对谁错、曲直是非，只

家风 门风

经常有人到 52 栋看望母亲，图为母亲给上海来看望母亲的姐妹讲解"上盆鸡送山子"的典故

有相互包容、姿态高低，因此，我各打五十大板的做法肯定是管用的。

在我批评过后，母亲和二姐也来劝导。她俩唱的是白脸，说的是软话，边说还边举例子，举的都是老家那些有名有姓的实例。说着说着便将话题扯远了，当然，主题仍然属于是做人道理的范畴。母亲讲的众多的做人道理中，有一个让我很有感触。她说："父子分歧，兄弟矛盾，姐妹别扭，夫妻吵嘴，就如那风雷闪电，无论再响再亮，都会很快消失的，所以不能说狠话赌狠气，话越狠气越重，亲情损伤就越大。不仅是对自家人，即使对外人，就算对冤家仇人，有些过头话也不能讲。"

我有点好奇："对仇人还有这讲究吗？"

母亲说："当然！比如说，张三跟李四有仇，张三有七儿八女，而李四无儿无女。如果两人吵架，即使张三咒骂李四得病早亡也不为过，但绝对不能咒骂李四无儿无女、断子绝孙，是死绝人家。因为这是禁忌，是最毒的毒咒，会反噬的。"

我追问："反噬？怎么反噬？"

母亲继续说："我们老家有句老话，叫做'上盆鸡送山子'，知道吗？"可别说，这些年我收集了成千上万的广丰谚语，还将广丰谚语跟广丰山歌、喝彩、龙船歌一起结集，出版了《广丰民谣》，但我还真的没有听说过这句古谚，更不明白这句古谚的含义，便向母亲求教。

母亲解释说："说的是养的鸡再大再肥，只要没有宰杀、烧熟、装入盆子、端上饭桌，都不能说这鸡是他家的。万一被人偷了被黄鼠狼咬了或者发鸡瘟死了，还能算他的吗？还有，无论有几个儿子，只要没将自己送上山葬好坟墓，就不能算是他的儿子。万一被抓了兵丁充了劳役或者得病夭折了，还能算是他的儿子吗？所以，跟人吵架时，这骂人死绝的话是万万不能说的。我们老家有两人吵嘴，一位有五个儿子，一位无儿无女，吵架时，一个骂对方断子绝孙是死绝人家，一个气不过，就骂对方儿多不够死并天天诅咒对方，没

第118章　母亲的感慨　353

多久，被诅咒的那位五个儿子都因各种天灾人祸先后死了。"

我吓了一跳："真的假的？"母亲说："老辈传下来的，当然是真的了！"原来是老辈遗训，我松了口气，说："我的老嬷，老辈传下来的，当然是编的了！"母亲连忙双手合十："哎哟，可别乱说话，祖宗的教训，不可随便否定的。祖宗莫怪，莫怪啊！"我说："老嬷，我只是说刚才这故事是老祖宗编的，又没说它是错的，这故事编得很好啊，虽然有点宿命，有点迷信，但是有着很强的教育意义，应该写出来让更多的人知道。"母亲顿时高兴起来："这还差不多，我就说嘛，老祖宗传下的话还会有错？"正在母亲有点小小得意之时，三哥推门进来，他说："老家的老房子已经修得差不多了，过几天就可以搬进去了。"母亲说："不急不急，待我查查，安床可不能随便，要拣日子！"母亲边说边从她的存放经书的佛柜里拿出一本皇历并认真地翻看起来。她翻看了好久，忽然问我："鹰，今天星期几？"我说："星期六啊！"母亲说："不对啊，我怎么是星期一啊？"我怕自己记错了，便拿出手机，认真看了下日历，确定没错，又细细地说了一遍："今天11月25日，农历十月初八，星期六，没错！"母亲有点懵："是十月初八啊，我这里怎么是星期一呢？"我满腹狐疑地从母亲手中拿过皇历，果然是星期一，于是翻到封面，不禁哑然失笑，哈！原来母亲拿错了皇历，她看的是2016的老皇历。母亲问我笑什么，我说："笑什么？你拿到去年的皇历了！"

母亲沉默了好久，忽然说了一句让我直接喷饭的话："噢！拿错了皇历？唉！害我吃错斋了！"

第119章　穿错了裤子

2017年11月16日（农历九月廿八）星期四

迷迷糊糊之中，听到母亲说："这床倒是宽敞，只是被子显窄，鹰的个头大，三个人一条被，盖不住啊！大半个身子都露出来了，可别冻着了受凉。"

我实在睁不开眼睛，就又迷迷糊糊地睡去，我似乎在做梦，梦见自己在抓一条大鱼。但一声清脆锐利的"吱嘎"声刺穿了我的梦境。短暂的清醒之后，我又迷迷糊糊起来，迷糊之中，我感觉母亲像是打开了衣橱，接着便有重物压在我的脚端，然后是我的身体被搬挪，我从爹娘温暖的被窝中被移了出来，只感觉冰凉冰凉的，但接着身上便盖上了被子。迷迷糊糊之中，又传来母亲气喘吁吁的嘟囔："难怪华凤不让鹰多吃饭，他确实够沉的啊，搬都搬不动！"歇了一下又传来话语："后生人身子像火炉，最暖被窝了，半筒烟的工夫就暖了，好好睡吧！"这回我比先前清醒一些，但终究还是没有睁眼，我安静地躺着，任由母亲给我拉扯被子，任由母亲用毛衣和枕巾填实我肩颈与被子间的空隙，任由母亲粗糙的手掠过我的头发触摸我的脸颊。然后，又听母亲说："真是运气不错，临老了生了个仔，不然哪有这么幸福！"

我忽然对母亲很是钦佩，我钦佩她深更半夜的居然能够自言自语说这么多的话。说给谁听呢？这屋里这床上就三个人，说给我听吗？显然不是，我正酣睡着呢！说给老爹听吗？也不是，母亲说得这么轻，老爹耳聋，就算醒着，也听不见啊。因此，我断言，母亲是说给自己听的。母亲发的是感慨，只有感慨，才可以不要听众。

没想到，接下来便是母亲无穷无尽的感慨，一直到天亮。

我翻了个身，毫无痕迹地变换了个舒适的睡姿，将耳朵探了出来，以便能更清晰地听到母亲的自言自语。

母亲躺回床上，她将左手伸进老爹的脖颈，将老爹瘦小的身躯整个拉揽进怀里，然后就是一番长叹："你这个老头，也真是命大，今年真是被你折腾得苦啊，病了几个月，天天昏迷，医生都不给治了，儿女们都准备好了后事。嘿，你反倒活过来了，真是阿弥陀佛！菩萨保佑！活就活呗，你这个老头也真是，又长那么大一个毒瘤，又是开刀又是住院的，又一个多月，害得儿女们天天陪在医院，他们都有生计的啊，哪有那么多工夫陪你啊。尤其是鹰，隔一两天就回来，工作那么忙，真要被你这个老头累坏了。可你还不自在，逞强，走路不让扶，又喜欢跟，我倒个垃圾吧，你都跟着，结果呢，出事了吧，这头都还包着纱布，绷带都没拆，又摔倒了，满脸的血，要是摔断了骨头，还有人吗？了解我们的还好，知道你儿女孝顺，不知道的人还以为孩子们有多么恶呢，让一个90岁的老人摔着，你想败你儿女们的名誉啊？唉！你这个老头！"

我有点忍不住，差点笑出声来。

母亲继续自言自语："你这老头可真会败，你看你今年败了多少钱了，你以为医院是自家菜园子，想进就进啊？你以为那药片是地里的花生，那吊瓶是自己种的茄子，想摘就摘啊？那是医院，知道不？医院是干什么的？就是跟你要钱的，就是专门跟你这种不听话的老头要钱的！当然，我花在医院的钱也不少了，嗯，比你多，我还去过上海的大医院花过钱呢！嗯，我俩都败家，幸好有医保，幸好有共产党，共产党真好啊，跟菩萨一样好，现在种田不交公粮还有补贴，老人有老人钱，困难有低保，看病有报销，这共产党怎么能这么好呢？老头子，你运气好，多活了几年，享了共产党的福啊！你知道你生病花了多少钱吗？说了你也不明白，反正，败了好多钱，还好共产党报销了一大半，鹰他们的负担才减轻了好多！"

老母亲这段话让我感慨万千，母亲真是个懂得感恩的人，她平常一有机会就告诫我和哥哥们：对我们好过的人，有能力就要思报答，没能力报答也要牢记于心并告诉后人。现在，她大半夜发自内心的将共产党的恩情反复念叨，对我的震动确实不小。

念叨完共产党的恩情后，母亲开始算账，她口中喃喃有词："老头啊，我们活着真是给儿女们添麻烦、加负担啊，我们每年要花不少钱呢，这房子的水电费、物业费、柴米油盐、人情来往，要好几万呢，拜菩萨助缘还得花钱，治病看医生就更没底了。正月鹰留了1万块，清明又给了3000，端午2000，七月半2000，中秋2000，九月初一观音生日2000；还有小辈拜年的钱；你生病时鹰的同学来看望，也有不少钱呢！我都忘多少了，反正不少呢，我们一年要花好几万。所以，我们要懂事点，要乖点，要听话点，要养好自己的身体，尽量不生病，他们的负担就会轻些，就会少担心我们，就有时间去工作，去挣钱。"

母亲算着算着忽然坐了起来，她从枕头底下摸出一个红色塑料袋，我心想：我的老孃，你整夜整夜不睡觉，不会现在又要数钱了吧！

真是！果真是！母亲真是数起钱来了，她一边数，一边说："这钱不顶用，从现在起，要省着点用了！"

我实在撑不住了，就在母亲一遍又一遍数钱时，我昏昏沉沉地睡着了，这回，是真的睡着了。

等我睁开眼时，二姐站在床前，母亲已经煮好稀饭，正在帮老爹穿衣服，可她找不到老爹的裤子，就使劲埋怨老爹："好你个老头子，自己的裤子都不知道脱哪了？"二姐从床头柜上找到一条黑色的裤子，母亲说："不是这条，这条是我的。"我和二姐都没有反应过来，母亲忽然间大笑："哈哈哈哈，我穿了你爹的裤子，那条才是我的！"

哈哈哈哈！我也忍俊不禁，惺忪着睡眼大笑了一番。

哎哟！我的老孃啊！

第120章 52栋一日

2017年12月17日（农历十月卅）星期日

一

我正在看电视——《五号特工组》，挺好看。

老爹从房间里出来，他穿着硕大的棉大衣，看上去十分臃肿。他在沙发前站定，低头拉拉链，可是，老爹筋骨硬，他似乎拉不上，便使劲扯。

母亲正在阳台上晒东西，她看见了，气急地说："不要动！你不要动！再扯就扯坏了！"边说边冲将过去："我帮你拉！"

母亲低头弯腰拉了好一阵子，同样没拉上。母亲直起腰，想歇息一下，可她看见老爹扭着身子歪着脑袋正避开母亲的遮挡看电视，便气不打一处来："难怪拉不上，好你个老头，你电视瘾有那么重吗？你站得这么歪歪扭扭，我怎么拉得上呢？"

我赶紧过去："他90岁了，筋骨硬，拉不动；你84了，筋骨也不灵活，一样拉不动。瞧我的，他再歪歪扭扭，我还不是三下两下搞定了？"母亲感叹说："是啊，老了，不中用了！"但她接着说："他要是不看电视，站直点，我或许就拉上了！这老头，一个烟瘾，一个电视瘾，拦都拦不到！"母亲边埋怨老爹边瞅着电视，电视里主人公马云飞正在左右冲杀，母亲忽然说："这个大长脸（于震扮演的马云飞）真的很厉害，一大堆人都打不过他，子弹见了他都绕弯弯！"我哈哈一笑："老嬷，你说爹有两大瘾，我看你也有两大瘾啊！一是念经拜佛，二是看电视。"

二

我儿易易说很久没吃过广丰炒粉了，想吃。

妻给他点了个广丰羊肉粉外卖，不多久，外卖小哥就送货来了。易易有点急不可耐，三下两下就撕掉了包装，也不管烫，稀里哗啦吃开了。老爹见孙子吃得香，背着双手站在一边，盯着孙子看。

我盯着老爹看，我在想：老爹在想什么呢？

接着，我拍了张照片发朋友圈，立马有读者说："你老爹想吃，给他也来一碗！"肯定不是，因为我老爹没牙齿，吃不了。

又有读者说："他什么也没想，他就愿意这样看着，孙子乐，他也乐！"这个说法我同意。

三

刚刚看了一条微信，让我十分愤慨。母亲追问原因，只好告诉她，说一位20岁的小姑娘，是城南小学的实习老师，铜钹山里人。本来对城市里的生活充满着向往，没想到，前两天骑个电动车，因为避让一辆洒水车，不小心碰倒一位老奶奶。其实速度很慢，即使碰倒了也不会摔得很严重，可是，这姑娘还没回过神来，就被老奶奶的老公抡起拐杖劈头盖脸一顿好打，打得头破血流，打得脑震荡，一口牙齿打掉得没剩几颗了。

母亲听得很揪心，她连《五号特工组》都顾不上看了，一个劲地问我："后来呢？那姑娘怎么样了？会破相吗？要是破相了以后怎么嫁人啊？她爷爷、奶奶知不知道啊？要是知道了该有多心疼？"替姑娘担心了一阵后，母亲开始批判打人的老人了，她说："这个老人也太不对，他家就没有儿孙吗？对一个小姑娘，他也下得去手啊？还那么狠！这样的恶人，就不该活到这么老！"见母亲忽然怒形于色，老爹不知道发生了什么，忙问："怎么了？"母亲看看老爹，忽然说："老个，还是你好，你善良，你不会像人家那么恶！"老爹被母亲没头没脑的夸奖搞得晕头转向。我当然知道母亲此话是有所指的——

大约十年前的一天，那时，老爹80岁，身子骨还算硬朗，偶尔从城里回老家摘点青菜回城。有一天，老爹又回去了，快到村子，被一位骑电瓶车的姑娘碰了个正着。这位姑娘也是老师，刚刚分配到我老家完小。姑娘撞到我老爹后，脸都吓青了。幸好，我老爹倒在路边一小堆没有用完的沙堆上，只是受了点小伤。见姑娘惊恐之状，老爹不但没有生气，反而安慰她："姑娘，别怕啊，我运气好，倒在沙堆上了，好像没有什么事。即使有点小伤，你也别担心啊，我家里人都很善良，不会讹你的！"姑娘说："我刚参加工作，没什么钱，给你两百块吧！"老爹说："要是没事，我要你两百块钱干什么？要是有事，你两百块钱又能干什么？"就这样，老爹让人家姑娘走了，还反复叮嘱人家："小心点，慢点骑呵！"后来，我三哥带他去医院，又是药膏又是膏药的，折腾了大半个月才好干净，但无论是老爹还是三哥，从来就没有提过那个女老师一次。

他们的孩子每次离开52栋时，他们都要在阳台上扶窗、招手、目送，直到孩子们走远

现在,母亲站在沙发前,她居高临下地抱住老爹的脑袋,说:"就算我不修心拜佛,我们也不能去讹人家,就算真有啥事,也应该跟人讲道理,得饶人处且饶人,过得去就算了。还有谁跟你有仇怨,故意要害你啊?"

四

妻和儿子要先回上饶,易易晚上要上自修。我要陪二老去老家看看已经整修完毕的老房子,所以,我继续留在52栋。

儿子自念高中后,就很少回52栋,他每次回来,进门第一件事就是拥抱爷爷奶奶,每人抱三分钟。临走时,也要拥抱爷爷奶奶,每人三分钟。易易个子高,已过一米八了,他得弯腰,要弯得很厉害才能抱住爷爷、奶奶。他每次拥抱着爷爷、奶奶时,我眼前都要闪过十多年前爷爷奶奶抱他的情景。

而老爹,每次都要将孙子送至门口,当然,我也有这个待遇,然后转身来到阳台,站在窗前目送孙子上车。以前,我和妻儿一同离去,我只会在车子启动时,看到爹娘站在阳台上隔着玻璃窗摇手送别。可是这回,妻儿先走,我在客厅里却看到了另一幕——那就是爹娘的背影,我看着老爹将易易送出大门后,匆匆来到阳台,他左手抓住铁栏杆,右手轻举,缓缓摇动,缓缓摇动,直到妻儿上车,离去,远去,直至没了踪影,老爹还向远处看着,呆呆地看着。

我看着老爹的背影,一股悲怆涌自心底——唉!于爹娘,我是陪一次少一次啊!老爹、老嬷是不是有着跟我一样的感觉?易易要上学,他见得少,不久后要上大学,见面机会就更少了!

第 121 章　夙愿

2018年元月1日（冬月十五）星期日

今天，母亲的两个夙愿一并实现了。

母亲的两个夙愿，一是翻修老宅；二是在翻新后的老宅里宴谢全村乡亲，邀请众乡亲吃一次家乡的流水席。

母亲这两个夙愿已经很有些年头了，我特别能够理解母亲的这两个愿望，但由于多种原因，我却一直无法助其实现，直到今天。

老宅大约建于1980年，当时父母亲正当壮年，是一生中的黄金时段，又值改革开放之初，刚刚分田到户，只要努力，便有收获。当时，父母亲牛一样马一般劳作在田头地尾，手中略有节余，便思另起炉灶，就在祖屋的西侧起了一幢五开间的地基。当时资金有限，便先建了三间，砖瓦结构，两边各留一间待来年筹资再建。可是人算不如天算，自那后，我家竟然连年遭灾、厄运不断，天灾人祸接踵而至，再也无力将那两间边屋搭建起来。后来，因为生活所需，我与哥哥们都进了城，先是租房，再是买房，日子过得并不宽裕，也无余钱回乡建造房屋。而老宅呢，经四十年风雨侵蚀，也已经墙裂椽朽，老态奄奄，每每风狂雨骤，便要引得母亲心病发作，恐其倒塌损毁。近几年，在城里生活的人们掀起一股回农村翻新老屋的热潮；我和哥哥的经济状况也已好转，已经有余力翻新老宅；母亲也曾多次提及此事。但由于我的工作过于繁忙，两位哥哥又忙于生意，每次虽有商议，但总是商而未决、议而无果，因此，老宅一直未能得到修理翻新。所以，此事成为母亲一块心病，一直没法根治。

母亲还有一个愿望,那就是宴谢乡亲们。母亲到城里生活也有些年头了,这些年里,母亲总觉得亏欠着乡亲们的人情,想来也是,我们一大家在城里生活,家中田地由乡亲们打理着,老宅由乡亲们照看着,祖坟由乡亲们护理着,疯子春喜在乡亲们那轮流着搭膳。逢年过节回乡祭请祖宗时,每次都要受到乡亲们的热情款待,吃的喝的用的一应具全,酒足饭饱之后还拉走一车屁股的东西,青菜萝卜整菜篮的装,番薯芋头整麻袋的装,土鸡蛋整脸盆的装。母亲总是那句话:"哎哟!无功受禄,吃了都难消化啊!"而乡亲们总是回话母亲:"你兰香奶人这么好,吃了日消夜化!身体健康!"母亲还常常对我们说:"这些年在城里,跟乡亲们的人情往来也断了,但我和你爹的生日,人家都还记得,全村人都来了,想想真是亏了人家了,要是老宅子修好了,真想在老宅摆个酒席,把全村男女老少全部请来,好好地答谢一番!"

修缮一新的老屋

我知道,母亲虽然生活在城里,虽然居住在52栋,但是,只要一提及老家的人和事,只要老家有人来到城里,立马就能勾起母亲心底这两个凤愿,而且立刻蓬勃起来。

当然,老宅终于还是翻新修缮了。

但是,翻新老宅并不是因为母亲的两个凤愿,而是因为父亲,确切地说,是因为父亲的病情。

七月份以来,父亲持续生病,病情不容乐观,一度还十分严重,一日之中数次昏迷。医生说没治了,多次下达病危通知书。我们全家都做好了心理准备,甚至按照老家的风俗给老父亲制作了终老时

爹娘在翻新后的屋前祭祖

必须的"贴肉汗衫"和"丝棉被盖",还合好了棺材,选好了坟地。因为老家有个说法,人在闭眼终老前必须回到老家,不然进不了祠堂家庙、入不了祖宗牌位、受不到香火礼拜,因此,老爹病重那一阵子,我们决定将老爹送回老家养病。可是,老家的老宅破败得已经无法居住了——瓦片坏了,漏水;墙体裂了,透风;门板朽了;灶台也塌了,没法烧饭;甚至没有自来水,没有厕所,没有煤气,没有电视,没有电。

怎么办呢?我跟两位哥哥一商量,决定翻新老宅。于是,由三哥总负责,用了两个月时间,耗费了20多万元,将整个老宅全面、彻底地做了整修,既保留了老宅的基本格局,能够从中找得到旧时记忆;又让其面貌焕然一新;还将老宅的周边的空地宅基统一清理,打造成了一处别墅式的花院小洋房。

在老宅修缮期间,我两次携父母回去观看,二老看后是满心欢喜。让人欣喜的是,顽强的老父亲咬牙度过了生死关,他成功地逃过了阎王爷的追索,一天比一天好转了。最近,更是能够独立行走了。母亲欢喜得念佛的声音都比以前响亮了。

一周前的一天，我和两位哥哥都在52栋，我们正式告诉母亲，决定再花上2万元钱，于元旦这天——也就是今天——在老家摆上一天酒席，将全村所有乡亲都邀来做客，好好地答谢一下乡亲们这些年来对我们家的关照。

于是，便有了现在这个热腾腾闹喧喧的场面！有了这个只有在置办喜事时才有的独特的喜庆的场面！

现在，老爹端着一杯可乐，走在前头；老孃端着一杯雪碧，跟在老爹身后；我和姐姐哥哥们各端着半杯红酒，跟在二老身后，我们向莅临老宅的一百四十多位乡亲们拱手致敬，向他们一一合十致谢！乡亲们笑得花一样灿烂；我们也笑得花一样鲜艳；再看老爹、老孃，那脸啊，笑成了一个干果！无限沧桑中凝结着坚韧与甘甜的干果！

在老屋前宴谢众乡亲

第121章 凤愿

后 记

52栋是一栋房子，位于江西省上饶市广丰区卧龙城小区。

52栋102室，是我专门为父母亲购买的一处90平方米的小套房。

《家风门风——52栋里的故事》指的是发生在52栋，发生在父母亲身上或者跟父母亲有关的各种各样的事情，还包括我工作、生活、出游过程中收获的且在回到52栋后必须跟父母分享的所见所闻。

我写《家风门风——52栋里的故事》，主要主要意图是：诠释孝道；描述亲情；展示父母亲的平凡与伟大；阐明家庭和宗族与社会和国家的关系；展现自己的人文思想和家国情怀。其实，到现在为止，我并不知道我的写作意图是否达成，或者说达成了几许。

当然，写作意图达成了几许已经不重要了，重要的是我在创作过程中受到了太多人的关心、关注和帮助。他们给了我很大的鼓励，才让我有勇气将这样一种创作题材、创作模式、创作风格坚持下来。在本书还是创作构想时，就得到了大作家梁晓声老师的关注。记得有一天，在北京，我从一个会场送梁老师回家，路上，梁老师以关心晚辈后学的语气询问我自《我是城管》之后还写了什么，我如实地向他汇报了创作本书的想法，梁老师认为这个题材很好，他鼓励我说："亚鹰，好好写吧，我很期待你这本书啊！"几天后，我到南昌出差，同样为作家且对我有非常了解的大学同学林承杰在听了我的创作构想后，认为这本书的意义和影响不会次于我之前的代表作《我是城管》，他鼓励我赶紧动笔开工。于是，52栋里的故事开始陆续成文了，当然，我采用的仍然是我自创的"笔记体"散文写法。

随着创作的不断深入，本书得到了越来越多的人的关注。我有个叫做"非鱼居"的个人原创公众号，我每周在公众号里推送一章，没想到，很快就引起了成千上万人的关注，很多朋友建议我"赶紧出版"。于是，出版计划又提了出来。如今，书稿已成，付梓在即，我在狠狠地松了口气的同时也感慨万千——要是没有这么多老师、亲友和粉丝的支持，是断不可能有此书的。因此，借写后记之机，我以最诚挚之心表达我的由衷的谢意：

感谢梁晓声老师的认可与鼓励；感谢阿成和鲍尔吉·原野老师为本书作序、写评；感谢韩静霆老师题写书名；感谢《海外文摘》蒋建伟主编将本书长篇连载；感谢刘诗良、徐国英、林承杰、林云霞等文友为本书撰写评文；感谢同事张远亮同志给予我的诸多启发；感谢我妻郑华凤女士一遍遍辛苦校对；感谢江西人民出版社张德意社长和游道勤总编辑给予的大力支持；感谢出版社各位编辑老师和营销策划人员所付出的诸多努力；感谢那些在本书还未出版就将预计印量预订一空的朋友们；感谢那些阅读了 52 栋的故事后，亲往 52 栋探望我爹我娘的朋友们……此外，广丰广信村镇银行俞直华董事长、江西卓信科技公司李信相董事长、江西水建建设工程公司李文益总经理、江西极简艺术文化公司徐滔韬总经理、江苏昆山荣盛包装材料公司俞建荣总经理、上海饶煌环境科技工程公司徐炳庆董事长，等等，对本书的出版也给予了大力支持，在此，一并表示感谢！谢谢你们！

当然，我最要感谢的还是生我、养我、给我生命与智慧的爹娘以及给我亲情、给我爱、给我动力的亲人们！最后，要特别感谢这个时代，感谢这个和平的繁荣的和谐的能够让我们平静而又幸福地生活且让我们的家风门风得以传承下去的伟大时代！

付梓之际，特以为记。

2018 年 6 月 25 日

图书在版编目（CIP）数据

家风　门风：52栋里的故事 / 周亚鹰著. -- 南昌：江西人民出版社，2018.7（2019.9重印）

ISBN 978-7-210-10626-5

Ⅰ.①家… Ⅱ.①周… Ⅲ.①散文集—中国—当代 Ⅳ.①I267

中国版本图书馆CIP数据核字（2018）第154651号

家风　门风：52栋里的故事

作　者：	周亚鹰　著
策　划：	张德意
责任编辑：	王醴颉　李　姗
装帧设计：	同异文化传媒
出　版：	江西人民出版社
发　行：	各地新华书店
地　址：	江西省南昌市三经路47号附1号
编辑部电话：	0791-86898983
发行部电话：	0791-86898815
邮　编：	330006
网　址：	www.jxpph.com
E-mail：	380962900@qq.com　web@jxpph.com
版　次：	2018年7月第1版　2019年9月第6次印刷
开　本：	787×1092毫米　1/16
印　张：	24
字　数：	300千

ISBN 978-7-210-10626-5
赣版权登字—01—2018—517

定　价：45.00元

承 印 厂：永清县晔盛亚胶印有限公司

版权所有　侵权必究

赣人版图书凡属印刷、装订错误，请随时向承印厂调换。